你应该具备的——

谈判谋略知识

朱鸿儒　主编

全 国 百 佳 图 书 出 版 单 位
时代出版传媒股份有限公司
安徽人民出版社

图书在版编目（ＣＩＰ）数据

你应该具备的谈判谋略知识 / 朱鸿儒主编. —— 合肥: 安徽人民出版社, 2012.3

ISBN 978-7-212-04822-8

Ⅰ.①你… Ⅱ.①朱… Ⅲ.①谈判学—通俗读物
Ⅳ.①C912.3-49
中国版本图书馆 CIP 数据核字(2012)第 043569 号

你 应 该 具 备 的

谈判谋略知识

朱鸿儒 主编

出 版 人 :胡正义

责任编辑:黄　刚

封面设计:光明工作室

出版发行:时代出版传媒股份有限公司 http:www.press-mart.com
　　　　　安徽人民出版社 http:wwwahpeople.com
　　　　　合肥市政务区文化新区圣泉路 1118 号出版传媒广场八楼
　　　　　邮 编:230071
　　　　　营销部电话:0551-3533258　　　0551-3533292(传真)
印　　　制:合肥瑞丰印务有限公司
　　　　　　(如发现质量问题,影响阅读,请与印刷厂联系调换)

开本 :787 × 1092　1/16　　　印张:13.25　　　字数:230 千字

版次:2012 年 3 月第 1 版　　　2023 年 1 月第 2 次印刷

标准书号:ISBN 978-7-212-04822-8　　　定价:45.00 元

前 言

一个人要想获得成功,首先的第一点就是,他必须具备成功的能力,这是事业成功的关键。

其实,每个人的潜在能力都是差不多的,可是,为什么有的人表现出的能力却比别人强呢?这就是培养的结果,培养你的能力,不仅是一个学习的过程,同时,也是一个学会怎样发挥自己能力的过程。这需要一个人不断的努力,只要你努力去做,你的能力就能得到提高,成功的希望也就越大。

很多成功者都是从小就开始培养自己的各方面能力的,尤其是在青年时期,努力培养自己多方面的能力对我们一生都有着重大的作用。

因为成功不仅仅需要成就事业的专业知识,同时还要求我们必须具备其他各种能力,如说话能力、生存能力、交际能力等。

当今社会是一个优胜劣败的社会,人与人之间的竞争日益激烈,如何在这种激烈的竞争中获胜呢?能力是唯一的决定因素。只有拥有超人一等的能力,你才能在竞争中脱颖而出。

想获得成功,你要具有演讲能力。很多成功者都是优秀的演讲家,如丘吉尔、罗斯福、林肯、卡耐基等。演讲的力量甚至可以改变一个国家和民族的命运,因此,培养你的演讲能力吧!这将是一项对你一生受用的技能。

想获得成功,你要具有论辩能力。论辩是我们人类自生存以来就有的学问。在很多场合,优秀的论辩能力可给你带来成功的福音。

想获得成功,你要具有交际能力。我们每一个人都生活在群体中,很多事情都不是我们一个人能完成的,而要借助群体的力量。因此,我们一定要协调好我们的人际关系。良好的人际关系对我们的成功有着不可忽视的作用。

想获得成功,你要具有谈判能力。人生就是一场谈判,你首先要明白

自己究竟有多大分量的筹码。在我们的一生中将会遇到的谈判则更多,因此,掌握一定的谈判技巧对你来说也是十分重要的。

想获得成功,你要具有生存能力。这是我们必须具备的最基本的能力。一个连基本的生存能力都没有的人,怎么能够获得成功呢?

想获得成功,你还要具有战胜自我的能力。卡耐基说,心理上的忧虑是我们最强大的敌人,良好的心理状态是我们获得成功的重要前提。当我们从心理上打败阻碍我们成功的最大一个敌人——我们自己时,我们已经获得了一半的成功。

为此,我们极力向你推荐《现代青年必备能力训练教程》,这是一套由《校园演讲》、《校园辩论》、《成功社交》、《成功谈判》、《挑战生活》、《挑战失败》组成的给现代青年的能力教程。但愿它能激励你、指导你、帮助你去努力提高你的各种能力,让你获得更大的成功。

青年们,从现在开始就培养你的各种能力吧! 人生不仅仅需要你去拼搏,更重要的是要掌握成功的策略。只有具备了获得成功的能力,你的人生才会取得更大的胜利。

你应该具备的

目　录

第一单元 谈判原理及其概说

第二单元 成功谈判思维训练

第三单元 成功谈判语言训练

你应该具备的

第四单元 成功谈判策略训练

第五单元 成功谈判礼仪训练

第六单元 中外谈判谋略故事

第七单元 经典谈判范例

第一单元　谈判原理及其概说

原理 1　什么是谈判

当你与他人交换意见，寻求满足自己的需要，只要双方同意，你就完成了一项谈判。

联络、通讯是谈判的媒介。或许你是为自己谈判，也可能是代表某机构与人谈判。因此，谈判可说是人类自然行为的一部分；换言之，谈判不仅是传统与科技两种不同背景的产物，且介于许多不同的环境中经过沟通、了解，比如从历史、法律、经济、社会科学、心理学、电脑、语言学等。

谈判所含的内容很广泛，绝非上述几项名词就可以划定谈判的范围，谈判实际上就是各式各样的接触。

《纽约时报》每天报道如下的谈判事项：政府部门参、众两院谈判、电力公司与有关单位为争取涨价而谈判、公司为股权转让而谈判、国与国之间为边界问题而谈判，各种广播媒介天天都在报道不同的谈判情形与结果。然而，无论这些报纸、电台是多么的努力、尽职，也无法涵盖世上发生的所有谈判事件。

或许电脑择偶会取代媒婆，然而电脑的功能也不过是从成千上万的个人档案中，找出最有可能成功的两个人，却也不能保证这对男女一定能够结为夫妇。

至少到目前为止，并没有一个明确定义可以作为人们每天谈判的指标，唯一可循的途径就是在谈判过程中汲取经验。一个自称有三十年谈判经验的人，亦可能每年在谈判中犯同样的错误，而且一错三十年。

因此，很不幸的，我们仅能在自己有限的经验中学习关于谈判的知识，而在谈判中，人们又不断地给自己诸多限制，使得处处受制约。下面一例是最近美国参议院对司法官所做调查报告的部分节录：

对美国人而言，谈判是处理繁杂事务最简单的方法。谈判往往可以突破困境，描绘出彼此能力所及的界限，或针对特殊状况达成妥协。一项成

功的谈判在于:(1)争论的关键是可以谈判的(也就是说,你可以卖车子,但不能卖孩子);(2)谈判双方除了希望获得也愿意付出,愿意妥协,能够折中;(3)谈判双方要有一定程度的信任,否则过多的猜忌,只会使谈判一直处于胶着状态而无法达成。

上述三项是参议院订出使谈判成功的必要条件。在美国,可以从黑市中买到小孩,父母也为了被绑架的孩子付出赎金,以求"买"回他们的骨肉。然而这些都不是正常的行为,也不符合参议院制订的条件。因此,只要是符合人类需求的交涉,就是谈判。

对第二项条件而言,人们更是无法预知谈判的结果,因此也不可能在谈判前就愿意妥协、折中。妥协通常是经过讨论后的产物,是在对各项事实经过彻底考虑之后,双方都有意愿才会达成的步骤。即使谈判的结果是彼此妥协,但是参与谈判的人,却不可以在一开始就抱着妥协的心态与对方谈判。在谈判之前,最好不要事先设限使自己毫无回旋余地。

参议院的第三项条件,更是几乎不可能做到。一般而言,谈判之初双方都不"信任"对方,而消除对方的疑虑,正是谈判的目的之一。总而言之,若是参议院订下的条件都是成功的规范,我怀疑的世上是否还有"谈判"这字眼的存在?

原理 2 谈判在中国民间

中国是一个民间没有谈判习惯的国家(这是以狭义谈判为基础而作的断语)。以往,每逢人们提及谈判,涉及的必是国家大事,至少也是公事。因此,在中国文化传统中,"谈判"的公认含义仅指相关各方对有待解决的重大外交、军事、经济、政治问题进行的会谈。常人就常事及至一般性工作进行的会谈,很少有人说成是谈判,通常都叫做"交谈"、"协商",现代称之为"沟通"。此外,即使政界、军界、企业界内部,即上下级、部门、干部之间就公事的交谈,素来也少有人使用"谈判"这一概念。

政界内部历来少用谈判,是以往中央集权的超高度控制及其历经久远造成的。在中国历史上,君对臣,只有"圣命";臣对君,只有服从。遇有馈旺之君,忠臣至多是触龙颜而进课,其中包括诛死和兵谏,奸臣则免不了玩弄权术,搞些阴谋诡计。政界尚且如此,民间就更不会有谈判之说:一是

因为王命不容讨论、争辩,因没有谈判条件也就不敢谈判;二是民智未开,不晓得谈判为何物。谈判不存在,压迫却是存在的。这样,当深受压迫的民众在"有理没处讲",又无法忍耐时,便只有反抗了。所以,旧中国官民关系史上多是沉默和起义的交替。

经济界谈判也为数不多。这是因为自给自足的自然经济在我国历史上占据主导地位数千年,由于一切都是自然的、约定俗成的,人们无需谈判。新中国诞生后,照抄前苏联模式实行高度集中的计划经济,一切都是指令性的,"统"得人们也无需多少谈判。所以,中国社会历来是有经济活动而少经济谈判。即使少数在商言商者,其经济谈判水平也远远达不到同时代英国人、犹太人、日本人、意大利人的高度。

文化界几乎没有谈判。这是因为以"三纲五常"为灵魂的儒教枷锁太沉重,压在人们心头又太久的缘故。"君子"有吃有喝,自然可以无忧无虑地坐而论义,"小人"无依无靠,自然"天下熙熙皆为利来,天下攘攘皆为利往"。孔老夫子借此赞美"君子"而贬斥"小人"。于是,不愿当小人的"小人",实为利也要装出为义的样子,好让旁人把自己看作是君子。士大夫有权不谈权,有钱不谈钱,庶民们无权、无钱,说话没人认真听,于是弱者屈从了强者的文化压力,也不谈权、钱和争权、钱。所以,中国传统文化中,人们羞于或懒于冒天下之大不韪而声言谈判,一切都在幕后悄悄进行。西方学者把中国内地的这种现象称之为"行为联邦"。

上述情况近年来慢慢发生了变化。官方的谈判,如中英关于香港回归祖国的谈判、中美关于知识产权的谈判和中国加入世界贸易组织的谈判、中俄关于边界划定的谈判等,比以往任何时候更频繁、更引人注目。与此同时,其他各界或因独立自主权限的扩大,或因经济关系、法律关系及责任的明确,或因民主意识的觉醒,动用谈判的现象似乎多了起来。企业、公司开展的商务谈判、引资谈判、承包谈判且不论,就连在国家法律、政策范围之内具有最大自由度的个体经营者、消费者,甚至于父子、夫妻、兄弟姐妹之间,为维护自己权益、形象、人格而进行的谈判,也已屡见不鲜。谈判,挣脱了传统含义的狭小界限,正在走向民间,以至于我们可以说,富于"平民性"是谈判发达的一种典型的表现。

谈判的内容、性质、质量发生上述变化的基本原因,是狭义谈判赖以存在的基础发生了动摇。就经济基础而论,狭义谈判植根的自然经济早已

退出历史舞台。改革开放以后，指令性的计划经济已经并正在转变为社会主义的市场经济。就政治基础而论，我国推行民主集中制，而且有人民代表大会制、政治协商会议制作为组织保证。就文化基础而论，中国传统文化历经"五四"新文化运动冲击，改革开放后加强国际交流，民众的现代意识已普遍得到加强。在这种情况下，与政府分离而获得相对独立权的企业、责任明确的法人、自主意识增强的公民，就不可能不面对着国家、社会、竞争伙伴，为满足自己的需求或维护自己的正当权益，冲破传统观念束缚，排除种种心理障碍，以国家法律、法规、政策为依据，与相关机构、人士进行认真的、严肃的谈判。当然，习惯以朦胧意识或种种过时观念维系面子、关系，支持脆弱平衡的人，或者说还不算很少。但谈判作为生活方式的一部分而为民众乐于采用，已是人们有目共睹的事实和趋势。

归纳起来，谈判发生的演变，有如下基本特征：

（1）谈判空间变大。谈判内容不再仅限于外交、军事、经济、政治，而是行行业业对内对外均有谈判发生。

（2）谈判主体多极化。谈判的主体不再仅限于国家或国家授权的机构、官员，而是各方人士均有可能充当谈判主体。

（3）谈判宗旨多层次化。谈判的宗旨不再仅限于维护国家利益、政党利益，而将维护社会利益、集体利益、正当的个人利益也列入谈判的宗旨。

（4）谈判内容多样化。谈判的内容不再仅限于意识形态、利益、权力、行为方式的矛盾与冲突、思维方式的矛盾与冲突、价值观的矛盾与冲突、对人权的无视与尊重、心理渴求与满足的矛盾与冲突等，纷纷成为谈判的内容。

（5）谈判参照系现代化。谈判的参照系不仅仅再是约定俗成的社会约定、惯例、祖训、形式主义的种种信条，而代之以国家正式颁布的法律、法规、政策、生理标准、技术标准和国际公约。

（6）谈判手段复杂化。谈判的手段不再仅限于面对面的唇枪舌剑，彼此提供科学考察的数据、影视像带、互相巡视、电视、广播、报刊的论辩等，已成为谈判者经常使用的方式。总之，今日谈判同昔日谈判的内涵已嫣然不同，而且广义谈判至今还在以其拥有的空间、主体、宗旨、内容、参照系和手段方面的优势，加速谈判平民化趋势的进程。

原理 3　成功的谈判者需具备的三点

怎样才能做一个成功的谈判者呢？

1.首先在个性上，必须敢于提出自己的要求，并且给自己一个可以妥协的空间。一个朋友曾经跟我抱怨，说他要买一间房子，他太太跟他说，已经跟对方说八十万了，就只能出八十万，多了她就不同意了。他跟太太说："你总得给对方一个可以谈判的空间嘛，把底线定在八十一或八十二如何？"太太说："不行!"接着还嘴里念念有词地抱怨："每次就只知道跟我谈，为什么不跟对方谈去？"结果那间他们夫妻都很喜欢的房子，就在太太的坚持之下，眼睁睁地看别人把它买走了，搞得两人懊恼不已。这是谁的错？太太没有留一个回旋空间，恐怕是最大的原因。

还有一个个性上的要求是：

谈判者不能有太强的自我，或太强的英雄感。有这些个性的人都不会跟对方合作，都会成为谈判的障碍。

2.不能有"赢者全赢、输者全输"的"洁癖"。谈判讲的是妥协，不是非黑即白，而是灰色的。不是黑马、白马，而是要斑马。这是一种妥协的素养，也是一种技巧。

3.要多练习。谈判哪能不练的？如果谈判队伍能够固定（至少在一段时间内不变），就可以经常分成两边，喂喂招，"捉对斯杀"一番。只有多练，这本书中讲的战术才会愈来愈纯熟，队友之间的默契才能培养出来。黑脸白脸的套招效果，也才能真正发挥。

原理 4　谈判的特性

谈判是一个复杂的艺术结构体，尽管它"风云突起"、"变幻莫测"，然而它仍是可以认识的，它有着自己的"面貌"和"风格"，像其他任何事物一样，它有自己的特性。把握谈判的特性，对谈判的成功多少会增加几分机会。

那么，谈判究竟有一些什么特性呢？

1.目的性

任何谈判都是有目的进行的。如一个工厂或一个公司和另一个工厂

或公司要签订一项经济或技术合同,如果不是为发展自己企业的生产,提高经济效益,它是不会去签订的,它的目的十分明确。又如一个企业的推销员或采购员,他推销或采购什么产品,其目的性也是很明确的,他是根据本企业的产品、市场的行情、企业的需要来推销和采购的。

谈判的目的按满足需求,可分为六种形式。根据通常我们在各特定场合对它们控制的易难程度进行排列,它们是:

(1)谈判者服从对方的需要。

(2)谈判者使对方服从自己的需要。

(3)谈判者同时顺从对方和自己的需要。

(4)谈判者违背自己的需要。

(5)谈判者损害对方的需要。

(6)谈判者同时损害对方和自己的需要。

谈判者为了达到目的,可采用许多方法。但采用各种方法之前,他必须先明确自己的目的,以掌握主动。因而,讲究谈判的目的性是谈判者之首要。

2.原则性

谈判是有原则可循的。美国学者约翰·温科勒提出了谈判者必须遵循的十条首要原则。它们是:

(1)如果不是迫不得已,就不要讨价还价。

(2)做好准备。

(3)后发制人。

(4)运用实力时,首先要以礼相待。

(5)要让你的对手们相互竞争。

(6)给自己留有余地。

(7)必须言而有信。

(8)多听、少讲。

(9)与对方的期望保持联系。

(10)让对方习惯于你的狮子大张口。

因此,要控制谈判,就必须事先制订一定的原则,并遵守这些原则,受这些原则的制约,以形成谈判双方的共同基础。谈判不仅要遵循上述原则,而且还要遵守法律规范、纪律规范、道德规范等。如甲方与乙方签订某

项经济或技术合同,就必须遵守经济合同法;我国与其他国家发展友好关系,必须遵守和平共处五项原则,外交人员必须在五项原则下行使外交权利等。

3.对抗性

谈判桌上尽管没有"刀光剑影",而此时"唇"、"舌"却比刀、枪还要厉害。用"唇枪舌剑"来形容谈判桌上的斗争,是再恰当不过了。因为谈判的双方都希望赢得胜利,对实质性问题,往往各不相让,千方百计地争夺利益,有时措辞激烈,达到白热化的程度。这样使得谈判的双方对抗起来,相互斗争,形成了谈判的对抗性。例如在一次国际性会议中,一位西方外交人士挑衅性地对我方代表说:"如果你们不向美国保证不用武力解决台湾问题,那么显然就是没有和平解决的诚意。"我国代表立即给予还击:台湾问题是中国内政,采取什么方式解决是中国人民自己的事,无须向他国作什么保证,请问:"难道你们竞选总统也需要向我们作什么保证吗? "言简意赅的两句话,顿时使对方哑口无言。这位西方外交家又狡猾地把话题一转:"阁下这次在西方逗留了一段时期, 不知是否对西方有了一点开明的认识?"言外之意是挖苦我方代表无知。而我方代表淡然一笑,回答说:"我是在西方受教育的,40年前我在巴黎受高等教育,我对西方的了解可比你少不了多少,遗憾的是您对东方的了解可真是太差了。"反驳得干脆有力,使对方十分尴尬。

谈判的对抗性不仅表现在唇枪舌剑的针锋相对上,广义地说它还表现在谈判双方一坐上谈判桌就开始了对抗,当然这里是只"对"而不"抗"。面对面的和平谈判也可视为"对抗"。对抗并不意味着一定就是你死我活或军事冲突,也可能是包含不同利益、见解的调适。

4.灵活性

事件的突发性和复杂性是谈判中必须把握住的两个特点。如本来"相安无事"的两个国家,可能会在一夜之间成为交战的双方,而产生这些事件的潜在因素和前因后果相当错综复杂。因而,在谈判中谈判人员应该灵活运用各种技巧,注意谈判的灵活性。

谈判的灵活性首先表现在谈判的语言要灵活,即:由于事态是在发展的,所以谈判者在不得不表态时,不要把话说死,使用的字眼要有伸缩性,要留有余地。这就需要自觉运用含义广泛的模糊语言,以作为多种解

释的原则表态,使自己做到进可以攻,退可以守,始终立于主动。正如人们常说的"纯粹的外交字眼",诸如"对"表示关切"我们注意到xxx事态的发展"等。如,一位外交官说的政府对于某一事态的发展"不能置之不理"。这表明他们将要干预此事。而干预有多种形式,究竟以何种方式、在多大程度上进行干预,他并没有说。这一方面给自己下一步留下了灵活选择的余地,另一方面,对于一个并不友好的对手,究竟采取什么行动,也没有必要事先说破,对方捉摸不定,还可以产生某种心理压力。1977 年埃及与以色列在摩洛哥国王哈桑二世的参加下就两国关系举行秘密会晤。埃及代表向以色列外长表示在以色列全部撤出占领区五年之后,埃及和以色列可以建立外交关系。哈桑国王听到此,见埃及代表说为什么定下五年的期限? 并指出:在谈判中必须懂得措词,不要坚持五年之后建交。显然,哈桑国王的意见是对的。这里的"一段"、"适当"、"不久"都是模糊语言,具有很大的灵活性,对埃及来说更为主动些。而埃及代表一开始就给自己规定了建交的最后期限,显然是失策的。

灵活性也表现在转移话题上,即将不愿回答的问题巧妙地叉开,使对方的注意力转移到其他方面去。

谈判的灵活性还表现在"见好就收"上。看到自己的需求基本得到满足,就应该做出适当让步。一味地去企图求得更多的利益,往往会使谈判破裂,最终落得"竹篮子打水一场空"。

原理 5 谈判的要素

每一次谈判,随着情况的变化,谈判结构的复杂程度是不同的,但是其基本要素是自始至终都存在着,这就是谈判的目标、谈判的进度、谈判的计划、谈判的个人。英国谈判理论家比尔·斯科特把这四个方面概括为"四个 P"即:purpose, pace, plan, personalities。

1.谈判的目标

给予美国通过巴拿马地峡的权力,美国则确保巴拿马的中立地位,以及承认哥伦比亚对该地峡的主权(这里以前曾是西班牙的殖民地)。双方的需要都得到满足。

可见,谈判的每一方,均有其希望得到满足的各种直接和间接的需

要。考虑到对方的需要,谈判就可能取得成功。因此,预测需要和满足需要是进行谈判的根本原因,也是进行谈判的核心问题,它既是谈判的出发点,也是谈判的归宿。

2.谈判的进度

有效谈判最先要解决的问题是谈判的进程,为了使谈判能顺利进行,谈判双方代表应先把焦点放在那些容易解决的问题上,越不好谈的问题越往后放。

1974年6月,美国和巴拿马就运河条约问题恢复了会谈。当时巴拿马人非常想能在补偿金问题上得到较多的好处,但由于国内的政治原因,使这个问题的解决暂时有些麻烦,为了谈判进程的顺利进行,他们于是决定把这个问题放在最后讨论。从而促成了谈判的成功。

3.谈判的计划

为了有效地进行谈判,谈判者必须做好充分的准备,准备工作的主要内容是建立目标,制定计划。而制定计划最基础的是掌握信息。于是,收集、检索、评价各类信息,传播和沟通信息,准确地分析对手,成为制定完善的计划,使谈判取得成功的必要条件。

当然占有信息不能是盲目的,也并非占有越多的材料,谈判就越有成效。这里所要求的是,掌握的信息必须对即将进行谈判的双方的力量对比能做出客观的评价,或者说,达到"知己知彼"的目的。如,在经济谈判前,要确定谈判的目标,制定谈判的计划,必须尽可能多地占有保本价格、合理需求、质量控制、作业控制、运输问题、技术要求、担保条款等资料。一个蹩脚的计划是导致不能令人满意的谈判结果的主要原因。如果掌握的资料对谈判的大局无关紧要,那么所做的工作便是浪费。所以,如果计划准备时间不足,就应避免谈判;如果有可能在计划未形成之前拖延谈判,就拖下去;如果必须进入谈判,那就先进行小而易问题的会谈,大问题则放在详细计划之后。总之,谈判要稳操胜券,就要制订出完善的谈判计划。

4.谈判的个人

谈判的是由对立的双方构成的,谈判能否成功在很大程度上取决于坐在谈判桌前的参加者。对对方态度和观点的分析,对其感情和性格的了解以及思想脉博的掌握,是调整我方人员态度和方法的依据。因为态度、观点、感情和素质四个方面通常可以把一个人的大轮廓反映出来,根据这

9

些来选择和确定自己的谈判方式和策略,就会为取得谈判的胜利打下基础。

谈判不管是在个人之间,还是代表着组织的团体,或者在不同国家之间进行,都可以看作是人类行为的一个组成部分。它涉及传统的和当代的行为科学包括历史学、法学、经济学、社会学、心理学、语言学、政治学、文化学、逻辑学,乃至控制论、信息论、对策与决策论、系统论等许多方面的学科。谈判的整个范围极其广泛,绝不限于现有的某一种或一组的行为科学。因此人们对"谈判"的行为,可以从不同的角度、不同的侧面,运用不同的学科知识来进行分析和研究。

原理 6 业务谈判

现在的企业界已经了解到谈判技巧对业务的影响及重要性。一些公司提高业务员的售货技巧,其中就包含了谈判的技巧,而这些技巧在连锁店的交易上,有特殊的成果。

几乎所有想像得到的产品,都经由连锁店的销售网售出,这些连锁店的价值从几万元到几十万元。虽然要加入连锁店的人都有丰富的生意经验,也很容易就可以凑到所需的投资款项,但是,通常都缺乏谈判的技巧。

出现在业务员面前的申请人,通常是看到报纸广告径自前来接洽。最普遍的开场白是:"告诉我你们卖的东西!"业务员对这种顾客的招呼是经过特别训练的。避免以挑战性态度引起冲突,业务员是以询问的方式来测试购买者的资格。

由一连串简单问题开始,顾客的姓名、地址、经验以及一些参考资料,慢慢将顾客的思绪引入自我测验的方向,使顾客不自禁地考虑自己是否有能力成为连锁店的经营者并为连锁店带来相当的利润。这步骤的转换,使买主变成推销员,推销的货品正是他自己。

连锁店在推广销售时,也会遇上一些困难的状况。业务员在解说时,必须清晰明确地了解,这些有潜力的顾客实际上只是来了解公司的营运方式及特性,并且要确定顾客能明白你所介绍的情况。经验告诉他们,客人往往在介绍、宣传之时非常感兴趣且有很高的投资意愿,但离开公司之后,兴趣就大为减低甚至消失。

症结在于顾客在面临家人、亲友或合伙人的关怀、询问下，无法明确地表达出他对新事业的了解程度、方向或特性，进而怀疑自己是否过于唐突、过于热衷，因此，放慢了进行的脚步，部分人经过一段时间后，打消了原有的念头。这都是因为顾客本身无法以完美的方式来表达他的所见所闻而导致的后果。

连锁业者发现要解决这项困扰，即不可以反复地介绍提案，也不要以讨论的方式来解决问题。唯一有效的方法，就是让顾客主动自发地了解自己的需要，并且了解连锁店所提的方案。

所以在展示会中，特别强调顾客自己要对连锁店做调查了解。在每次的展示会或业务会谈结束前，连锁店都会提供一份同盟店的名单，要求顾客在下一次联络之前，至少与名单上的两家同盟店调查连锁店所提出的方案是否属实。换句话说，连锁业者希望它的顾客在进一步联络前，就已确实了解提案是否能配合其本身的需要；也就是说，要顾客投入相应的时间。当再接触时，成交的几率大为提高，也节省了公司许多的人力。

原理 7　外交谈判

1.外交谈判概述

外交谈判是一种很重要的谈判形式，谈判双方当事人代表着各自的国家利益。有时，一场外交谈判就决定了一个国家和民族的兴衰，甚至历史发展的轨迹。在两千多年前的战国时代，外交谈判有过它自己的鼎盛时期。张仪、苏秦等雄辩之士，以他们的三寸不烂之舌，在历史上留下了"合纵、连横"这样精彩绝伦的一笔。新中国建立后中国的"乒乓外交"、"基辛格秘密出使北京"则是现代外交谈判成功的范例。

今天，世界已经进入了全球谈判的时代。早在 1970 年，著名的政治谈判家、外交家、美国国务卿基辛格博士在同越南代表谈及越南战争时就曾说过："我再一次请求你们和我们一起走谈判道路，这是符合双方自尊心和目标的。我们认识到你们的猜疑很深，但猜疑不会随着时间的推移而消失，斗争将继续下去，这就战争的本性。我们如果再不抓紧时间，谈判解决的可能性即将消失，错过这个时机，实际上就非得大动干戈不可了。因此，现在还来得及。让我们走向政治谈判解决吧！"

是的，进行战争，只能两败俱伤，除非万不得已，不宜采用这种手法。

唯有通过政治谈判来解决国际之间政治争端的问题,才是明智的做法。

外交谈判中应注意以下几个问题:谈判的准备,包括收集谈判对象的全面有关信息、情况,了解参与谈判当事人的特点、背景、性格特征,并对此做出分析,发现并正确对待谈判需要;对谈判方案做出做合理决策。掌握谈判原则,包括正义性原则、确定性与灵活性相统一原则和参与诸方共同受益原则。掌握谈判方法与策略。注意自然语言的模糊性与精确性。重视谈判要素"问"与"听"。

2.外交活动中的语言原则

在处理国际关系中,常见的语言交往活动的形式有两种:一是书面语交往,如国书、条约、照会、备忘录、联合公报等等;另一种是口语交往,即在各种外交活动中应对适宜的话语,如欢迎词、欢送词、祝酒词、寒暄语、谈判语、会见语、演讲词、答记者问等。在各种语言交往活动中,都要遵循一定的语言原则。

3.国家形象的原则

在各种各样的外交活动中,人们的一切语言运用都必须首先服从这一原则。国家形象的原则有两个含义。

第一,维护国家尊严

作为一个主权国家,要在世界之林中占有一席之地,要赢得其他国家的好感、信赖与支持,自己的尊严不容侵犯是至关重要的。无论是向对方表示热情友好的情意时,还是与对方进行针锋相对的斗争中,我们都要把国家形象的维护放在首位。这是一个国家的主权、地位、力量与自信心的表现,也是引起其他国家尊敬、亲切的一个重要原因。菲律宾前外交长罗慕洛,有一次在联合国的一次会议上,和前苏联代表团团长维辛斯基发生一场激烈辩论,罗慕洛批评维辛斯基提出的建议是"开玩笑"。突然之间,维辛斯基表现出极端无礼之举, 他说道:"你不过是个小国家的小人罢了。"虽然这是事实,菲律宾与前苏联相比,不过是地图上的点而已;而罗慕洛穿上鞋子,身高也只有 1.63 米。但这话既侮辱了一个个人,也侮辱了一个国家,如果此时不出言维护自己及其国家的尊严,那么国家的形象就会受到损害,与其他国家的关系也可能因此而受到影响。因此,维辛斯基一说完,罗慕洛就站起身来,告诉联合国大会的代表说,维辛斯基对他的形容是正确的,但他又接着说:此时此地,将真理之石向狂妄的巨人眉心

掷去,使他们的行为有些检点,这是矮子的责任。

一番话说得维辛斯基干瞪着眼,什么话也说不出来。罗慕洛却博得大家对他自己和对他国家的一片尊敬。

第二,维护国家利益

维护国家利益,实际上是外交活动的目的。国家与国家的关系,在很大程度上就是利益关系。每一个国家都力图在这个关系中最大限度地维护并实现自己国家的利益。而且,维护国家利益也是进行外交活动的一个关键。要与对方搞好关系,首先就要维护自己国家的利益,真正的完美的国际关系应该是以维护每一方国家利益为前提的,通过损害一方利益、扩大另一方利益的方法建立起来的国家关系是不可靠的。另外,国家利益与国家形象也密切相关。国家形象不是那种不讲国家利益,甚至以损害、牺牲国家利益为代价的虚幻的国家形象;如果自己的国家利益不能得到维护,或者干脆将自己国家的利益拱手送给对方,自己国家在对方那里仍然没有较好的国家形象,更不要说在世界各国面前。这种事例在殖民地国家中屡见不鲜。因此,一个优秀的外交官的语言不但要树立良好的国家形象,还要维护国家利益,将这两者完美地统一起来。

"二战后",远东国际军事法庭开庭审判日本战犯。除庭长以外,还有美、中、英、苏、加、法、新、荷、印、菲十国法官。会议在决定了庭长(由澳大利亚韦伯法官担任)右手的第一把交椅属于美国法官之后,对谁来坐庭长左手的第二把交椅产生了分歧。因为坐在庭长身边,不仅可以随时与庭长交换意见,维护本国的利益,还表示法官所在国在审判中的地位,树立本国的形象。这时,中国法官梅汝璈先生该如何行动呢?首先,他明确地提出自己的观点:

"若个人之座位,我本不在意。但既然我们代表各自国家,我认为,法庭座次应按日本投降时各国受降时各国受降的签字顺序排列才合理。首先,今日系审判日本战犯,中国受日本侵害最烈,而抗战时间最久,付出的代价最大,因此,有八年浴血抗战历史的中国理应排在第二;再者,没有日本的无条件投降,便没有今日的审判,按各受降国的签字排座,实属顺理成章。"

说到这里,他话锋一转,运用幽默的语言,提出这个"荒谬"的建议:

"当然,如果各位同仁不赞成这一办法,我们不妨找个体重测器来,然

后以体重排座次。体重者居中,体轻者居旁。"

听到这儿,庭长韦伯笑着说:

"你的建议很好,但它只适宜于拳击比赛。"

梅汝璈继续发挥那个"荒谬"的建议:

"若不以受降国签字排座次,那还是按体重排。这样,纵使我置末座亦心安理得,并可以此对我的国家有所交代。一旦他们认为我坐在边上不合适,可以调派另一名比我肥胖的来替换我呀。"

后一建议的荒谬性反证了前一观点的正确性,而幽默的语气更使其不可反驳。梅汝璈的语言不但赢得了人们对他本人的敬佩,也为祖国赢得了荣誉。

4.不卑不亢的原则

所谓不卑不亢的原则,就是对对方表现出一种节制与礼仪,热情时不殷勤,冷淡时不失礼,愤怒时不失控。50年代,美国对中国实行禁运、封锁,两国关系紧张,双方唯一保持对话和接触的渠道就是在华沙举行的中美大使级会谈。每次会谈的气氛总是很紧张。后来,是陈毅以"不卑不亢、有理有节"的言行举止,树立了中国外交官的良好形象,准确地把握了双方的关系。

5.程式规格的原则

在国际间的外交活动中,一个人说什么话,以及如何说这些话,都要遵循一定的程式,讲究相应的礼仪,这就是所谓的程式规格的原则。这种原则具体说来有三点:

适应活动的样式。例如在递交国书、签订条约、发布声明等各种不同的活动中,就要采取不同的方式。同样,在会见与酒宴之中,交往方式又不同。

讲究礼仪。礼仪就是迎来送往中的一整套行为规范、程序规定。在外交事务中,讲究礼仪就是一种得体的表现。有失礼仪常会招致对方的不满,影响两国的关系。另一方面,有时控制礼仪规格,加以灵活的掌握,常能取得一定的效果。

讲究程式。程式是指外交语言活动中的一套规定格式,它首先是指这种活动各个部分的先后顺序,例如祝酒辞中总是称呼语、祝辞和祝酒语这个顺来讲话。其次它还是指一整套规定的套语。

6.把握分寸的原则

外交活动,乃是关系到国家利益的重大活动。在这种活动中,听话人也会对说话人的话语进行各种揣摩,这种揣摸不仅仅是对说话人个人的言语动机、个性特征的揣摸,而主要是揣摸说话人所代表的国家的某种意图、某种动机。说话人如果没有充分注意到这种活动的严重性质和听话人的接收心理,说话时就很容易造成三种后果:要么没将要传递的信息传递出去;要么使对方对自己传递的信息产生误解;要么将不该传递的信息传递出去了,泄露了国家机密。所以外交活动中的一条重要原则就是把握分寸,也就是要求语言要精确、委婉、模糊。

7.反应灵活原则

在外交活动中,人们必须按照规范办事,按照原则办事,按照国内的指示办事,而不能自行主张,乱作决定。但是外交活动复杂多变,不可能事事都能按事先计划好了的说话行动,再加上外交人员远离祖国,不可能临时向国内请示后再作决定,而必须由外交人员随机应变。所以,外交活动的语言还有一条反应灵活的原则。这主要有两个含义。

反应灵活的第一个含义就是要求说话时,能够及时就地选取语言材料。把肩负的外交使命与说话时的场景、地点、时间联系起来,使人感到亲切自然,为自己树立良好形象。

反应灵活的第二个含义就是能够在情况突然发生变化或陷局的情况下,迅速拿出一个恰当的对策来。

原理 8　劳资谈判

消除劳工与管理阶层对立的最佳方法就是彼此精诚合作,为了做到这个地步,劳资双方实际上都是在运用谈判的技巧。莱比教授(Professor Leon M.Iabes)曾说:"在第一线谈判的人,只有极少数的人不愿以合作的方式来处理劳工与管理阶层之间的问题,因为那是唯一能满足双方需求的方式。任何能使谈判圆满达成的举动,都值得尝试,在尝试中自然可以体验出新的谈判技巧。"

美国的企业界在谈判中,总是暗含着两项恶意的胁迫,一项是劳方——罢工的威胁;一项则是资方关闭、遣散。所有劳资的谈判,双方都了

解一旦谈判破裂,总有一方甚至双方会有上述的举动。

厌倦了太多罢工,工人团体大多偏向以合作的态度来交涉、谈判。到底人们的要求是有限的。大卫·麦当劳(David J, McDonald)(美国钢铁工会的主席),在1965年曾试着以罢工作为要挟的手段,却导致免职的结果。

在一次很小的意外事件中,麦当劳不待谈判告一段落,径自与顾问亚瑟·格伯(Arthur 工 Goldburg)协议策划了一项既长又耗费财力的罢工,而这是自"二战"以来,对工业界打击最大的一次罢工。公司与工人都是受害者,彼此为了自救,不得不另组协议小组。

钢铁工业界派出代表与工人代表协商数月,达成了不需工作合约的协议,双方对协议成果深表满意,而这项谈判,尔后也成为钢铁业中谈判的模式。

事件过后,工会免除了麦当劳的职务,而由主张"以会员的意向为目标"的爱伯(I.·w.Abei)当主席。爱伯继任主席之后,极力沟通会员间的意见,而这正是麦当劳失败的主因。

今天的劳工领导者与管理阶层,都了解彼此交涉的重点就是彼此合作,其间最重要的一环就是沟通。因此合作不但可以消除分歧,实际上亦是保护自己的不二法则。许多的例子可以证明,以往的谈判往往是浪费时间、精力与金钱,今日的成果,是长年累月的经验所堆积而成的。

接下来要谈的是一些原则的使用及变化。与大众福利相违背的罢工会受到法律的禁止,然而,一些原则性的改变,是否会影响谈判的结果呢?一点也不。谈判的步骤完全与个人的个性有关,但无论何时何地,总不外乎以相互合作的形态最为有效。

第二单元 成功谈判思维训练

思维1 谈判前思维谋略训练

谈判是一种智力的产物,是思维结出的成果,要取得谈判的成功,首先要学会运用思维,掌握思维方法和技巧。研究谈判艺术,从根本上是运用谈判思维的艺术。在谈判前思维谋略中,开发出相关的思维技巧,可以提高谈判质量,使谈判者在谈判中比对手略胜一筹。适合谈判前思维谋略的需要,与其相关的思维技巧包括发散性思维、目标性思维、聚合式思维、信息交合式思维及其模拟思维等。

1.发散性思维训练

当一项谈判被确定下来之后,就在谈判坐标上标出一个支点,于是谈判者围绕这个支点展开思考,这是每个谈判者的经验事实,这说明人们不是先学思维方法,才会思考的,而一旦学会某种思维方法后,可以帮助谈判者更好的思维。

发散性思维也可以叫求异思维、扩散思维、分散思维、辐射思维等。美国心理学家吉尔福特于 1959 年提出的"智力三维结构说"中,谈到智力、活动的进行就有"发散思维",就是从同一来源材料(即一个思维出发点)以探求多种不同答案的思维过程和方法。思维方向散于不同方面,沿着各种不同方向进行思考,它使人的思维趋向于灵活、多样,富于创造性。

所谓发散思维是根据已有的某一点信息,然后运用已有的知识、经验,通过推测、想像,沿着各种不同的方向去思考,重组记忆中的信息和眼前的信息,产生出新的信息的过程。

在谈判活动开始前的思维谋略,就是要用发散思维,从一个已知信息。即思维基点出发,通地分解组合,引申推导,想像类比等,从不同方向进行思考,得出多种思路,想出多种可能,它的思维是多侧面、多角度、多方位的。

在商务性谈判中,最关键是价格问题,而价格谈判中,最关键又是保留价格,因此,可以在谈判前对保留价格进行多方位的思考。如果只沿着

一个方向思考就会陷入圈套,跌入被"猎人"设好的陷阱。例如:在单一型谈判中,人们一般都认为:卖方的一系列报价通常是一致递减的,而买方的一系列报价则是一致递增的。富有诚意的谈判原则之一,就是一旦做出了让步,就不能反悔。机智的商人往往利用买者的这种思维定式,巧妙地推销自己的产品。当一个买主无意地看见柜台上的一只手提箱,老板马上走过来说:"怎么,您对这只手提箱感兴趣吗?""不,我只是随便看看",顾客回答。"您花 15 元就可买到它,这是挺值得的。"顾客说:"不买"。"好吧,那就降到 14 元吧。""13 元怎么样? 这下可真值了。"顾客开始感兴趣,他想知道还能否再降价。"我再降到 12 元,这么便宜哪也买不到。"等了一会儿,老板最后说:"好吧,你像是个旅游者,身上带钱不多,给你破个例,给11 元就拿走吧。"边说边开始包装。"这是我最后的让步,如果您答应不对别人说出去,那么我就以 12 元的价钱卖给你。""嘿,等一下,"顾客沉不住气"你刚刚不是答应以 11 元卖给我吗?""我是那样说的吧? 真糟糕,我说错了。我真不该那样答应您。可是,就算我说错了,我也要讲信誉,所以对于您,仅仅对于您一个人,我卖 11 元。"顾客交了 11 元,拿走了这只皮箱。实际上老板的底价还不到 10 元呢?

在商务谈判中借助于发散性思维,要把关于保留价格的几种情况,进行比较,反复思考会对谈判者更有利。谈判专家认为:保留价格有 3 种情况。一种是彼此知晓保留价格,假设卖方和买方不但知道自己的保留价格,而且彼此也知道对方的保留价格。但如果 b 小于 S,那就不存在可能达成协议的范围,双方都明白不可能成交。如果 b 大于 S,那么就存在可能达成协议范围,并且有一块可供双方分享的利益(b-s)。当然,如果他们没能对分配规则达成一致意见,他们也将一无所获。第二种是一方知道对手的保留价格,假设买方知道了卖方的保留价格 S,也知道自己的保留价格 b;卖方只知道,但是对 b 有一个概率估价。更具体一些,假设在模拟谈判情况下,0 等于"10"元,并且双方都知道这个值,再令 b 是一个从 0~30元的区间上均匀分布的随机选择值,最终谈判结果,不仅要取决于双方谈判技巧,而且还要取决于他们的耐心程度。第三种,彼此仅知道对方保留价格的概率值。买方和卖方各有一个关于保留价格的概率分布,双方都知道这两个概率分布,当面对面谈判开始时,得分是根据每一方所得的盈余值来计算的。除此之外,还存在双方同时亮底的可能性,问题在于,这个底

数是否真实。这就要看谈判者的思维技巧了。

发散性思维本身按其质量和复杂性可以分为流畅性、变通性和独创性3个层次。流畅性是指在短时间内迅速做出众多反应的能力,体现了发散性思维在数量方面的特点。变通性,又称灵活性,是指思路开阔,善于随机应变,从而为思维开拓新的思路、寻找新的方法,引导创造走向成功。独创性是指人们在发散思维中做出不同寻常的异于他人的新奇反应能力。在谈判前思维谋略中,运用发散性思维,要求人们的思维向四方扩散,无拘无束,甚至异想天开,谋求谈判成功的新路子。

2.目标思维法训练

谈判是针对问题的需要,而要达到需要,就要有明确的目标。有些谈判者,总是边谈边想,忽视了谈判前思维谋略的重要性,往往在谈判中陷于被动,或者达不到真正的需要。一个真正强有力的谈判者,必须具备目标思维技巧。坚定不移地明确目标,一步步地去实现目标。

目标思维法是首先确立要达到的目标,然后坚定不移地去实现目标。不达目的绝不罢休。目标的明确度与工作的有效性往往是成正比例的。所谓目标就是人的某一行动要达到的最终目的,要争取达到的某种意想结果的标准、规格或状态。目标具有指向性、社会性、可行性和层次性。只有紧紧围绕目标的实现而进行不懈努力的思维过程,就自然形成了目标思维法。

谈判是一个制定目标,实现目标的过程,在谈判前的思维中,主要是使谈判目标明确建立起来。

当你进入谈判时,在你头脑中会有一个或简单或复杂或清晰或模糊的想法,甚至有一份明确的书面文件来说明你的目的、策略、立场等。其中最主要的是要知道你要什么,即谈判的目的。在谈判中,我需要什么。在一个简单谈判中,目的是十分明显的。当遇到一个复杂谈判时,目的就不是一下就清楚的。他需要借助各方面的信息,借助目标思维法,逐步从表面需要中逐步清理出头绪。使目标最终明确起来。一旦目标明确了,就会全力以赴地投入谈判,否则谈判也会表现得软弱无力。

例如:一个人在应聘谈判中,他有几个目标,即工资津贴、其他收益以及可能的工作成就,对于前3个目标,谈判中定量标准是明确的。而后一个目标,则是无法预测的,但可以通过谈判让对手满足你的各种条件,来

19

实现目标。这样,你就可以进一步使目标定量化、计算出每一目标的最低要求和最高要求。如果最低要求不能实现,这个谈判就要放弃。概括起来,谈判目标思维的步骤是:首先,确定目标;其次将目标定量化;第三确定达到目标的具体化谈判措施。由此理清思路,全力投入为实现目标的谈判。

使用目标思维法,要注意几个步骤:

第一,目标明确,并尽可能地具体。一旦目标确立,就应以此为起端,协调监督实现目标中的各项活动,并以目标作为检验和衡量各项工作的尺度。

第二,总目标确立以后,还可以分解为许多分目标,这些分目标必须同样是具体的,并努力实现各个分目标;如是分目标较大,或难以实行,还可以从分目标中画出小目标。最后,这些小目标、分目标的实现,即可实现总目标。

第三,在一定时候提出适宜的、经过努力可以实现的相应层次的目标,使组织成员或个人的思维产生一种"有奔头"的进取意识,起到激励和推动的作用,并使之做出实际的努力。

第四,在完成目标的过程中,思路必须紧紧地围绕着目标的实现。遇到困难,努力克服,有了错误,不断修正,旧的一步实现,组织新的一轮开始,依次推进,直至完成。

谈判过程实际上就是根据需要,设立目标通过谈判实现目标的过程,因此在谈判前,运用目标思维法是谈判前思维谋略的重要一环。

3.聚合思维法训练

聚合思维法又称求同思维法,是从不同来源、不同材料、不同方面探求一个正确答案的思维过程和方法。思维方向集中于同一方向,即向着一个相同目标去思考。它是以问题的条件、前提与某一答案的联系为基础的,因而是一种综合性思维。

聚合思维法在谈判中主要用于选取最佳方案,探求相同原因,获取聚合效果等方面具有重要作用。在许多项可供选择的方案中,集中起来选择某一最佳方案时,就要采用聚合思维。在《索伦森·谢弗利特档案》中记载的保险公司赔偿案的谈判中,围绕赔偿份额谈判对手各自从自己的立场、占有信息以及对未来的预测,分别使用了聚合思维法,最终使一个长达 6 年的赔偿案得到解决。

事故发生在 1968 年 10 月,安德森夫人从索伦森·谢弗利特修车店取回汽车,因车灯未修好,发生交通事放,向该店提起诉讼,而该店又在宇宙通用保险公司保了险。于是由原告律师、宇宙保险公司的代表和索伦森·谢弗利特的律师围绕赔偿金开始谈判。

原告律师要求赔偿一百六十三万三千元,索伦森·谢弗利特的保险金为五十万元。保险公司只愿出一万元,原告要求得最高赔偿金五十万元。修车店害怕把此案提交法庭,劝告保险公司接受五十万元的解决方案。而保险公司拒绝了。

在法庭审查之前, 三方进行谈判, 每一方均围绕自己的目标进行分析,在分析过程中运用聚合思维方法。

首先,索伦森·谢弗利特坚持宇宙保险公司应该在法院外以小于五十万元的赔偿金解决。避免由法院判决,可能会使大于保险金的部分,由该店承担,为实现这个目的,他们甚至愿意拿出一部分钱。

其次,宇宙通用保险公司对此案可能的结果,运用聚合法,对结果用决策来表示为二十万元、三十万元、四十万元、五十万元、八十五万元,扣除风险他们决定采取法庭外解决,目标是三十六万元以下。

最后,原告考虑要把赔偿金 30%付给律师,他得 70%。

结果最终以三十万元了结了此案。在这个错综复杂的谈判中,每一方的目标是明确的,同时又要根据其他因素不断调整,使用聚合思维法,使谈判者可以在激烈谈判中,保持清醒、始终如一的态度。具体方法是:

第一,对各种信息要有选择性,即与思维目标有关的信息要保存,其他信息都去掉。

第二,要敢于删去冗余信息,即要掌握最新最有用的信息。

第三,在对信息的清理、筛选中,要注意各种信息间的相容性,努力使它们聚成最佳的思维结果。

第四,在对各种信息的清理和筛选中,要正确运用具体—抽象—具体的思维方式。逐渐使思维聚合到一个焦点上,达到最终目标。

思维 2　思维创意训练

谈判就像个万花筒,是复杂多变的,如果专门来研究谈判本身,可以把谈判围绕一个利益、保留价格和价值,分为两个方面,一个问题的单一

式谈判,两个方面,多个问题的复合式谈判,以及多个方面、多个问题的循环式谈判。而无论哪种谈判,我们都可以给其建立起物理模型、数学公式,都可以模拟和推论。因此,复杂的谈判中渗透着思维的逻辑。是思维复杂性的表现。尽管在不同类型的谈判中,使用不同的谋略和方法,就像谈判本身可以建立模型一样,谈判中所使用的思维方式也可以进行概括和抽象,总结出适应各种类型谈判的思维方法和技巧。当谈判开始后,创造性思维对操纵谈判进程,克服谈判障碍,使谈判朝有利于己方发展都是十分重要的。那么,产生思维创意的主要方法和技巧可以归纳如下。

1.聚合思维

聚合思维法又称求同思维法,是从不同来源、不同材料、不同方向探求一个正确答案的思维过程和方法,思维方向集中于同一方面,即向着一个相同目标去思考。它是以问题的条件、前提,与某一答案的联系为基础的。是一种综合性思维。

在谈判开始阶段,谈判者就应集中精力,把所有信息综合起来,围绕目标,从制造气氛开始,使谈判进入主题,尽管很多新问题可分散你的注意力,但在谈判时间压力下,不可能使所有问题都一篮子解决。应选择最佳时间来结束谈判。美国谈判专家荷伯·科恩给谈判时间一个模式。以谈判的开始点标为G,即进入谈判室的时间。把结束点标为K,即退出谈判室的时间,也就是谈判截止时间。在这个时间里,什么时间最容易出现让步行为。什么时候是关键,什么时间最需要谈判运用聚合思维法,把各方面的情况都综合起来,找到最满意的结论? 进一步把谈判时间为G、H、I、J、K的话,实际上是在J与K之间,即在尽量接近截止时才会做出让步。而达成协议和做出解决几乎不在K点上。有时甚至通过K点一点儿。这就需要谈判者有较强的意志和耐力。同时也要把所有在这点之前出现的现象集中起来,用于截止时间的谈判上。避免由于头脑分散,思维不集中而使谈判功亏一篑。大量的谈判都表现了这个法则,例如,大多数人都是在截止日期才交税;大多数学生是在最后期限才交作业;甚至像美国国会这样纪律严明的责任机构,它的大多数立法也是在即将休会时通过的。所以,谈判者应掌握谈判时间这一规律,恰当使用思维方法。在关键时刻争取得分。

在谈判中, 谈判者聚合思维法的运用是通过使多种已知信息集中指

向某个中心点的方法。它的基础,是抽象、概括、判断和推论能力,它能把散在千里之外的辐射性思维牵引回来,向着某一思维目标发起思维攻势,这种攻势是多侧面、多方位、多层次逐步清晰,随着时间推移,在谈判截止时间到来之前,使谈判的目标恰好表现出来。

谈判者如何学会聚合性思维方法呢?只要掌握思维发展的规律,按照一定的程序进行训练,特别是在谈判实践中大胆锻炼,自然就会逐渐养成一种习惯。第一步是掌握各种有关信息;第二步是对已掌握的各种已积压信息进行清理,从而找出共同的东西,发掘事物的本质;第三步是客观地、实事求是地得出科学结论,获取思维目标。而对已有信息的清理即与思维目标有关信息要保存,其他的信息都去掉。使思维产生"聚焦"的作用。其次,要敢于删去冗余信息,节约精力和时间。再次,在对信息的清理、筛选中,要注意各种信息间的相容性,努力使他聚成最佳的思维结果。最后,在对各种信息的清理、筛选中,要正确运用"具体—抽象—具体"的思维模式,既从具体信息中蒸发出抽象的规定,再从抽象规定,达到思维中的具体。得出谈判的最佳成果。

　　2.反向思维

在谈判中,谈判者想问题,往往由于对方的诱导,而采取顺向思维,逐渐进入对方设下的圈套。或者由于思维定势,很难寻找最佳谈判方案。即使在普通商业行,购买者不善于与卖主讨价还价,也是受思维方式的影响,如果能换个思维角度,很多问题便会生出新的思路,当买主与卖主谈判时,不要总想着,自己是买东西的人,应想到自己同时也是卖"东西"的人,自己在售卖自己的"钱"。自己想买对方的商品,卖主也想买你的"钱"呢!这样思维换位,就会加强,买主的竞争意识,在谈判中就会处于主动的方面。这正是在谈判过程中运用逆向思维法的结果。

逆向思维法是为了实现创造过程中的某项目标,以背逆常规现象或常规解决问题的方法为前提,通过逆向思考来实现目标的方法。

谈判中,问答是常用的谈判手段,一般有问有答是谈判常规,但由于有些提问本身就使答者陷入被动,一个推售商问一个并不想买他商品的买主,"这两样东西,你想要哪个?"在谈判桌上,当问方就签约时间提出:"你是上午签字还是下午签字?"这实际上把签字的最后时间都加强给对方了。面对这样的提问可以采取逆向思维法,可以答非所问,也可以

以反问代答。在一个不大和谐的家庭,当妻子问丈夫:"你还像以前一样爱我吗?"这是一个非常微妙的问题,善于处理这个问题的丈夫,往往以问代答:"那么,你还像以前一样爱我吗?"那么结论就在双方心中了。而且避免了正面回答而陷入的被动。所以逆向思维法是一种克服思维定势,是一种克服思维有形无形框框的方法。逆向思维法主要有三个步骤:第一,从已有的事物的相反功能去设想新的技术、发明或寻求解决问题的新途径。《三国演义》中诸葛亮,面对司马懿的百万大军,兵临城下,按一般的思维则是紧闭城门,或弃城而逃,而孔明则采取大开城门,焚香抚琴,一反"谨慎"的常规,采用逆向思维,喝退曹军百万大兵。第二,从已有事物的相反结构形式去设想新的解决问题的思路。春秋时期,有个人不小心得罪了齐景公,齐景公为解心头之恨,一怒之下,要把该人大卸八块。群臣无计可施,按方式解决,只能力谏。但达不到解决问题的效果。这时,大臣晏子借助逆向思维法找到解决问题的方法,左手扯着那人头发,右手握刀,仰头问景公:"古代圣帝明王肢解罪人的刑罚,不知是从哪朝哪代开始的?"这句话提醒了齐景公,他不愿做一个千古罪人。第三,通过倒转已有事物的因果关系,来引发新的创造性设想和解决问题的新思路。在谈判中,往往因为因果关系的置换而找到解决问题的方法。例如:发达国家认为由于落后国家反抗,才实行了侵略政策,实际上是由于发达国家的经济入侵,才引起第三世界国家的反抗。所以第三世界国家应重新看待自己的权利,联合起来,批判大国的经济侵略。

总之,逆向思维法,在激烈、紧张的谈判过程中,可以使谈判向有利于己方的结果上发展,是有实用价值的谈判技巧。

3.组合思维

谈判中会遇到各种复杂的问题,如果就单一问题思考,很可能使谈判陷入僵局,那么把大量元素重新组合,就会生出新的方案和解决问题的视角。例如:就价格问题双方争执不下,是否可以把价格与售后服务、长期保修、商品保险等组合起来思考,找出最佳方案。

组合思维技巧是指两个或两个以上各自独立的元素的结合。以某一点为中心,使其他元素组成一个扩大的思维层面。或者在许多元素中拿出一组来进行组合,再与其他组合进行比较,从中进行优化选择。组合思维技巧的特点是:第一发散性,先使思维沿着不同方向去思考,以探求多样

性的结论。组合思维的方向,可以正向、逆向、横向,更多的是三维立体思维和多维空间思维,尽可能使思维收集到更多的不受限制的多种可能,多种元素。第二选择性,把有价值的元素按其内在联系有机地组合起来进行选择。第三综合性,是要对组合对象进行深入分析,把握它们的个性特点,再从这些特点中概括出规律,综合起来,最后形成解决方案。总之,谈判中组合思维技巧主要凭借分解与组合的方法,来启发思路、寻找方案。从分解的方面看,当综合谈判、一篮子解决不下去的时候,可以分专题研究。使谈判有所突破。60年代以来,为打开中苏关系僵局,进行了多次谈判,主要有三大障碍,一是阿富汗问题;二是柬埔寨问题;三是苏边界问题。双方为此达不成一致意见,阻碍双方关系的进一步发展。后来中国领导人邓小平建议,如果三个问题一起解决有困难,可以先从解决一个问题入手。这才打开双方谈判的缺口。如果从合的方面去思考。把所有的元素组合起来,统一考虑,就会产生新的解决方案。在解决香港问题上,有许多具体问题,在中英谈判中会遇到障碍,但如果统一起来思考,那么运用"一国两制"的方案,在1997年收回香港就是一个具体实施的问题了。谈判的总方针,总目标就明确了,一切重新组合的方案都要服从这个大前提。就在谈判中有了实质性突破。

组合性思维技巧如果从具体操作方法上看,主要有花形组合法和矩阵组合法。花形组合法是借助花形图表进行组合。在中心画个圆圈,四周画上小圆圈,以中心圆圈为花,填上某个事物,或谈判的问题。四周小圆圈为花瓣,填上一些设想的可能。再逐个进行分析、选择,找出两者之间的内在联系,进而组合起来,在操作过程中,逐渐产生新的思路和新的方案。

矩阵组合法是运用矩阵法的运算,从诸多元素组合中,找出最佳方案,他运用了定量分析法,使谈判方案更精确,特别是计算机的使用,使计算更成为现实,只需要谈判者的最大值和最小值是多少,运用同一个标准进行比较,从中选择一个最佳方案。运用组合思维技巧是谈判者常用的思维方法之一。

4.移植思维

移植是生物学或医学中的范畴,但可以借过来,描述在谈判学中的思维移植,思维本身就具有一种继承性,前人的思维通过每一代不断的延续,不同民族、不同文化背景下的人们可以通过语言交流,在思维方法上

25

互相借鉴。在谈判过程中,思维移植技巧是一种切实可行的方法。有些近似于类比的方法。可以把不同谈判的方法移植在一起,也可以把不同思考的技巧,通过嫁接的方式,移植在一起,产生出一个新的观念,一个新的方案。

所谓移植思维法,是指把某一领域的科技成果运用到其他领域的一种创造性思维技法。例如:仿生学中,科学家利用昆虫的某些特长来移植到新的发明中去,利用蝙蝠的听觉来发明雷达,利用苍蝇的嗅觉来制造小型气体分析仪,并安装在宇宙飞船上,这些成功启发了理论工作者,在思维领域也可以通过移植思维来进行创造性思考。同样的谈判过程中,由于存在着许多共性,也可以借助移植的方法,来打破僵局,产生新的构思。人们在生活里不可避免要存在冲突与协调,竞争与合作,同化与异化。但是当谈判者几乎把一切都看作是一场持续不败的竞争,把自己看作一个顽强的斗士,为了达到自己的目标,不惜任何代价,企图通过牺牲对方利益来达到自己的目的时,就出现了竞争手段,为了战胜对立者可能使出浑身解数,这种谈判方式被称为"苏联式"。意指前苏联领导人在谈判中的强硬作风,实际上没有地理学上的含义,即使生活在地球别的角落里的人,一旦采取强硬的谈判风格也可称之为"苏联式"。从前苏联到美国,凡是采用"苏联式"的谈判者都移植了同样的思维方式。第一,走极端的最初姿态。开始时,他们的要求总是很强硬,提议很可笑,目的是为了降低对方的期望程度。第二,有限的权力,参加谈判的人没有或几乎没有做决定的权力。第三,感情战术,他们会脸色变红,也会怒气冲冲地退出会场。第四,视对方让步为软弱,如果你让步并同意给他们一些好处,他们不会做出相应地让步都是一拖再拖。当他们最终做出让步时,那只是反映了他们态度上的微妙变化。第六,不关心截止日期,他们总是不着急,好像时间对他们来说没有意义。这种"苏联式"谈判方式在思维方式上就是移植生物世界中适者生存、弱肉强食的法则;只承认竞争,不承认合作。这种谈判的思维价值观,只注重对一次谈判成果的评价,看不到由于一次谈判中强硬态度,获微小的利益而损害了长期合作可能会带来的更大利益。这种思维方式需要进一步反思。

谈判者怎样改变自己的谈判风格呢?首先从谈判思维角度上来改变,可以借鉴思维移植技巧。创造学者把思维移植法分为三种:

第一是原理移植。尽管各门科学各有特点,但它们之间又有共同的规律。著名科学家阿基米德为测出皇冠中黄金的重量,用几何学方法测不准。他就苦思冥想,有一次他去洗澡,当坐进盛满水的浴盆时,水四溢而出。这个发现,启发了他。盆里溢出的水的体积跟自己身体入水部分的体积一样大。他顿时醒悟过来,立即跳出浴盆,裸体向家中跑去,边跑边喊:"我想出来了!"阿基米德把洗澡中的现象与皇冠重量的思考移植到一起,终于测算出皇冠的含金量,得出了著名的阿基米德定律:浸在液体中的物体受到向上的浮力,它的大小等于物体所排开的流体的重量,即浮力定律。

第二是技术手段的移植。在谈判中也会遇到同一种技巧在不同谈判中得到相同运用,例如讨价的技巧。当双方保留价格为 a 和 b,那么 (a+b) ÷2 则是双方最终能够接受的价格参数。在这个区域里人们可以借鉴让步舞蹈,有节奏地、一点一点地向目标接近。

第三是技术功能的移植。是不同领域的功能移植到谈判中来,如灯光、谈判室的布置、谈判桌的摆放,甚至谈判空间的选择等一切对谈判造成影响的技术功能,都可以影响谈判的结果。总之,在谈判中人们可以利用各种思维技巧,生发出创造性思维和新的思维创意使谈判的进行更加有利,争取最好的谈判前景和谈判的结局。

思维 3　终局思维训练

在谈判结束之前,需要谈判者保持高度的兴奋状态,使谈判头脑达到空前完善。使谈判过程中的每一个细节、要点和承诺都归结成一个整体,以便在签署协议时,使自己的利益和对方的承诺都能准确地表达出来。避免由于头脑一时疏忽,而使谈判前功尽弃。那么处在这个阶段的谈判者应掌握的思维技巧应紧紧围绕谈判结果来运动。

1.演绎思维训练

演绎思维实际上是思维的推演过程,顺着谈判的思路自然推出结论,是从普遍性或一般性的前提推出特殊性或个别的结论的思维方法。人们在谈判中,要遵守一般的谈判原则,包括信用原则、平等原则和履约原则等。当人们从信用原则出发推出某次谈判应该是有信用的结论,就运用了

演绎思维。既然,谈判是有信用的,那么双方签约就会比较顺利了。如果,谈判一方总是怀疑对方的信用,就会拖延谈判进程。人们在谈判终局阶段,一般都使用了演绎思维方法。

演绎思维的主要特点是:首先,它的思维过程的方向是从普遍到特殊。其次,演绎思维法的前提和结论之间是必然性的联系,即只要前提真实,推理形式正确,那么结论一定是可靠的。结论是一种必然无误的断定。再次,结论并没有超出前提的范围。否则就违反了演绎思维的法则。

人们在谈判终局阶段,表现出对谈判结果的信心,实际上是对谈判的前提经过反复的论证。事实证明前提是真实的。一旦这个条件具备,那么根据演绎法的规则,结论就必然真实,谈判者就不必要反复、犹豫,表现得没有信心,而应果断推进谈判的结束。这是谈判者运用演绎思维所表现出来的优势。

在谈判中,首先争取对方的信任,让对方在原则上接受你的产品或服务,甚至只是口头的允诺。因为一旦买主称赞卖主的观点或产品时,按照演绎法,接着就是针对具体购买,而进一步协商,最后达成协议的过程。实际上人们在购物过程中,选择名牌的心理或名牌效应就应用了演绎法。例如:凡是金属都能传热,铁是金属,所以,铁能传热。这实际上运用了三段论推理。它是由两个前提和一个结论组成。结论中的主语叫主词,结论中的谓语叫谓词,在前提中有而结论中不出现词叫中词,中词在中间起媒介作用,正是这个中词,才使三段论的两个前提发生关系,推出结论。

三段论演绎法,必须遵守两个原则,首先,前提是否真实,其次,推导过程是否正确。因此在谈判中,谈判者首先要考查前提的真实性,其次要熟练掌握推理规则,主要包括:第一,一个三段论中有而且只能有三个概念。第二,中词至少周延一次。第三,前提中不周延的概念在结论中不得周延。第四,从两个否定的前提不能推出结论。第五,如果两个前提在数量上都是表示事物的部分情况的,则不能得结论。在谈判过程中,谈判者只要学会演绎法,多次运用规则,就会准确判断谈判的结论是否真实,那么谈判终局的决心就确定无误了。

2.归纳思维训练

在谈判中人们特别需要经验,一个经验丰富的谈判者,往往能够很快就找到谈判的有利时机,或谈判的决策。实际上,他们在谈判中运用了归

纳思维法,即由一些个别的、特殊的事例推出同一类事物的一般结论。人们在谈判时看到讨价还价过程,往往是卖主最开始把物价抬得很高,然后一点一点地落价,买主最开始把价压得很低,然后一点一点地抬价。直到双方都能接受时,就成交了,人们把这些个别事实归纳起来就概括出阶梯式让步法。是谈判双方逐步让出可让利益的方法,这是人们在商业性谈判中常使用的让步方法。这种方法也有利弊。当人们从个别归纳出一般,并总结出其中的利弊,就对谈判者的应用起了指导作用。

在谈判中归纳思维法的推导方向是从个别到一般,是根据一般寓于个别之中的原理而进行推演的一种思维形式。归纳思维法在人们认识事物过程中是必不可少的,因为人们平时接触到的客观事物总是具体的、个别的东西,我们只是在这些具体个别事物的知识基础上进行概括,才能得到该事物的普遍性的知识,并进而找出该类事物的本质和规律,从而指导人们去正确地进行实践活动。归纳思维法在谈判中的使用是大量的,特别是对于一个新手或一个陌生的谈判对象,就要运用大量的具体事实,来归纳出一般的法则,积累谈判的经验,更好地进行决策。

归纳思维法包括完全归纳和不完全归纳。完全归纳法是对事物的全部个体对象的考察,发现它们都具有或不具有某种属性,因而推出该类所有事物都具有或都不具有某种属性的思维方法。这种方法比较适用于谈判对象的客观评价。特别是能够运用数算方法计量的物体。这种方法是一种严格的,能得出正确或可靠结论的思维形式。不完全归纳法是根据一类事物中的部分对象具有或不具有某种属性,从而得出该类事物都具有或都不具有某种属性的思维形式,在谈判中,常见的是不完全归纳,因为谈判过程是复杂的,是没有完成的过程,只能通过不完全归纳,把事物的现象归结起来进行分析,有意识地寻找出一般规律的思维过程。

3.证伪思维训练

在谈判终局阶段,谈判双方都将把"底牌"抛出来,在谈判决议签订之前,即使最稳健、最保守的谈判者,也会把自己的需要,以及证明自己观点正确的全部理由,都摆在谈判桌上,那么,谈判的一方,就要学会识别对方的论点、论据及其所依赖的理论是否正确,并给以揭露,一方面避免上当受骗,另一方面,使对方改变态度,接受己方的条件,那就需要谈判者掌握证伪思维法。

证伪思维法最早使用于科学发现,既是对以往理论的否定,又是对新发现的证实。主要包括实践证伪和理论证伪。实践证伪是以具体的事实、行为、物证等来证明对方的理论或观点虚假不真实。伽利略为了证实亚里士多德自由落体理论是错误的而进行了著名的比萨斜塔的实验。在谈判中,为了证明对方提供产品的不可靠性,可以在签订协议之前,选择恰当的时机,拿出其带有质量问题的产品,摆在谈判桌上,立刻会使对方的竞争地位减弱,做到心服口服。所以谈判者应掌握这种思维方式,特别是在谈判结束时,以有力的实物来证伪对方的观点,可以达到有效的结果。理论证伪是在思考问题,相互辩驳时普遍使用的一种思维方法。主要采取的形式包括有三种:第一,证明对方的理论或观点和人们公认的正确的理论或观点相违背;第二,证明对方的理论或观点有其自身不可克服的矛盾;第三,证明对方的理论或观点一旦成立就必然会出现某种差错,造成损失或者产生荒谬的后果。这在谈判中,是被谈判者经常采用的。特别是在谈判终局阶段经过大量的辩论,双方的观点都已经非常明确,而要让对方让步,就要说服对方,使他们认识到,自己的观点存在问题,双方在谈判结果上还存在差距,对方必须改变自己的态度,因为他们所依据的理论是错误的。一旦能够使对方的理论存在的缺陷暴露在谈判桌上,再顽固的谈判对手也会发生改变,甚至在其内部造成分化。因此,谈判者应学会使用证伪思维法,争取谈判的成功。

思维 4　化解僵局思维训练

在谈判中引入新的思维方式,无疑将带来谈判新观念、新程序和新变革。特别是在化解谈判僵局方面引入多层次思考的立体思维,使人们走出谈判"对抗"的误区,进入谈判"变通"的崭新阶段。

1.立体思维概说

谈判时,人总会借助某种思维形式,或抽象或具体的;或横向的,或纵向的,总以一种思维形式为主,而产生一种谈判风格。但难免会出现偏颇。因为上述思维从结构上看,都是采取平面思维,往往停留在一个点,一个角度或一个空间上。特别是在谈判某些敏感区域内,这种思维信道上的狭窄,不可避免会出现碰撞,大家的思路都挤在一个焦点上,谈判僵局在所

难免。

而立体思维则属于整体思维、全方位思维。立体思维有狭义和广义之分。狭义的立体思维是指含长、宽、高的空间三维思维或加上时间的时空四维思维。这是最简单的或本意上的立体思维。广义立体思维,是指含有时空四维在内的多维思维。它注重从思维客体出发,思维客体有多少维存在,它就从多少维去考察,以把握思维客体。其思维的本质,就是要真正把握思维对象的内在整体和外在整体。因而,广义的立体思维,就其实质来说,是包括多层次、多视角、多方位、多侧面的系统性、完全性、整体性的多维思维。这种思维恰好用于高层次、复合型、多个方面、多个问题的谈判,尤其是在遇到谈判处于胶着状态,僵局也成定型的谈判,起动立体思维"机器",会找出化解僵局的最佳程序。

美国谈判学专家霍华德·雷法,为我们虚构了一个复杂的谈判,并且使谈判陷入僵局,让我们从中找出解决僵局的思路来,对于训练处理僵局的谈判高手是一个有效的思维实验。

霍华德·雷法认为,当人们没能达成一致意见,而又必须共同采取行动时,就经常求助于各种表决机制来解决争端。例如:威亚佐有限公司的威索基、亚洛什和佐罗,共同拥有该公司的股份。他们共同决定要建一座新工厂,但对这座新工厂的位置发生争议。他们已在奥尔斯市买下了一片土地,而房地产商又建议他们用另一块地来换奥尔斯的土地。收手续费5000元。在三个人中威索基和亚洛什非常赞成,只是佐罗不同意。谈判陷入僵局,于是按照协议,进行表决,少数服从多数。于是买卖成交了,后来,又发生了变化,又运用表决,重新达成协议。在三个人之间形成车轮战。不但厂址没定下来,还搭进去很多手续费。于是威索基的女儿,给他们出了主意,让他们分别对备选厂址进行仔细思考,排出顺序,然后三个方案一碰,取分值最高的就是最佳地点了。但仍没有摆脱僵局,结果再考虑进去不诚实表达因素、策略表决、随机现象、偏好程度与相互交换等可能性,使谈判就更加复杂。就更需要人们多层次、多角度去积极思考。雷法认为,当许多人不赞成集体做决策的方针,并且不存在解决他们之间利益冲突的制度化方法时,竞争的各方可以设法采用直接谈判的方式寻求问题的解决。也可以通过谈判商定一些规则,可能会有助于调解争端,至少为下几轮谈判打下基础。而针对具体谈判,则必须依赖谈判者的多变的思维。

立体思维包含着点、线、面的思维。是三种思维在更高层次上的综合。点式思维是立体思维的开端或起点。人们在谈判中选择谈判的起点,问题的开端,解决争论的人口时,均使用了点式思维。因为它着重把思维集中在某一点上,容易将思维固定于某个观点或某个对象上面,不会由此及彼,不会把该点与其他相关的点联系起来。容易产生认识上的主观性和片面性。线式思维是点式思维的延伸或扩展,具有单一性和定向性特征,它的基本特点是思维对象确定,不容易受到干扰;视野不开阔,忽视了事物横向联系;缺乏思维的灵活性,有较强的保守性。在谈判思维中,是人们常用的思维类型,一旦遇到障碍,则不能顺利跨越。面式思维是线式思维向着纵横两个方向扩张的结果,它可以从平面上不同方位去说明某个思维中心,可以相对地达到认识某一方面的全面性。但它仍然是围于某个平面中的全面,而不是反映对象整体性的全面。立体思维研究的是认识对象的各个层次、各个方面、各种规定性,以及这些平面、这些点与其周围事物的相互联系,它能获得无片面性的整体认识。它从思维对象的本来面目出发,努力反映思维对象的外在全貌、内在多级本质和全部规定性,可以克服思想上的片面性,成为迄今为止最为科学有效的思维方式。把立体思维引入谈判过程,特别是对于化解谈判僵局起着决定性、突破性的作用。

2.立体思维的特征

立体思维从其内在性质上看是综合性思维,因此具有从其他思维形式中继承过来的思想特点,又有它自身所产生出来的特殊性。这些特征,从诸多方面反映了立体思维的特性。从而把立体思维具体化了。

(1)层次性。立体本身就包含层次概念。它是由思维对象和思维自身的层次性决定的。客观事物本身是多层次的,是个立体结构。它是由不同层面组成的整体。例如物质的结构、天体空间、植物的层面以及社会组织等,都是分层次的。谈判作为一种人们交往方式,从外部看可分为高、中、低不同层次谈判,从某一谈判内部也可以根据性质和重要程度分出不同层面。这决定了谈判思维的多重层面。尤其是在某一层上出现僵局,可以通过立体思维换个层面思考,有助于打破僵局。

(2)多维性。多维性是要从多方面、多角度、多侧面、多方位考察我们的认识对象,是对认识客体横向方面的拓广。包括对一个事物的整体作全方位的考察;对一个事物的全部历史作全方位的考察;对一个事物发展的

不同层次或历史阶段作全方位的考察;对一个事物的内在、外在规定性作全方位的考察。在谈判中,对谈判对象就要求作全位考察,特别是在谈判僵局时,更要从更多的角度去分析谈判。当一个著名演员与制片人签订了雇用合同,一年一百万美元。但到期却无钱支付,使拍片谈判陷入僵局,如果仅从付款去思考这笔雇佣合同,就无法解决。但如果从其他侧面,如演员的机会、片子的影响,以及可能带来的其他方面的收益。然后把合同改为每年 5 万元,分 20 年付清,金额不变。时间变了,僵局就被打破了。

(3)联系性。立体思维中的各种因素、关系、方面的判约性、过渡性和渗透性是思维联系性的具体表现。在立体思维中,层次与层次总是互相联系、互相制约、互相渗透、互相过渡的。这是由于思维对象本身就是多层次、多属性的互相联系的矛盾统一体。凡是谈判障碍的发生,总是处在矛盾集中和交错状态。因此对谈判僵局的认识就要注意思维的联系性,从中找出影响谈判,并且能解决僵局的办法来。在谈判的关头,越要保持头脑的冷静,培养多维思维素质。

(4)动态性。由于思维对象与外部事物以及其自身就处在运动、变化之中,因此立体思维应侧重于从系统的运动过程去研究系统,使思维呈现出动态性。由于谈判本身就是个过程,随着谈判的展开,关于谈判的思考会发生很大变化,最初的设想,会随着谈判关系的变化而调整。尤其是在谈判僵局中,更要保持头脑灵活性,运用立体思维动态性的特征去积极引导思考。有一位谈判专家为了帮助朋友解决一个家庭谈判僵局出现的问题,启发他们各方可以多层次、多角度、多变化地去看待矛盾。针对如何安排假期,他们最小的儿子想去登山,最大的儿子想去游泳,最大的女儿想准备考试。因此很难统一起来。于是谈判专家建议他们开个家庭会议,在都能满足大家需要这一点上达成总协议。如果用单维思维则是不可能的。结果他们改用立体思维。都坐在一起,交换各人的想法和希望。最后决定一起去一所漂亮的庄园,那里依山傍水,环境幽雅,各有所获。一个表面看起来互不相容的矛盾,却得到圆满的解决。可见运用新思维,重新确立思考问题的角度,是化解谈判僵局的关键。

立体思维的外部特征是立体思维内在特征的外在化。表现在经过物化的思维体系里。通过书面语言或口头语言,表现出立体思维的个性。通过对立体思维的外部特征的分析,使谈判者学会掌握立体思维的具体表

现形式。

（1）个体性。立体思维注重从事物的多层次、多方面、多角度去思考。但诸多层次都是思维对象的表现，都是某一具体事物的内在结构。因此，立体思维不是分散思维的注意力，而是更具体、更全面反映一个具体的思维对象，使其具有个体性。这种包含有诸多因素的个体，是真实、完整的个体，使思维始终围绕着一个目标。在谈判僵局中，我们可以不断变换角度，但如果思考的是同一个对象，使谈判变成具体的，而不是抽象的谈判，使这种思维更具有实际意义。

（2）鲜明性。由于立体思维综合或概括了思维对象的全部外在特征，并把它们集中化、典型化、凝聚化和整体化，使其与思维对象的本质发生直接的联系，使立体思维反映的思维对象更加具有鲜明性。每一个谈判都是具体的、真实的、每一个谈判过程，都有自己的特点。甚至每一个僵局都会有其特殊的原因，因此，由于立体思维能全面、准确反映思维对象，使其在解决谈判争端上带有明显的实用价值。在一次购物谈判中，一位谈判专家走进一家富丽堂皇的商店，在选购眼镜的柜台前，展开了一场艰苦的谈判，如果按照一般方法，相互竞价最后成交。而这是一个具体谈判，就没那么简单了。柜台前没有买主，有三位售货员为他服务，推荐了好几种样式，有高档、中档和低档，他反复试用过程中，无意间询问了价格，让对方不了解他的真正购物意图，售货员显出过分殷勤。使谈判专家了解到对方急于做成生意的心态。最后根据自己的需要，逐渐确立为一种样式。不紧不慢地询问对方，是否可以优惠点？对方反应很为难，并且拿出看家本事"我们这里不讲价"。但谈判专家仍然坚持，售货员中一位老板模样的人说："只能优惠几块钱，您也不在乎。原价89元，您给85元吧。"看，她开始降价了。谈判专家又从另外角度开始思考，接着说："你是老板，你说了算。"给对方一种满足，一种尊重。对方就说："那你给多少钱。"谈判专家拿出杀手锏，"50元怎么样"。三位售货员都惊呆了。显然超出了他们的想像。老板说："我们的进价都要70元，而且还有包装。"谈判专家说："那就75元吧。"老板考虑了一下，最后成交了。谈判僵局化解，双方的需要都得到满足，这是一个具体、真实的谈判过程。他虽然有一般谈判过程的共性，但又反映了其特定场合、特定对象、特定价格的鲜明个性。在这次谈判中，谈判专家灵活运用了立体思维，从一开始挑选，到迫使对方让价，再到报价、让

价、成交,完全控制了谈判过程,是一次成功的谈判实践。

（3）开放性。立体思维从其外在形式上表现为开放型,它在确定了自己思考的中心以后,从这个中心的上下前后左右各个方面来思考这个中心。以物理模型上表现为从一个点向四周的开放。这样,谈判者就以谈判对象为中心点,任意思考开去。必然会在某一点上有所突破,引导谈判思维的全部能量都从这个突破口释放出来,就会取得很大的成功。

立体思维的内在特征与外在特征统一起来给人们建立一个思维立体的网络或物理模型。运用现代技术,可通过计算机在三维空间上展示思维的状态。这种立体思维的结果使人们更加接近事物的整体,有很强的真实感。一旦使谈判者掌握了运用立体思维的规律,就像在头脑里建立一个强大的"场",使各种谈判或谈判僵局被"场"所包容、化解和升华。

3.立体思维规律

规律是事物本身所固有的本质的必然的联系。思维规律即思维过程中的固有联系。人们要想在谈判中熟练掌握立体思维就要摸索立体思维规律。立体思维规律包括诸多因素整体综合律、纵横因素整体交织律、多种因素贯通律。

诸多因素整体综合律与谈判思维有密切的联系。思维规律是思维对象的表现。虽然是两个不同的条例,但在本质上是同一的。也就是说,立体思维中诸多因素整体综合律反映了思维对象诸多因素的整体性和综合性。是思维在由低级向高级发展的过程中,在把点式思维、线式思维、平面思维综合为立体思维过程中,必须运用多种观察的工具、多种思维形式,把思维对象的各个方面、各种因素综合为一个整体,形成立体的思考。

诸多因素整体综合律关键在于综合,首先把思维各个层次的规律综合运用于同一个思维过程。就是在立体思维中既要遵守传统逻辑思维的同一律、不矛盾律和排中律,又要贯彻辩证思维中的矛盾规律、质量互变规律和否定之否定规律。在思维的不同层面上各有侧重,但在思维整体上注重综合。在破解谈判对手故意抬价而造成的僵局上,在具体价格上要坚持针锋相对,运用该层两种适合的规律,但在总体上要掌握全局的进程,具体做法可以在看穿对方诡计时,直接指出来,让双方开诚布公地谈判;订下一个不能超越的预算金额,然后努力去争取;要敢于说"不",推翻所达成的协议。甚至可以表示要退出谈判,迫使对方做出让步。在总体上要

把握分寸,力争在总体上达到谈判目标。其次,把思维各个层次上的思维方法综合运用于同一思维过程。思维方法是实际思维过程中具体落实各种思维法则的具体手段,是各种思维规律的具体应用。在谈判过程中,立体思维要求把各种思维方法熟练地综合运用。再次,是把思维各个层次上的思维形式、思维片断,综合运用于同一思维过程。通过把各种思维规律、方法、形式综合加以运用就掌握了立体思维的诸多因素整个综合规律。

立体思维中的纵横因素整体交织律是在纵横分析的基础上,把分析所得的各个层次、各种因素、各种规定、各个方面或各种联系交织成某个认识的整体,并再现其联系的立体网络。谈判因其复杂程度可以分出纵向和横向层面。人们对谈判这一复杂过程的认识,必须从纵向和横向方面进行分析,然后使两个方面交织融汇成一个统一的、完整的立体认识。对一个谈判从纵向上分析谈判的开局、谈判过程、争端的原因、谈判协议的签署和协议的执行。从横向上认识谈判对象各个层次作水平面上的分析。最后把这两个方面汇合起来,找出解决谈判的最佳方案。

立体思维中各个层次、因素、方面贯通律是在立体思维过程中,从问题的提出到问题的展示,必须按照思维自身和事物自身的层次、环节、阶段或结构,使其内容有条不紊地安排或组织起来,充分体现出立体思维的有序性。通过思维层次、因素、方面的有序排列或贯通可以清楚地看到思维对象发展深化的具体进程,它的总体轮廓和各个层次上的性质,从而使我们的思想更加严密,真正实现逻辑与历史的统一,这种贯通规律在谈判中有十分重要的价值,谈判中随时都会出现各种变化,要求谈判者在头脑中保持灵活性,就要融汇贯通,把各种思维规律贯穿在一起来进行思考和运作。分析各种各样的问题,找出解决问题的方法。在高层次上把握谈判发展进程。特别是在解决谈判僵局问题上,更要学会运用思维贯通规律,在不同层面、不同角度的结合和贯通的点上,化解谈判僵局,使谈判成功。

4.回溯推理法训练

谈判僵局从实质上看是谈判双方的思路受到阻碍,在原有的程序上无法通过,而导致谈判中断的恶果。往往人们面对僵局而束手无策,实际退一步则可使谈判的范围十分广阔。只要学会回溯推理或逆向反思,就可以使僵局缓解。所谓回溯推理法有广义和狭义之分。广义的是根据事物发

展过程所造成的结果,推断形成结果的一系列原因的整个逻辑思维过程;而狭义的则是指从事物的结果推断其原因的一种思维方法,也就是从事物的"果"回过来推测其"因"的思维过程,主要特点是打破常规,从使人意想不到的反面打开思想的大门,获取解决难题的全新方案,很类似于脑筋急转弯。在谈判桌上,谈判者常被一些险局或难题所困,智穷思尽,百思不得其解。这时,谈判就要从反向角度思考,向回推理,找出突破口,化解危难。

5.置换思维法训练

谈判僵局是把所有谈判对象的各部分组合在一起而出现的僵局,而要打破僵局,就要改变原有组合。"曹冲秤象"的故事,就是置换思维的妙用。如何把大象的体重秤出来,按一般思维就在加大秤的重量。这在当时是不可能,也是十分愚蠢的。曹冲的过人之处在于:把秤盘这个元素换成浮在水上的大木船,把秤"花"换成船帮上标志大象体重的刻度线。把一块块代替重量的砝码换成同等分量的一堆石头;总共置换了 3 个元素,却轻而易举地"造"出了一杆巨秤,很快地解决了称象的难题。这给后人一个启示。只要改变元素的组合,就可以得出一个新的思路。所谓置换思维法就是用排列的方法去思考,将几个不同元素从一种排列变成另一种排列而形成新的组合的思维方法。关键在于怎样置换和排列。置换思维法借用了数学和化学中"置换"的内涵,把几个不同元素的排列顺序进行置换,或者用另外一个、几个元素替换某事物中的元素,形成新的组合,以创造新事物。使它具有发散性和选择性的特点,它要求思维者的思维具有较大的独立性、灵活性,不墨守成规。因而,置换元素,首先置换思维角度和方向。据说公元前 333 年冬天,马其顿的亚历山大将军率军进入小亚细亚某城扎营避寒,他听说城里有个难解的"结"。据说谁解开这个结谁就能成为亚细亚王,无数的人对这个结一筹莫展。亚历山大也来了兴趣,但是尝试了几个月,同样归于失败,找不到结的两端。苦思冥想之际,有一天,心里忽然一亮:为什么要找绳头呢?我只要制定打开这个结的规则就可以了。于是,剑起结破,一破两半,结解开了。他宣布解开了此结,亚细亚注定归他管辖了。他在这里运用了置换思维方法,走出原有思维的框子,解决一般人无法解决的难题。

6.迂回思维法训练

如果把谈判比喻为攻击一个城市,那么,当正面进攻受阻,迂回进攻

就是首先选择的方法了。迂回思维法就是在思维受阻不畅通，或预定的目的不能达到的情况下，人们采取避开正面，调换一个思考问题的角度，另选一个被人忽视的方向，从不便对方警觉的侧面迂回过去，从而解决难题，达到原定目标的一种思维方法。迂回思维法的特点是：

第一，迂回思维法原定的思维路线受阻时，不能纠缠于原来的一套。要另辟蹊径，绕道而行。第二，思维受阻时，要有不甘心退出的顽强奋进心理。第三，要及时进行思维拐弯，进行新的构思，可以从问题的侧面、背景去考虑，也可以从完全不相干的事物去入手。表面看，远离主题，毫无联系，但实际上却步步深入，克敌制胜。

汉朝时期，有一天，刘邦想试一试韩信的智谋，他拿出一块 5 寸见方的布帛，对韩信说："给你一天时间，你在上面尽量画上士兵，你能画多少兵，我就给你带多少兵。"站在旁边的萧何想：这小块布帛，能画几个兵？急得暗暗叫苦。不想韩信接过布帛就走。第二天，韩信按时交上布帛，上面虽然画了一些东西，但一个士兵也没有，刘邦看了大吃一惊，心想，韩信确实是个人才，于是把兵权交给他。原来韩信在布帛上画了一座城楼，城门口战马刚露出头来，一面"帅"旗斜出，虽然没见一兵半卒，但犹如掩藏着千军万马。这就克服了传统思维，而从侧面思考，得出了意想不到的结果。人们在谈判中要克服思维定势，学会思维灵活性，就可以化解谈判僵局，使谈判达到成功的目的。

思维 5　系统综合性思维训练

客观世界发展的特点，决定人类主体在认识客体的思维方式上更加系统，更加完善。使人类有条件在这个阶段上实现更大的综合。在谈判中，运用系统综合性思维方式，是对当代科技革命中兴起的综合思潮从思维方式角度所做的概括，也是对带有鲜明科学方法论性质的，并在多学科多领域广泛应用的系统论、控制论和信息论，从思维方法论的角度加以概括和提炼，对其本质特征所做的总结。在谈判中，运用系统综合性思维方式是体现谈判思维方式现代化的基本表现。

1.谈判中系统综合性思维方式的产生

系统综合性思维方式是产生于 20 世纪 50 年代，是对系统论、控制

论、信息论经由思维化的概括,而成为介于哲学和具体科学方法之间的一种科学方法论和一种现代化的思维方式。

系统论、控制论和信息论经过 20 世纪 20 年代至 40 年代的酝酿,于 50 年代相继诞生。贝塔朗菲为研究生物体和一般系统的方法精密化所开创的系统论研究、维纳为研究控制系统的方法精密化所开创的控制论研究、申农为研究通信系统的方法精密化所开创的信息论研究,都是以系统、控制、信息为基点,以精密化综合为方法,其基本理论与方法有着密切的联系,其发展趋势将成为现代系统科学。现代系统科学的形成和扩展,为从整体上研究问题提供了一般性的精密的综合研究方法。为现代大规模的谈判提供了谈判策划的思维方法。

美国哈佛大学工商管理学院和肯尼迪政府事务管理学院的教授、哈佛大学谈判培训中心的负责人霍华德·雷法运用系统综合性思维对谈判进行了系统的、综合的、抽象的以及应用性的分析,他采用对策论与决策分析相结合的论述方法,以案例研究形式广泛论述了谈判和介入的问题。它把谈判分类为:单一型或统筹型,双边或多边形。把谈判当作一个系统,从对谈判系统中谈判双方在不相互作用和无竞争情况下,对不确定事件的决策到谈判系统处在竞争和相互作用情况下的控制。他对谈判系统的分析,使人们反复受益的是高质量的思维结构。是对谈判系统的思考,同时还通过建立谈判模拟实验室,模拟谈判系统的运作。把谈判案例中的理论抽象出来,直接应用到模拟谈判中去。他对谈判系统的分析,深刻体现了系统综合性思维方式的科学价值。他的研究成果是系统分析的结果。正像他在《谈判的艺术与科学》一书的字言中所说:他对谈判系统研究成果提供了一个毫无疑问的事实,进行分析可以有所裨益。

自然科学中的“三论”从基本概念、指导思想和研究对象上都可以概括到系统科学中去,都体现了系统化和综合化的发展趋势。把认识对象当作系统来研究是认识方法上的变革,把这种认识方法应用到具体部门中去会推动研究的深化和发展,谈判学的研究,急需引入系统综合性的思维方式。

2.系统综合性思维方式的特征

(1)整体性。整体性是系统综合性思维方式的基本出发点,它为人们从整体上观察和分析事物提供了有效的方法。这种思维方法始终把研究

对象作为一个系统整体来看待，认为世界上任何事物都是一个合乎规律的由各要素组成的有机整体。各要素之间都处在相互联系、相互作用之中。谈判双方或多方都是一个系统中的子系统，他们之间存在客观的联系，同时该谈判又是大系统中的一个分支系统，这个谈判问题的解决，影响其他系统，也受其他系统的制约，谈判者在思考谈判对象时，既要研究谈判本身，又要分析谈判内部、外部各种要素的关系，才能使谈判者正确做出谈判的对策。

（2）综合性。综合性是系统综合论的基本特点，一方面，任何系统整体都是这些或那些要素为特定目的而构成的综合体。另一方面，对任何系统整体地研究，都必须进行综合地考察。对谈判的认识，更要注重综合。如果只注意局部地分析，缺少综合研究就会被局部利益所影响，忽视了谈判的最终目标和根本要求。对待谈判应先综合地审视，再作具体分析，最终还要用综合的标准来做出决策。

（3）动态性。任何一个系统都是一个动态系统，无论系统内部，还是系统外部都处在变化发展中，否则就不能称之为系统，因此在考察这些系统的运动时与人的行为进行类比或模拟，把握事物动态条件下的规律，对于谈判的认识，也要注重动态的观点，认识到一切有关谈判的策划或方案都是静止的分析，只有当谈判处于过程中时，要学会随着谈判的进行来调整谈判策略。始终在变化中来审势谈判。

（4）定量化。定量化是认识的精确化和深化。在分析和综合事物的系统的多因素、多方面联系时，总要在定性基础上进行定量分析。在谈判过程中，定量化是衡量谈判成败的尺度，也是谈判者决策的依据。而对谈判系统定量化，是通过建立谈判系统的数学模型或物理模型来演算的。一定要在头脑中建立起谈判的模型，模拟其运动状态下，各部分之间的变化。对变化带来结果进行定量分析。通过计算来确定谈判的最终方案。

（5）最优化。所谓最优化，就是从多种可能的途径中，选择出最优的系统方案，使系统处于最优状态，达到最优的效果。谈判是多种方案的集合体，谈判决策是在多种方案中进行选择，运用系统综合性思维在谈判决策中，就要采取最优化的选择。经过谈判双方优化而达到共同的目标，促使谈判成功。

3.系统综合性思维的作用

系统综合性思维实现了思维方式的重大突破和变革，它在谈判中的

运用,对于谈判决策,谈判实施、谈判控制均有不可替代的作用,这种思维方式的更新,使谈判开创了一个新的时代。一个新的谈判观念产生了。

首先,它为谈判的研究和策划提供了新的思维方法论。自从有谈判,就有对谈判的策划,但由于受传统思维方式的影响,使人们对谈判从策划开始就受狭隘观念的支配,只停留在为局部利益进行论争的水平上,而新的思维方式将使人们改变对谈判的理解,用新的视角来认识谈判的整体,在更高层次上开展谈判。

其次,它为谈判开创了兼备多种认识功能的新方法。谈判是由一系列谈判方法组成的。包括确定谈判目标和实现谈判目标的方法。当我们采取系统综合性思维时,就会对谈判方法进行更新,直接修正谈判目标和有利于谈判目标的实现。

最后,它为谈判的进行提供了有力的工具。谈判是谈判双方思想的碰撞与较量。人们在谈判中运用头脑,就像在做工时,使用工具一样,系统综合性思维,为谈判提供了最新型的认识工具。它必然为推动谈判的进程,最终解决谈判提供最有力的工具。

谈判是思维方式所结出的果实,更新的思维方式,就如同果树嫁接一样,催化出新的谈判成果。有志于成为谈判的实践者、谈判的职业专家,就要注重谈判思维的训练、更新和培养。把谈判与思维方式联系起来思考,必将揭开谈判史上新的一页。

思维6　奇特式思维训练

谈判中的超常能力首先来自谈判者的奇特思维、特异思维方式。在谈判中,人们往往感到,困难的谈判不是来自谈判对手实力的威胁,而是来自自己谈判思路的枯竭,或者感觉到谈判对手思维的敏捷和奇特。因为在谈判中没有一般意义上的胜者,只有通过谈判控制对方。让对方在不知不觉中接受己方的方案。在谈判中,处处体现出超常思维的能力。一旦拥有奇特思维方法,并养成特异思维习惯,就会在谈判桌上显示出控盘能力。如同两个棋手对阵,其中一位不断打出怪招,而另一位只停留在棋谱的规范中,怪棋手能够在投下某一子时,就跨越当前的局势超前地看到结局,而对手还在亦步亦趋地爬行。这样的局面无论对于棋手还是谈判对手都

是始终要追求的一种境界,那么就从改变思维方式开始,学点奇特思维方法,你将在其中受益。

1.特征和类型

奇特思维意即超越常规,打破思维定势,在一般思维之外去进行思考的思维模式。例如:有一条线不把它剪断,用什么方法可以把它变短呢?一般思维则在把这条线本身缩小思考和花费精力,如用橡皮擦掉、用东西掩盖一部分线段等,但均违背思维规则,也不能给人以智慧,但具有奇特思维的人,就立刻在那条线旁边再画上一条较长一点的线,就使原来的线变短了。人们的眼睛为之一亮,立刻感觉到这种思维给我们带来智慧的力量。人们在谈判中,一旦使用奇特性思维,超出对手的想像力,往往会使对手立刻接受你的方案。谈判中控制局势表现出来的实际操作的技巧,实际上是思维技巧的体现。

奇特性思维具有不同于一般性或逻辑性思维的特点,主要特征是:

(1)思维的灵活性。

奇特性思维没有一定的格式,没有固定的框子,有时要从正面思考,有时要从反面思考,有时要从侧面思考。它排斥常规思维、常态思维。它与思维的呆板性、平淡性是不相容的,它提倡逆向、横向、多向思维,提倡多角度、多方位的思维。

(2)思维的机智性。

在谈判中,人们均追求反应敏捷,头脑机智。但当使用一般性思维时,则要求注重整体性、综合性和全面性。尽管它也包含机智性,但并不是一般思维所追求的。只有使用奇特性思维,它把是否具有机智性作为衡量思维本身的标准。如果缺乏机智性,就不会叫人感到妙趣横生,妙不可言,拍案叫绝,那么思维再全面、再正确也是按常规思考的结果。而谈判的突破,往往不是靠思维的全面和正确,有时就靠一点点机智,使谈判僵局豁然开朗。

(3)思维的创造性。

奇特性思维,要求新奇、灵活,其价值在于创造。因为只有创造才能体现思维的本质。例如:有24人,要排成6排,每5个人为一排,请问该怎么排?如果把24人排成方形,那肯定排不成。而运用奇特性思维,把24人排成

。就完成一种新的创造性方案。谈判中,尤其需要这种思维的创造性。它对于解决谈判僵局,重新排列组合谈判双方的条件和利益,最终创造性地提出新方案具有十分重要的实际价值。

(4)思维的工具性。

奇特性思维具有实用性,仿佛是一种训练头脑的工具,人们只要大量接触奇特思维,就会锻炼思维的敏捷,并且有利于解决某些具体的难题。

奇特性思维引起人们的重视和研究,并且在许多方面广泛的应用。人们根据不同标准,把它们划分为多种类型,有根据不同表现形式划分为图形性、符号性、语义性和故事性的奇特思维。也有根据不同内容划分为观察性、记忆性、想像性、思考性奇特思维。还有根据不同思维类型划分为:抽象性、形象性、灵感性奇特思维。相互组合产生出更多的类型。大量应用于人们的交往与社会实践当中。

2.奇特性思维的作用

奇特性思维在谈判中起的作用越来越被人们重视, 随着谈判作为一种交往方式,作为一种人们之间解决问题的手段,被广泛采用,那么,将奇特思维应用于谈判, 或者朋友来培养谈判者思维能力都起到不可替代的作用。

第一,奇特性思维可以培养谈判者的思考能力。

谈判是思维的物化。谈判思维是对谈判对象的思考过程。而进行奇特性思维的训练,就是训练对象思考,而且是奇特性、多层次、多方面、多角度的思考,这本身就培养了谈判者的思维能力。

第二,奇特性思维可以训练谈判者的解决问题的能力。谈判者运用奇特性思维,往往是在遇到谈判难题时。奇特性思维训练解决问题的多种可能,特别是训练谈判者使用超出常规的解决问题方法的能力,避免谈判者思维的封闭性和保守性。使谈判者通过奇特性思维训练,非常敏捷地找到解决谈判难题的方法。

第三,奇特性思维可以使谈判者增长智慧,提高智力。谈判者的智慧往往来自他所受的教育,他所掌握的专业知识,而就谈判而言,谈判者要在谈判中表现得杰出,聪明和智慧,就要通过奇特性思维的训练,使他们在已有的知识基础上,更全面,更能适应谈判的需要。

3.基本方法

奇特性思维不仅是一种思路,同时还是解决具体问题的方法。把这些

方法集中起来,抽象为一般类型,就会有助于谈判者在遇到类似问题时,用来解决谈判中的难题。奇特性思维方法,是智慧的精华,它包含了大量的机智和灵活性。一旦运用于实践,就会收到特殊的效果。其主要方法包括:

(1)破除常规法

人们在解决问题时,往往停留在照常规办事的思维习惯上,而奇特性思维,必须破除常规,才能解决问题。有一个年轻人给另一个年轻人出了一道难题:"昨天我父亲碰到一场雨,当时没戴帽子,也没有撑雨伞,他头上什么也没遮,结果他的衣服全淋湿了,他头上一根头发也没有湿掉。为什么?"如果按常规解答就陷入困境,因为头上有头发,怎么能不湿呢?所以必须破除常规,设想他头上没有头发,是个秃子,才能解答,事实上这个人真是秃子。在谈判中也是如此,两个商人为一件商品的价格争执不下,按照常规卖者不落价,买者不涨价,就无法解决问题,而奇特性思维则破除常规,卖者落价,争取到客户。然后在售后服务和零配件上得到补偿。

(2)追根求源法

在谈判中,人们遇到谈判僵局,一方会突然退出谈判,使用突然死亡法。表面上是放弃谈判,实际上是在等待机会,这时另一方就要追根求源,找到解决难题的方法。例如:一天夜里,有一个姑娘正在街上行走,突然,从旁边窜出3个歹徒,企图施暴,这时,姑娘从手提包里拿出手枪,对准歹徒,叫他们迅速离开,歹徒认为姑娘拿出来的是假枪,一点不怕,猛扑上去。于是,枪声响了,两个歹徒闻声倒地,打死了。另一个歹徒正拔腿要跑,被行人抓住了。这时,警察赶来,大家一面指责歹徒为非作歹,一面也怪姑娘,不该把人打死。正在议论纷纷,两个歹徒忽然又活了起来,从地上爬起来。这是怎么回事,如果用常规思维就会陷入两难的境地,如果是真枪打死人不能复活,如果是假枪,又打不死人了。那么只有通过奇特思维在常规之外去寻答案,原来这是一把麻醉枪,姑娘是动物园的驯兽员。

(3)数字去除法

在谈判中,人们往往针对一两个关键数字争执不下,那么能否绕过数字,从另一个角度达到谈判目的呢?就如同在大河上有座东西向的桥,人通过需5分钟,桥中间有个亭子,亭子里有一个看守者,他每隔3分钟押出来一次,看到有人通过,就叫他回去,不准通过。有一个聪明人想了一个

巧妙的办法,终于通过大桥。聪明人的办法是:从东往西过桥,走了两分半钟即转过脸来往东走,当看守者出来见到他时就命令他往回走,这样就可以掉转头来过桥了。这个例子说明人们运用奇特性思维利用常规思维的头脑照章办事的弱点从中获得好处。

(4)假设排除法

在谈判中,遇到多种方案时,人们往往不容易做出决断,那么就使用奇特性思维,运用假设排除法选择最佳方案。例如:一天,3位好朋友小白、小蓝、小黄在路上相遇了,他们之中背黄书包的一个人说:"真是巧得很,我们3个人的书包一个是黄色的,一个是蓝色的,一个是白色的,但都没有谁的书包和自己姓氏所表示的颜色相同。"小蓝想了一下也赞同地说:"是呀,真是这样的!"那么这3位好朋友的书包各是什么颜色。首先假设,小白背蓝书包或黄书包,小蓝背白书包或黄书包,小黄背白书包或者蓝书包。已知小蓝不背黄书包,那肯定是白书包,剩下的蓝书包必然是小黄背的,而背黄书包正是小白。那么在实践中运用假设排除法的法则是,假设两种情况,排除一种情况,结合肯定另一种情况,就是假设排除法。

(5)找出矛盾法

在谈判中,与对手辩论时用其自身的矛盾来战胜对手,使其接受己方的方案,就是矛盾法。古希腊称之为辩证法。一天,一个年轻人想到大发明家爱迪生的实验室去工作,爱迪生接见了他。这个年轻人满怀信心地说:"我想发明一种万能溶液,它可以溶解一切物品。"爱迪生问他:"你想用什么器皿放置这种万能溶液?它不是可以溶解一切物品吗?"这种运用对手自身矛盾来揭露其存在的矛盾是一种十分有用的辩论方法,具有很强的说服力。人们一旦学会奇特性思维方法,在谈判中就会处于主导和有利的地位。

思维 7 横向式思维训练

由于谈判的复杂性,使人们发现,仅靠传统的纵向思维,很难符合现代谈判的需要,就像一个人打井,在一个孔上钻得再深,因客观因素也不会出水,如果多打几个孔呢?谈判也同样,如果就一个方案,谈得再深入、再艰苦,受客观因素限制也不会有结果,那么要换一个方案呢?这就需要

同传统思维方式分手。启动现代思维方式。

1.含义

横向式思维是一种侧向思维,它能摆脱固有的思维模式和思维惯性,有助于思维的多样化,有利于寻求尽可能多的途径去产生新的想法。它类似于无控性思维,总能产生新的主意,具有鲜明的创造性。就像拿一套玩具积木,稳稳当当地一块接一块地往高摆,是一种正规的思维方式,如果将积木零散放置,可以松散地连接或不连接地摆放,就会产生许多的图形,有些甚至是奇特的,出人意料的图形,这就是横向式思维的几何图形。

在谈判中,当一切都按预想地发展时,人们善于使用纵向思维,因为它属于可能性最大的选择性思维。人们均不愿冒险,而愿意顺理成章。只有当谈判遇到障碍时,纵向思维无法发展下去时,或者停顿不前,或者变通一下思考角度,虽然,有些方案可能性极小,但却给谈判带来一线生机,这些新的生机往往是借助横向式思维来实现的。把横向式思维与纵向思维相比较,就可以形象地把思路比喻为流水。纵向思维就像水从山坡上流下来,汇集在凹地,而后又流入河床一样,沿着最可能的通道去思索,成为可能性较大的思维,而横向式思维就像人们有意开挖新渠道来改变水流,或者在旧渠道上筑坝堵水,希望水溢出去,以新的更好的方式流动,有时甚至以非自然的方式将水抽往高处,形成一股洪流,自由地流动起来。使一滩死水,变为活跃着的生命。横向式思维并不神秘,她对每个有趣探索新想法的人都敞开着大门,它也不是一个现成的模式。而是一种思维的方式和习惯,它需要人们在实践中去认识,去适应。

2.主要特征

在谈判中最重要的是产生新的想法,而传统思维,往往顺着一个思路想下去,又听不进不同的意见,他本身已有的经验也像流淌的水顺着一个思路不停地逆漏,不能产生出新的思想,真正使人们企盼一种能够产生新想法的思维机制。而横向式思维则具备产生新思想的特征。

(1)一种随机产生的灵感式思维

每个人在头脑中不可避免地会存在一种起支配性作用的想法,并受这种固定的想法所支配,特别是在得到经验支持以后,就更加坚信不移。例如:有个人养了一只怀了孕的猫,这只猫出出进进,使他很烦。于是,他想出了一个办法,在门上挖了一个洞,猫可以随意出入,不再打扰他。小猫

一出生,他即刻又在门上挖了一个小洞。在他的头脑里受着只要在门上挖个洞就不会受猫的打扰的支配性思维的影响,而不再作任何思考了。这种思考方式往往在谈判中也被千百次地重复使用着。在商品买卖中,经常出现不法商人,把价格很低的商品标出一个很高的价,然后再标出仍高于其价格的现价。人们按支配性思维去思考时,就会认为这是处理品的价格,本人已享受优惠,自动放弃竞价的权力。或者即使竞价也只是轻微杀价。实际上没有跳出支配性思维方式的圈子。而横向式思维则提出了摆脱起支配性作用想法的技巧。其一是认真挑选出可能在影响着局势的思想,将它定义出来,甚至写下来,一旦用这个办法揭露出那个想法,就比较容易认出它来,比较容易避免它的支配性影响。其二是先了解起支配作用的想法,然后逐渐改变这一想法,使之失去本身特性并自行消失。可以将这种想法强调到极点,也可以过分夸大某一个特点,再重复一次,在这个过程中必须非常认真地并自我意识清醒地观察,否则也会很危险。例如:一个小学生得出一种有趣的结论:蜘蛛可以用腿听到声音。并说他能证明他的结论,他把一个蜘蛛放在桌子中间,说:"跳!"蜘蛛就跳动,接着他又重复了一遍,然后,他把蜘蛛的腿割掉,又把它放回原来的位置,他又说一遍:"跳!"可这次蜘蛛无动于衷。于是他说:"看,拿掉蜘蛛的腿,它就什么也听不见了。"这个小学生完全被自己的理论所支配了。在谈判中,有许多人固执地坚持自己的想法,而不接受新的观点,或者不能产生新的方案,就是受传统认识的束缚。横向式思维认为,人们应该培养在失败中产生高兴情绪。例如按传统思想去谈判结果失败了。这只是一个谈判的损失,但却意味着摆脱旧想法即将掌握谈判的新想法。

(2)横向式思维具有思维的任意性

人们的认识是大脑对外部环境的反映。经历了一个认知的过程。康德把人的认识分为三个阶段,即感性、知性和理性。按照辩证唯物主义认识观点,人的认识走着两条道路:一条是在大量的感性认识中蒸发出抽象的规定;另一条是在抽象思维中达到思维具体。都说明人的认识离不开对外部环境的感性认识,对环境认识得越清楚、越正确,认识就越接近事物的本来面目。认知学家把它称为"情景定义"。

在谈判中,"情景"千变万化,如何在复杂的情景中找出最确切的认识,而克服认识上的片面性?这需要运用横向式思维所特有的思维的任意

性。横向式思维认为：无论何时，注意力都可能只指向情境的一个部分。这种注意的结果产生感知。环境中被注意到的那一部分使人产生种种意识。通过任意数量的各种意识所获得信息组成了感知。把这种认知过程图像化，就是一个把情景分解为人们熟悉的解图单位，然后再描述这些解图单位及其组合。为解释和描述而创立的解图单位很快作为单独的实体而独立存在，这些单位随着不断应用逐渐得以强化。直到人们确认其存在的价值。无论做出的描述多么恰如其分，但总有比其更确切的描述，如果只满足于最初的描述，不去探索更好的描述方法，那么就不会发现更贴切的描述。其中，关键是选择哪一种方法进行分解，这就需要借助横向式思维，多进行一些任意分解，从中选择最有价值的分解。而不管怎样分解，最有用的分解就是最称心如意的分解。这样就避免了思维的片面性和独断性。在谈判中，人们围绕谈判对象来认识，实际上就是一个分解对象的认知过程，如果使思维只停留在一种解释上，往往会使谈判陷入僵局；如果多几种解释，并以选择最优分解，组合出来的方案即是最佳谈判方案。

(3)横向式思维是一种"非逻辑"的自然性思维

人们往往习惯于按照逻辑一步一个脚印地保证正确无误的思维，而这种思维只有一条道路，当事物为 I 时，概率就会接近于零，当人们只从一条思路上来思考对象时，成功的认识就会接近于零了。而横向式思维则没有必要整个过程完全正确，只要求最终结论必须正确。如果要求每一步都准确无误，可能是影响产生新想法的最大障碍。在科学史上存在许多在"看似错误"的认识基础的新发明和新创造。20 世纪初，意大利工程师马可尼面对违背"光的直线传播"的物理原理，而把无线电波成功地发送到大洋彼岸。如果他一直按逻辑行事，就永远也得不出这个结论。在人们日常生活中，横向式思维也有助于人们解决看似难解的问题。当有两位妇女都自称是同一个婴儿的母亲，被带到国王所罗门的面前，所罗门命令将这个婴儿劈成两半，分给她们每人一半。因为国王的主要目的是弄清事实真相，解救婴儿，所以他发出的命令与他的本意是相反的。看似违背逻辑，但这样做的最终结果是发现了真正的母亲，真正的母亲宁愿将自己的孩子让给另一位妇女，也不愿看见自己的孩子被劈成两半。在谈判中，有时人们为压低价格而相互争执，最后不欢而散。但有些谈判者，做出大量让步，有时看起来是非逻辑的，但由于最终谈判成功，使他从中受益。像日本商

人,一般都在原价格之上与顾客成交。但由于客人购买了他的商品,在使用过程中,还要购置配件,接受售后服务,使其从中大量受益。所以横向式思维就像是迅速跨过一些障碍,不要求每一步都很精确无误,迅速到达终点,然后再来总结经验,选择最佳方案。

(4)偶然的机遇产生新想法

在人们的认识中,往往忽略了偶然性的作用,过分强调计划性、目的性。但结果却都一事无成,而通过游戏,通过偶然的机遇,往往会造就一个著名的成功的例子。"青霉素"的发现是通过一系列的偶然性,才产生的结果。在谈判中,一个偶然的机会,能够带来巨大的成功。偶然性的价值恰恰在它导致新想法的产生。只有不干扰偶然性本身,才能有意识地创造一个适宜的环境以便利用偶然性,而后再收获偶然性相互作用的果实。只有借助横向式思维才能发挥偶然性在思维创新中的作用。首先要承认偶然性事件,即不是计划发生的事件。人们不能按逻辑顺序来安排偶然性事件的产生。其次,利用头脑风暴法,来寻找有可能出现的偶然性。一群人聚集在一起讨论某一个问题,尽量摆脱通常的逻辑影响,自己怎么想就怎么说,什么想法也不算荒唐,说什么都不算离题,让想法之间的相互刺激产生大量的新想法,让它们之间偶然地相互作用产生出不能通过其他方式想到的新想法。再次,到一个地方去漫游,那里应充满不是自己有意找的东西,而是有意使自己受到许多刺激物的作用。人们将发现偶然获取的东西在产生新想法时将发挥重大作用。最后,还可以利用激发各种想法偶然相互作用。故意将大脑中于各个不同时期独立存在的许多思路相互缠绕在一起,不以通常的方式将这些思路僵化地分开,也不把注意力都集中在一个题目上,有意回避其他分散注意力的事物,而允许一切事物同时进行,允许它从一条思路转变到另一条思路上。横向式思维会引导人们产生许多有价值的新想法。

3.应用与开发

横向式思维在实际运用中的用途比它作为一种哲理的用途大。在谈判中掌握横向思维的运用技巧,比了解这个原理有更大的实际价值,实际上,这也属于横向式思维的范畴。而横向式思维在谈判中的应用主要是通过从实例中观察新想法在横向式思维中的产生过程而加以模仿的。

人们在发明一些小装置时,充分运用了横向思维。检测心脏病人的心

49

脏监测器;为不同国家的人们兑换货币的货币兑换器;以及圣诞树上的彩色灯。都是运用横向思维发明出来的。在上述事例中形成新想法,主要取决于放弃事先想好的意图,不要轻易地放弃乍看起来显得不合适的原理;幸运的记忆;一个不相关物体的启发作用。把这一系列环节串起来,就会随时产生新颖的想法。这些所谓新想法即超出人们的常规,摆脱了思维定势给人们造成的影响,例如魔术,人们尽管都不相信它是真的,但却从怎样真这一条上去思维,就产生了迷惑和障碍,如果运用横向式思维,去猜想怎样假,就会产生出对魔术的透视作用。舞台魔术师霍迪尼用一副手铐将自己铐住,然后让人将他放入一个大口袋里,几分钟之后,他会脱铐而出,其方法是:在手铐的铰接处安装一个特殊的销钉,它只能用磁铁才能吸出来,将销钉吸出后,手铐就打开了。当每个人的注意力都集中在锁的完好性上时,霍迪尼轻而易举地打开了铰接处,然后又重新装好它。在表演将一位少女锯成两半的戏法中,霍迪尼运用同样的基本原则。在舞台上,一位少女钻进了一个空箱子。而后,将箱子从舞台上吊起,没有人能够进出。将箱子从舞台上吊起之后,霍迪尼打开盖露出少女的头,打开下底露出少女的脚,然后将箱子锯成两半。可这位少女与观众见面时,没受任何伤害。如果运用纵向思维就会迷惑不解。因为没人能够进出悬吊起来的箱子,而且在开锯时,少女也确实在箱子里。实际上,在箱子离开舞台地面之前,甚至在观众开始思考之前,魔术师的手脚已经做完了,当一开始表演这一戏法时,箱子是放在了舞台的活板门上。观众检查完毕后,另一位少女即刻从箱下面钻入活板门。箱子吊起之后,霍迪尼出示的少女的头和脚分别属于两个女孩。锯是在两个女孩之间通过的。一经解释,这些戏法的秘密显而易见。但在表演期间,尤其伴随着魔术师的台词,它们取得了非常好的效果。因为,他鼓舞了那些非常渴望沿着可能性较大的思路去推理的观念。要弄清这些真相必须从较大的思路转向可能性较小的思路上去。

在生活中将横向式思维运用得最自然的人是记者和商品推销者,他们利用听众或买主的纵向思维习惯,误导你顺着原有的思路思考下去,逐渐进入他事先设好的圈套。因此一个好的谈判者,应学会运用横向式思维,避免在谈判中受纵向思维的支配,而导致谈判的误区。所以横向思维的目的在于产生新想法。而正统的教育绝不会建立横向思维习惯,产生新

想法的能力仍然取决于天赋，但是掌握一些横向式思维的技巧对每一个需要新想法的人都有益处。练习横向式思维要进行一些基础训练，特别要注意去发现影响每个人技巧提高的具体的不利因素，对不利因素的克服，就意味着横向式思维技巧的提高。横向式思维的形成是与思维个体的智商、气质、性格和心理因素有密切联系的，对横向思维的培养应因人而异，就像不是所有人都适合开飞机一样，不是所有人都适合横向式思维，那么在谈判中的某些环节中需要横向式思维时，则安排这样的人才参与谈判，因此事先就要有计划培养和开发适合横向式思维的人。可以通过智力测验来进行选择，但不是普通智力测验，因为普通智力测验判断一个人是否聪明，是看他的判断与其他聪明人的回答是否一致，是否正确。可是横向式思维关心可能性最小的答案，用与众不同的方式观察事物。例如：老师问学生怎样测量一座楼房的高度。聪明的同学选择了几何方法、实物测量方法或数学方法，而横向思维的同学则语惊四座，他说把楼房推倒了再量。老师对其回答给予了鼓励和肯定。因此可以设计一些测验来挑选善于横向式思维的人们开发出这一产生新想法的智能，更好地应用于实践、应用于谈判。

第三单元　成功谈判语言训练

语言1　问答训练

　　问话与答话是谈判双方最常使用的形式，谈判双方相互提出问题并做出答复,在问和答的过程中了解对方的需要,传递己方的信息,寻找共同的利益,勾通双方的心理,使事情得以深入,使协议顺利达成。

　　发问的技巧训练

　　发问在谈判中具有极其重要的作用,主要表现在这么几个方面:

　　(1)解除疑惑,获取信息

　　谈判中,双方都要了解对方的需求、实力,要掌握各种信息的背景材料。当谈判者对对方的情况没有完全掌握或对己方掌握的情况还有疑惑时,最好的办法就是坦白地求教于对方。通过向对方发问,听取自己想要得到的信息。某小贩到某食品批发市场去, 打算购买一些小食品回去贩卖,他要向批发商进行询问,问小食品的种类、特色;问小食品的销路、价钱;问能否送货上门等等,而批发商也要询问对方有什么要求,问对方打算买多少东西,付款方式是什么等等,通过连续、广泛地提问,双方都获得了许多的材料。小贩可以估计出批发商品的需求,小食品的进价、质量、销路,准备针对某几种商品进一步杀价;批发商也了解了小贩的需求和自己可能获得的利益,打算利用小贩的情况提高价钱。这样,问话帮助谈判双方尽最大可能地占有信息,并以此为据,为下一步的沟通做好了准备。

　　(2)活跃气氛,促进沟通

　　谈判的过程就是双方沟通的过程,为了保证沟通的顺畅、融洽,避免出现僵局,常用的方法就是在谈判中发问。

　　良好的谈判气氛是沟通顺畅的必要保证,为了保持这样的气氛,不妨尽可能地用问话的方式来表达自己的要求,因为问话包含着征询的性质,是表示尊重对方的意思,最能博取对方的好感。因为说:"你能不能把文件给我看一下?"或"你看这样办好不好?"永远比"你把文件给我看一下!"

和"我想这样办。"更能打动人。

双方沟通实际上就是思想交流,而交流是双方面的,必须双方共同努力。

在谈判中,经常会出现双方各执己见,互不相让的情况,两边都反复强调己方的利益,而对对方的需求则置若罔闻,这种情景下,虽然双方都在发表意见,但实质上是没有交流的,很容易使谈判陷入僵局。谈判专家建议在这种时候,可以实行一种"特许提问"的谈判步骤,即事先规定好让双方轮流发表自己的观点或方案,但在任何一方发言时,另一方不得打断提出反对意见,只能用提问的方式"澄清事实",比如:"你这句话的意思是不是说……"以便正确理解对方的想法。

这样一来,尽管双方的观点和看法已经引起了争议,但他们仍有机会和保障充分阐明和重述自己的观点,而不至于在尚未把道理讲清楚前就因对方不同意而陷于僵局。提问促使双方彼此充分理解,搞清分歧的关键并使之不再进一步扩大,进而找出绕过分歧继续谈判的办法来。

也有些时候,谈判会出现"一边倒"的情况,一方滔滔不绝,另一方默默倾听,一言不发,这种情形当然谈不上交流了。要想让沉默的一方开口,就要向他发问,启开他的话匣,引导对方用语言表达自己的想法:"你看,我刚才说的这些,对吗?你有什么补充吗?""你同意我这么说吗?"或者"你一言不发,说明你不反对我的意见喽?"给对方讲话提供环境,促进双方的交流。

(3)控制谈话方向,控制谈判过程

提问在对话中处于主动地位,它是交流的起点,是引导话题的动因。它决定着谈话的方向,驾驭谈判的进展。谈判者可以通过艺术的发问引开话题,或转换话题,把谈话引到对自己有利的方向。当谈判气氛渐趋紧张,大脑有运转不过来的感觉时,提问可以放慢谈判速度,给你以喘息的机会,让你重新组织思路,发动新的攻势。

提问者选用适当的词语、句式,对对方答什么,怎么答都应该心中有数,使听话者始终处于自己的控制之下,使谈判进程顺利地按照自己的意图发展。

问句系统主要包括四类问句:

第一,特指问。特指问是用疑问代词及含有疑问的短语进行提问的问

句。根据提问的内容,还可以细分。如用"谁、什么人、什么东西"等问人和事物,用"哪儿、哪里、什么地方"等问地点方位,问"什么时候、哪一天、多久、几点"等问时间,用怎么、为什么、因为什么等问原因……

第二,选择问。选择问是列举出两种或两种以上的可能性,"……是……还是……","……还是……还是……"等格式把这些若干可能性连接起来,进行提问。比如:"付款周支票还是用现金?","你准备坐火车,还是坐船,还是坐飞机去?"选择问提供了几种可能性,要求答话人就其中一项作为答案。

第三,反复问,又称正反问。是由肯定形式和否定形式并列起来进行提问,例如:"有没有?""可以不可以?"等,反复问和选择问都是提出可能性供答话人选择,但反复问是就一种现象的正反两个方面提问,提问只限于两项。使用选择问和反复问可使被问者根据本人意愿自由选择答案,使他感到结果不是别人强加的,容易造成一个友好的谈话氛围。常被谈判者用于征求意见,统一看法。

第四,是非问。是非问是能用"是"或"不是"进行问答的问句,句中没有疑问代词。比如"你同意吗?"

掌握了以上问句的四种句型,还要学会在谈判实践中正确地运用,一次提问能否得到满意的效果, 就要看提问者能否运用问的艺术。举例来说,在农贸市场,我们都会听到过类似这样的问话:"这橘子甜吗?"甚至我们自己也会在买完菜以后,不放心地问小贩道:"这菜新鲜吗?"其实,认真品味,这样的问话真是愚蠢极了,这是一个是非问句,它规定了小贩只能用"是"或"否"来回答,很显然,为了能销售他的商品,他自然会做出肯定的回答。当然,如果有孕妇来买橘子,小贩肯定会改口说橘子是酸的。总之他是以逢迎顾客作为准则的。而这种缝迎也算不得是欺骗,因为"甜"或"酸"、"新鲜"或"不新鲜"的标准不是一定的,各人可以根据自己的理解去定义它。所以,这样的提问实际上没有任何意义,等于没问。至于"这分量够吗?""这菜都烂了吧?"之类的问话,更是不但得不到真实答案,弄不好还会令小贩勃然大怒,使买卖告吹呢!

由此我们可以看出,提问还要讲点艺术,无怪乎思想家告诉我们:

"如何问往往比问什么更重要。"

富于艺术性的提问,是谈判顺利进行的基本保证。

在谈判中经常用到的有效的提问方式主要有这样几种：

第一，明确型提问。这是最常用的提问方法，一般用于求知和解疑。提问者直截了当地提出问题，可以迅速得到明确的答案。例如：

"在你们这里买东西可以送货上门吗？"

"我多买一些，可以按八五折吗？"

"这次晋级，我符合条件吗？"

"你认为如何？"

这种问法具有明确方向性，它要求提问者要简明扼要，亮明疑点，使问题一目了然，对方便于回答。

十月革命胜利后不久，列宁针对当时前苏联铁路运输的困难局面，决定任命精通铁路运输的专家波里索夫为副交通人民委员，但波里索夫是一位与布尔什维克相对立的十月党人。列宁不知道他愿意不愿意为布尔什维克工作。列宁把他找来，先告诉他布尔什维克并不介意他曾是十月党人，解除了他的顾虑，然后问道：

"老十月党人，想不想干你的专业？"

波里索夫说：

"没有工作是寂寞的，你想让我干什么呢？"

列宁见他答应了，便向他宣布了苏维埃政府的任命，请他协助捷尔任斯基工作，使铁路网很好地运转起来。接着，列宁又问道：

"为了帮助您迈开第一步，我们应该做什么？"

波里索夫提出三个要求。列宁立刻给予了具体的落实。波里索夫非常满意，他很快就去上任了。列宁的这两个问题，都是采用明确型提问，直截了当，表现了这位伟大的无产阶级革命家卓越的处理问题的能力。波里索夫针对问题做出明确答复，双方三言两语，任命工作便高效率地完成了。

第二，委婉型提问。有时候，提问者想问的问题是对方比较敏感或有所避讳的，不便直问，这时就需要采用委婉、曲折的问法，兜个圈子来问，以免引起对方的不快，而得不到真实答案。可以采用选择问句，提供几种可能性，给对方留下较大余地，如车间主任安排工人临时加班，不知工人是否愿意，他这样问：

"你什么时候有时间？上午还是下午？"

也可以采用否定形式的问句,如:

"你没有如何如何吧?"

让人能够接受,不致反感。

1949年4月,毛泽东在国共谈判期间,接见了国照党代表刘裴先生,刘裴先生对和谈的前途有疑问,又不便直接问毛泽东,于是就采用了委婉型的提问,他问毛泽东道:

"您会打麻将吗?"

毛泽东说:

"晓得些。"

刘裴又问:

"你爱打清一色,还是喜欢打平和?"

毛泽东听出了话外音,回答说:

"平和,平和,只要和了就行了。"

刘裴先生对敏感的问题不直问,而是曲折地借打麻将来做掩护,使严肃的话题变得亲切、随便,使对方容易接受。

第三,暗示型提问。这样的问句对答案具有强烈的暗示性,让对方毫无选择地按发问者的意图回答,从而使问话者达到目的。暗示型提问多采用选择问句和反复问句,提问者从语气上和次序上对自己的意图有所侧重和强调。如:"成本不会提高吧?是不是?"

"这样的事你是绝不会干的,对不对?"

如果使用选择问句,就要对语序进行调整,一般来讲,提问者应该把自己希望对手采纳的意见放在后面,例如,"二战"结束以后,日本一些百货公司为招揽生意,开展了代客送货上门的业务,公司要求营业员在顾客买了东西以后,这样问顾客:

"我替您送去,还是您自己带走?"结果,有80%的顾客均回答:

"我自己带走好了。"

大大减轻了公司送货员的工作量。

第四,证实型提问。也叫澄清式发问,是针对对手的话语进行反馈的一种理想方式。提问者针对上一轮问答中对方的答复的意思,重新组织词如何进行表达或举例说明,让对方加以证实或补充。这样的问句可以使谈判双方在述说"同一语言"的基础上进行交流,也可以用来充分发掘信息。

比如:某人向领导要求停薪留职两年,他向领导询问有关这方面的规定执行情况,领导告诉他有关这方面的规定还在生效,于是他问道:"那就是说,我还可以享受这个待遇了?"谈话方向转向了和自己有关的内容,使谈判开始向本质问题迫近。有时,发问者也可以用证实型提问对对方的原意进行引申,这样就使得对方要立即思考做出答复。考虑不周,有所疏漏,发问者就会从中占到便宜。如:

"你说你会考虑我的要求,也就是说,我的问题一定会解决了?"

发问者如果要表示对对方的某个答复的重视。也可以采用证实或发问进行强调,以引起对方的注意。

第五,限制型提问。提问者在发问时有意识地把对方的答话限制在对自己有利的范围内,使对方很难对提问表示拒绝或不接受,这就是限制型提问。它对提问者较为有利,是谈判中常用的方式。最为谈判专家津津乐道的例子是:某家小店的顾客中有人喜欢在咖啡中加鸡蛋,于是侍者在卖咖啡时总要问:

"加不加鸡蛋?"

专家建议侍者把问话改动一下,变为

"加一个鸡蛋还是两个?"

很快,鸡蛋销量大增,小店收入大大增加。

两个问句虽然都是选择问句,给顾客留下了自由选择的余地,但作用大不一样,后一个选择问句跨过了要不要鸡蛋这个大前提,直接进入要几个鸡蛋这样的具体问题。这样,就把选择余地放在于卖方有利的范围,无论顾客如何选择,有利面都比原来大得多。售货员向顾客推销咖啡:

"来瓶大的,好吗?"

这个问句实际上隐含着一个前提即对方肯定买咖啡,问题焦点就从买不买变成了买大的还是买小的,这样,不管顾客怎样回答,都就意味着他们要买了,而这正是提问方所希望的结果。

提问者在使用限制型提问时,要注意不要把答话范围限制得过小过死,要让对方能够接受,如果限制过死,对方不能接受,会造成不好的效果。

第六,攻击型提问。当谈判双方发生分歧时,有时出于某种策略,要显示己方的强硬态度,或者要故意激起对方的某种情绪,就可以使用攻击型

提问。其结果多半会造成双方情绪对抗与语言冲突。如：

"我倒是想问你一句，你这么说到底是什么用意？"

"如果我们不想接受你们的建议，你们会怎么办？"

攻击型提问的不友好态度，决定了它不能在谈判中任意使用。只有谈判者刻意要造成某种后果时，才可以采用这种办法。比如谈判对手比较软弱，拿不定主意，瞻前顾后，犹豫不决。这时如果态度强硬，倒可以促使他下定决心。

第七，诱导型提问。谈判者不直接讲出自己的观点，而且通过提问，巧妙地诱导对方说出自己要说的话，使对方不知不觉地落入己方预设的圈套。战国时代，齐国的相国宴子就很善于运用这种问法。一次，齐景公得知他心爱的马得暴病死了，一怒之下，下令把马夫就地肢解。为解救马夫，宴子巧妙地向齐景公发问，他说：

"大王，我有个问题要向您请教，尧舜这些贤君在肢解人时，是从哪个部位开始下刀的，齐景公思考一阵儿，终于意识到了自己的草率。这句问话诱导齐景公得出结论：贤明的君主是不会任意肢解人的，从而改变了自己的残暴的做法。

提问是一种有用的谈判工具，必须慎重地、有选择地运用这一工具，各种发问方式都各有其长处和局限性，重要的在于从实际出发，灵活恰当地选择发问方式，让问话发挥最佳效果。选择恰当的发问方式一定要遵循以下几点原则：

第一，要考虑问句的倾向性。同一个问题可以有多种问法，每种问法的倾向各有不同，提问者必须考虑到这种倾向性的存在，可以利用这种倾向性影响对方，根据自己的需要，进行选择，使对方的答案最接近你的期望。比如：你要征求对方对某一方案的意见，如果你希望他赞成，可以问"你不反对这个提案吧？"如果你希望他反对，你可以问："这个提案没什么可取之处，是不是？"若是你想得到对方对这个提案的客观看法，那你就应该隐藏起问话的倾向性，用不偏不倚的态度提问："你对这个提案的印象如何？"又比如你想了解谈判对手的年龄，可以说："您有多大岁数了？"但假如你想向对方表示友好，不妨换个问法，如果他看上去有四十来岁，你就应当说："你看起来有三十来岁吧？"对方听了，自然很高兴。所以不同的提问方式会表现出提问者不同的心理倾向。我们必须高度地重视

并且巧妙地利用。

第二，要使问题有诱发力。我们经常会在电视中看到一些这样的采访，记者问："这个活动你参加了吗？"

被采访者："参加了。"

记者："你觉得这个活动搞得怎么样？"

被采访者："搞得好！"

记者："你有什么感受！"

被采访者："我很激动。"

记者："你能不能谈谈你当时的感想？"

被采访者："（语塞）……"

答话人回答了每一个问题，而实际上却没有反应出什么内容。除了答话人拙于言辞，更突出的毛病在于记者的问话不具诱发力，不能有效地调动答话人，所以，使得答话人非常被动，无从说起。

因此，提问者在提出问题时要考虑对方的反应，应该尽量调动对方，激发对方的答话欲望，使对方做出积极的配合。要做到这一点，必须先了解对方的观点和需要，然后设法迎合他的心理适应他的需要。这样提出的问题，才能为对方所接受，引起他的兴趣，使他可以打开话匣子，真正和你进行沟通，从而达到心理相容，言语相通。比如：你是怎么想到这个办法的？我怎么就没想到。或者"你看我们的产品哪些地方应该再改进改进？"

由于找准了兴奋点，使被问者交流欲望大增，谈话自然会顺利进行。

第三，要调整好提问的顺序。提问的顺序是很有讲究的，按一般原则应先易后难，先表后里，由泛到专，由此到彼，使问答循序渐进，逐步深入。

刚开始谈判时，不要提出对方难于应付的问题，这样，容易遏制对方谈话兴趣，窒息友善的谈判气氛。应该先提一些对方了解、熟悉的问题，以松弛谨慎的心理，活跃气氛。如果急于求成，单刀直入，上来就问一些关键的问题，往往会造成僵局。

在谈判中，提问应尽量根据前面问题的答复构成新的问题，使问题环环相扣，步步深入。切忌漫天撒网，东一榔头西一棒子，使头绪过多，淹没了关键。

第四，要尽量避免对方回答"不"。谈判专家曾做过一个统计，在一次谈判中如果提问方连续七次提问都遭到对方"不"的回答，立刻就会阵脚

大乱,在谈判中陷于劣势。古希腊哲学家苏格拉底以能言善辩著称,他克敌制胜的独特方法,就是在论辩过程中绝不让对手说"不"。这种方法被称做苏格拉底问答法,今天的谈判者都非常喜欢使用。当一件事得到肯定时,气氛往往会缓和下来,如果对方连续说了几遍"是",他就会不知不觉地消除对你的戒备,逐渐被你操纵,对你的任何意见都会变得乐于接受了,这样一来,再棘手的问题,也能得到解决。相反,如果总是让对方用"不"来回答你的问题,谈判气氛就会越来越紧张,越来越针锋相对,一旦对方的心情硬化以后,对立情绪激化,想要说服他就会更加困难了。因此,为了保证谈判能向利于自己的方向前进,就要努力把问话组织为能获得肯定答复的形态,以免遭到"不"的打击。比如想问:"你同意吗?"如果估计对方会回答"不同意",就改用反意疑问句说:"你不同意吗?"这样,对方会回答:"是的。"自然就避免"不"字的出现,不至于让双方的情绪受到影响。当然,如果你想让对方总是说"是",必须事先下足工夫了解其心理动向,站在他的立场向他发问。如果你对对方的观点、态度一无所知,就难免对方说"不"了。

第五,不要提出有关对方品质的问题。一个不恰当的提问,可能会无意中触动对方敏感之处,使对方反感,例如指责对方在某个问题上不够诚实等等。这种提问,不但不会使他变得更诚实,反而会引起他的不愉快,甚至怨恨。事实上,谈判中双方真真假假,没有必要用诚实这一标准来评价谈判者的行为,如果要想审查对方是否诚实,可以通过其他途径进行。一个最简单的办法是问一两个有关对方情况的你已经知道答案的问题,看他的回答是怎样的。当你发现对方在某些方面不诚实时,你可以把你所了解到或掌握的真实情况陈述一下,对方自然会明白的。

第六,不要提出明知对方不愿或不能回答的问题。如果不是刻意要激怒对方,就不要提出那些对方肯定不愿或不能回答的问题,以免对方做出对抗性的反应:要么避而不答,要么拂袖而去,破坏谈判进程。有时,提出这些问题是不可避免的,那么,应该先说明一下这样问的理由,或者在问话前有所铺垫,让对方有心理准备,同时也表示了对对方的尊重。如:"如果你不介意的话,我想冒昧地问一下……"或"……我这么问是不是太唐突了?"这样一来,对方就不好发作了。

2.答的技巧训练

有问必有答,答是针对问话的反馈。答话虽然受到问话的限制,在谈

判中处于被动地位,但是一个优秀的谈判者,却可以通过巧妙的答话,变被动为主动,变被控制为反控制,在谈判中抢占上风答话的方法有很多种,主要的有:

(1)回答要明确、直接

在谈判中己方的某些信息是对方必须了解的,如果对方的提问是为了获得这些必不可少的信息,答话者可以采用此法,忠实地按问题实质作出答复,问什么答什么,直截了当,清楚明确,以保证双方的正常沟通。需要注意的是答话要适度,该说的说,不该说的不说,既不可话留三分,闪烁其词,给正常的信息交流制造障碍,也不可过于坦白,本来只需局部地回答,却全盘托出,不加保留,让对方摸清底牌。

(2)回答时提出附加条件

如果问话中含有侵犯性的内容,在回答时就不要直接回答,而应首先设定条件来抵御侵犯,从而保证己方的利益不受损害。《新约,约翰福音》有一个故事:犹太人的教师私法利赛内带来了一个在通奸时被抓到的女人,当众问耶稣:

"按摩西的法律,这犯奸淫罪的女人应该用石头打死,你说怎么办?"这是法利塞内设下的圈套。耶稣倘不同意,就违反了摩西的法令;倘若同意,救世主就要对打死人负责。耶稣回答说:"你们中有谁没有犯过错误,谁就拿石头砸死她吧?"众人扪心自问,都觉得自己并不干净,一个个走开了,女人得救了。耶稣巧妙地提出附加条件,使问题解决得十分圆满,无懈可击。

一次,一位贵妇人打扮的女人牵着一条狗登上了公共汽车,她问售票员:

"我给狗买一张票,让它也像人一样坐个座位行吗?"

售票员彬彬有礼地答道:

"行。"不过它也得像人一样,把双脚放在地上。

售票员没有直接地给否定答复,而是巧妙地根据对方设置的条件"像人一样坐着"去限制对方,提出也要"像人一样把脚放在地上"的附加条件,轻而易举地取得了胜利。

(3)回答时学会否定前提

这种答法主要是用来对付限制型提问的,是"是"与"否"以外的第三

种答复。黑格尔的《哲学史讲语录》中举过这样的例子:有人问梅内德漠,他是否已经停止打他的父亲了,显然,这是一个限制型提问,如果简单地回答"是"与"否",都会证明梅内德漠过去曾打过他的父亲,这正好中了提问者的圈套。机智的梅内德漠回答道:"我既没有停止,也没有打过。"这便是否定前提的答问法。在谈判中提问者经常会使用限制型提问诱人上钩,提问者应当格外注意,特别是在一些涉及国家利益的重要的外交场合,对提问更要谨慎提防,用否定前提的方法,打破提问者的圈套。1843 年,林肯与卡特莱特共同竞选伊利诺州议员,二人因此成了冤家。一次,他们一同到当地教堂做礼拜。卡特莱特是一名牧师,他一上台就利用机会转弯抹角地把林肯挖苦一番。在布道的最后,他说:

"女士们,先生们,凡愿意去天堂的人,请你们站起来吧?"全场的人都站起来了,只有林肯仍然坐在最后一排,对他的话不予理睬,过了一会儿卡特莱特又问大家说:

"凡不愿意去地狱的人,请你们站起来。"全场的人又全都站起来,林肯还是依旧坐着不动。卡特莱特以为奚落林肯的机会来了,就大声说道:

"林肯先生,那么你打算去哪儿呢?"

林肯却不慌不忙地说:

"卡特莱特先生,我本来不准备发言的,但现在你一定要我回答,那么,我只能告诉你了:我打算去国会。"

全场的人都笑了,卡特莱特被窘住了。

卡特莱特想使林肯进退两难,因为林肯如果站起来,就意味着林肯被他所调动,而不站起来,就意味着林肯将去地狱。不料,林肯却没上他的圈套,回答"我打算去国会",一方面解脱了自己的困境,另一方面也向大家表明了自己的志向,既表现了自己的智慧,又羞躁了卡特莱特,真是不可多得的妙答。

当提问者问:"你们是三月交货还是四月交货?"时,应该回答说:"我们根本就不打算在三四月交货。"这样,对方就占不到便宜了。

(4)回答时学会找借口推托

如果答话者不便回答或一时想不出如何回答提问时,可以先找个借口,如假称资料不全,还需进一步查找,或声明自己做不了主,还需向上级请示,这样,就避免了仓促表达造成的被动局面。即摆脱了为难处境,又保

63

留了答话机会,以便以后灵活处理。恋爱中的男女经常会采用这种方法。如,男青年急于确立双方的关系:"小王,我父母请你到我家去做客,你能来吗?"

女青年却打算进一步了解了解再定:

"我很想去,可是我得先找机会征求一下父母的意见才行。"

"咱们订婚好吗?"

"急什么,我年龄还小,再等等吧!"

(5)答非所问

有些提问者会提出一些使人处于难堪境地的问题,答话者不愿回答,但又不想让提问者失望,就可以巧妙地转移话题,既让对方得不到想要的答案,又不破坏良好的谈判气氛。

刘邦就用这种方法躲过了项羽的加害。秦朝末年,楚怀王派东西两路军队同时向关中进发,东路由项羽率领四十万兵马,西路由刘邦率十万兵马,怀王与二人约定,谁先进入关中,谁就做关中王。刘邦一路势如破竹,仅一个月时间就攻入咸阳,项羽随后率军队赶到,攻破了刘邦军队所扼守的函谷关,四十万大军屯驻在关外,准备寻机消灭刘邦。项羽的谋士范增为项羽出谋献计说:"等刘邦来见您时,您就问他:,寡人封你到南郑去,你愿意不愿意?"如果他说愿意去,您就说:"我就知道你愿意去,那里是养兵练将、聚草屯粮的好地方,你愿意去是想养精蓄锐跟我争天下,这就证明你有反我之心。绑出去杀了!"如果,他不愿去南郑,您就说:"我就知道你不愿意去。楚怀王有约在先,谁先入关谁就是关中王,你先进了关,你应为关中之主的,叫你去南郑,你怎么会不愿意呢?既然不愿意去,就是要在这里反我,绑出去,杀了!这样,不管刘邦如何回答,都难逃一死。"

项羽答应了,等刘邦来参见项羽时,项羽一拍桌案,急切地问:"寡人封你到南郑去,你愿意不愿意去?"刘邦很不愿意去南郑,但因为兵少将寡,不敢与项羽对抗,又担心项羽设了圈套,便回答道:"大王,臣食君禄,命悬于君手,臣如陛下坐骑,鞭之则行,收缚则止,臣唯命是听。"把球又踢回给了项羽。项羽无奈,只得说:"你听我的,南郑就不要去了。"

刘邦答非所问,既讨了项羽的欢心,又逃脱了必死的命运。

周恩来总理接见泰国总理克立时,克立问周恩来总理,这次访问贵国,我发现一个小小的变化:人们几乎均不戴毛主席像章了。1971年我来

北京时,每个人均戴着像章。"文革"开始时,人们都戴毛主席的像章,而你只戴为人民服务的纪念章,即便是1971年革命最热烈的时候也是如此。现在人们都不戴纪念章了,为什么您还戴?为什么把"为人民服务"的纪念章又换成了毛主席像章?

周总理答道:"克立先生对中国的像章好像很感兴趣,我知道你想要我这枚像章,送给你了。"克立的问题问得很巧妙,实际上是在询问中国对毛泽东和毛泽东思想的态度是否发生了改变。这个问题过于敏感,回答不好会有副作用,但如果不回答又会破坏我们和泰国的友好关系,周总理十分机智,他以礼代答,避开了话题。

（6）有时要学着装傻充愣

这是答话者常用的行之有效的方法,如果不想答提问,可以用"不清楚"、"不明白"、"不知道"等搪塞,或用一些无实际意义的说了等于没说的话去回答。如:

楚国庄伯叫他父亲出去看太阳在哪儿,以便确定是什么时辰了。他父亲不乐意出去,答道:"太阳在天上。"再叫他出去看看太阳怎么样,答:"正圆着呢!"庄伯急了,明确地说:"我问的是什么时辰了?"他父亲答道:"就是现在这个时辰。"

这种话,看似愚蠢,实际上充满了智慧。因为,如果一声不吭,会显得无礼,对方会被激怒。而用这种空而不假,信息度为零的废话去答复,就会让对方无可奈何,扫兴作罢。

电视剧《水浒》中,鲁智深三拳打死了镇关西,为躲避官府追捕,削发为僧。

法师在剃度他的时候问他:

"尽形寿,不近色,汝今能持否?"

"能。"鲁智深答道。

"尽形寿,不沾酒,汝今能持否?"

"能。"

"尽形寿,不杀生,汝今能持否?"

鲁智深犹豫着,没有回答。法师再次催问他,他便说:"知道了!"

鲁智深根本做不到不杀人,但若从实说"不能"则无法为僧,说"能",则是在打诳语,答"知道了",既没承诺什么,又在法师那里过了关。

（7）回答时提出反问

循其话题，反口话问，以问作答。也是回答的一种常用手法。可以争取主动，还可回避难题。

1960 年 4 月，中国政府代表团在新德里举行记者招待会，团长周恩来回答了各国记者提出的问题。北美新闻联盟和妇女新闻社女记者谢巴德提出："你可否考虑邀请艾森豪威尔总统访问北京，但并不要求美国必须承认红色中国呢？"周总理以问代答说："你的好意却被你提出的条件打消了。因为既然美国不承认新中国，中国怎么能够邀请美国元首艾森豪威尔总统访问北京呢？"

周总理用反问委婉地指出了提问的不合理性。

我国古代有一则夫妻争上下的笑话。夫妻俩为某事争吵起来。丈夫问妻子："我是天，你是地，天在地上，你怎么能够欺侮天呢？"

妻子答："我是阴，你是阳，阴在阳上，我怎么能落后呢？"

"以乾坤而论，是乾在上不是？"

"就内外而言，是内在上不是？"

"以男女而论，是男在上不是？"

"以雌雄而论，是雌在上不是？"

"以夫妻而论，是夫在上不是？"

"以化牡而论，是牡在上不是？"

"世人皆称老爷太太，是老爷在上不是？"

"俗话都叫老婆汉子，是老婆在上不是？"

夫妻俩以问答问，针锋相对，互不相让，最后也没争出个所以然来。

（8）有时沉默是最好的武器

沉默是谈判者使用的利器之一。鲁迅先生曾经说过："沉默是最有力的回答。"对有些问题不便回答，就可以采取沉默这种特殊的回答方式。很多人都讨厌沉默，沉默会让他们感到有一种无形的压力，他们会失去冷静，变得不安、忙乱，会用话来填补它。这就是沉默的力量。

1953 年 6 月，79 岁的丘吉尔，到百慕大参加英、美、法三国会谈，他利用年事已高的借口，时常装聋，与美总统艾森豪威尔和法外交长皮杜尔讨价还价，艾幽默地说："装聋成了这位首相的防卫武器。"

采用沉默的方式时一定要慎重，因为如果谈判双方关系友好这样做

就显得不太礼貌,会给对方造成反感。而当对方提出的问题充满恶意,甚至损害了国家、团体和个人的尊严时,沉默会给人软弱可欺之感。而且,在谈判处于紧张、激烈的过程时,双方均力争主动,尽可能地掌握发言权,这时采取沉默方式应答,实际上就意味着放弃发言权,很容易在谈判中转变成劣势。

除了注意选择恰当的答话方法之外,答话时还应注意以下的原则:

第一,回答问题之前,要给自己一些思考的时间。提问者提出问题,请求对方回答,很自然地给答话者带来一种压力,似乎非马上回答不可。很多人有这样一种心理, 就是如果在对方问话与我方回答问题之间所空下的时间越长, 就越容易给对方以我方对这个问题没有考虑和准备的感觉。而对答如流,就显示出我方准备充分。其实不然,谈判中对问题回答得好坏,不是看你回答的速度如何,这与抢答竞赛不同,并不是速度越快越好。应该给自己留一些思考的时间,思考对方提问的真实含义,搞清对方的真实意图,再决定自己的回答方式和范围,并预测回答后对方的反应和我方的态度,考虑周详之后再从容做答。如果仓促回答,很容易中了对方的计,暴露己方的意图,造成被动。在对方问话之后,你可以点一支香烟,喝一口水,调整一下自己的坐姿或挪一挪椅子,整理一下桌上的资料,翻一翻笔记本等,借一些很自然的动作来延缓时间考虑问题。对方看见你这些自然的动作,完全不会产生那种以为你没有充分准备的感觉。

第二,不要随便回答没有了解真正含义的问题。谈判者为了获得信息,占据主动,自然会利用提问来套取有利于他的信息诱你上钩,所以问话中往往深藏"杀机",如果贸然作答,很可能会掉进陷阱。因此,在不了解问话的真正含义之前,千万不要贸然回答,以免暴露己方的底细,把不该说的事情说了出来。在谈判中, 答话一方的任何一句话都近似于一句诺言,一经说出,在一般情况下很难收回,因此,对问题一定要考虑充分以后再做回答。

第三,不要"全盘托出",毫无保留地做答。在谈判中针对问题所做出的回答未必就是最好的回答,有时回答越明确、全面,就越是愚笨。回答的关键在于该说什么不该说什么,而不必考虑回答的是否对题。有些问题不值得回答,有些问题只需做局部的回答,如果你老老实实地"全盘托出",就难免暴露自己的底细,给己方造成被动,同时,对方不需继续提问,就获

得了有用的信息,这样就堵塞了对方向你继续反馈的通道。在答话时,可以将问话范围缩小,或只回答问题的某一部分。如对方问产品质量如何,可以只回答其中几个指标。又如,某旅行社接待一个到西安游览的旅游团体,在问及整个旅行所需费用时,接待人员怕直接回答对方难以接受,就说:"我们为你们安排了很好的旅社,三人一间,带卫生间,每人只需 18 元。"这样,避免直接回答吓跑对方,为自己留下解释说服的余地,也给对方创造了接受的过程。

第四,尽量减少对方追问的兴致和机会,提问者一般会采取连续提问的方式,环环相扣,步步进逼,使答话者落入圈套,因此答话时,不要留下尾巴,授人以柄,让对方抓住某点继续提问。要尽量遏制对方的进攻,使对方找不到继续追问的借口。如降低问题的意义:"我们考虑过,情况没有你说的那么严重。"或强调时效性:"现在讨论这个问题还为时过早。"

语言2 倾听训练

谈判过程是表达和理解同时进行的双向交流的过程。"说"是表达过程,"听"是理解过程。参与谈判的人,你说完了我说或他说,相互倾听,相互反馈,既要不断地理解对方的话语,又要不断地组织自身的话语,常换常新,形成交流。所以谈判是"说"和"听"同步的交际方式。一个善于谈话的人,也必须是一个善于倾听别人谈话的人。倾听在谈判中有着常人很容易忽略的重要作用。

1.了解对方真实的需要

要想在谈判中占据主动,就必须对对方的目的、意图、打算有充分的了解,同时还要搜集谈判过程中不断出现的新问题、新变化。而倾听便是最方便、最直接、最原始的收集信息的方式。

倾听可以帮助谈判者真实地了解对方的立场、观点、态度,掌握对方的沟通方式、内部关系。也许在谈判前的准备中,你对这些信息已有了一定的了解,但亲自倾听对方的谈话,可以丰富你的信息储备,修正可能存在的错误,帮助你获得大量第一手资料和丰富的感性认识。这些,事先的资料准备再充分也无法取代。

2.改善谈判双方的关系

注意倾听,表示你对对方的谈话十分重视,对对方的人格十分尊重,

这样，很容易获取对方的好感和信赖，使对方对你产生美好的印象，无形中消除了敌对态度，有利于双方达成协调一致的意见。有一个非常有趣的例子可以说明这一点。

一次，美国一家专门生产汽车内部装饰布的公司的业务代表患了严重的喉炎，根本无法流利地讲话。而恰在这时，一家汽车要大量购买装饰布，他们邀请了这位不能说话的业务代表和另两家装饰布公司的业务代表一起做一次产品介绍，然后决定与谁签约。由于这位代表不能讲话，只能由汽车公司的董事长代他向大家介绍了该公司产品的特点、长处，并代他回答各种有关该产品的提问。而业务代表则在一旁认真地倾听，间或以微笑、点头和各种动作来表示他的关注与感谢。结果，出乎他的意料，他成功了，汽车公司和他签订了总金额为 160 万元的订单，这是他有生以来获得的最大成交额。毫无疑问，正是他注意倾听的态度，博得了大家的好感，使他变不利条件为有利条件，从而战胜了对手。真是此时无声胜有声。

3.感知对方的心理状态

"言为心声"，一个人说的话可以反映出他内心的思想。《左传》里记载，鲁成公七年，郑楚交战，郑国俘获了楚国的钟仪，把他献给了晋国。晋景公召见了他。晋景公问钟仪的宗族世袭的官职，钟仪答："我的先人是一名乐官。"景公说："那你会演奏乐曲吗？"钟仪答道："这是我先人的职事，我怎么敢去从事别的？"景公便叫人给钟仪一张琴，钟仪演奏起南国的乐曲。景公又问："你的国君怎么样？"钟仪回答："这不是我这种卑贱的人所能知道的。"景公一再追问，钟仪便说："我们国君当太子时，师保侍奉他，教养他，早早晚晚不是与婴齐在一起，便是与侧在一起。至于别的事我就不知道了。"景公把这些话告诉了晋国大臣范文子，范文子称赞说："这位楚国俘虏可真是位君子啊！言必称先人的职事，是不肯背弃祖业的表现；演奏家乡的曲调，是不忘自己乡土的表现；谈到国君时举出当太子时的事情，没有私心阿谀之意；直呼两位卿大夫之名，是对我们晋国国君的尊重。这些说明他是一个仁、信、忠、义的人。以仁、信、忠、义的精神，做任何事情都会成功，您应该放他回去，让他来撮合晋楚两国的联盟。"晋景公听从了他的意见，让他回国了。

范文子就是通过倾听，了解了钟仪的内心世界和高贵的品质，为晋国挖掘出了一个不可多得的人才。

69

谈判者的心理状态直接影响着谈判的进程。应该通过倾听去掌握对方的心理,以保证谈判顺利进行。同时受各种外在因素的影响,谈判者的心理状态会发生各种变化。我们可以根据对方的语言表达来摸清他的心理变化。例如:当谈判开始进行时,双方都互称官衔,郑重其事,而随着谈判向纵深进行,对方可能改变称呼,如改称"X",或去掉姓氏,只呼名字,这种改变,实际上表示愿意使关系亲密,意味着谈判将朝着顺利的方向发展。

倾听,并不是被动的接受,更不是自己停止说话略做休息。而是要了解对方的想法、要求,同时反馈自己的信息,与对方进行积极的心灵沟通。

会听,并不是只用耳朵去接收信息。听的过程是深入了解对方的过程,也是准备做出反应的过程。它要求谈判者聚精会神,使大脑处于高度紧张状态,调动自己的全部知识、经验储备,运用自己的心智以高于讲话四倍的速度去捕捉谈话者话语中蕴含的意向、需求、顾虑,进行综合、分析、思考,找出其中有利用价值的东西,掌握对方的真相和真意,以帮助自己达成正确的因应之道。

在谈判中我们常常会遇到这样的情景,对方漫不经心地说:"顺便提一下……"、"还有一点……"似乎他要说的事情是刚刚想起来的。其实,他这样不过是在故作姿态,十有八九,他下面要说的事情恰恰是非常重要的,当一个用诸如"我刚想起来"、"老实说"、"坦白讲"之类的词句提起话题时,这些词句就提供了关于对方内心活动的线索,对于下面的话,你就应该注意倾听,从他那些似乎出于无意的重复辞句中,找出其隐蔽的动机和需要。

听话者还要随时留心,敏锐地找出对方的"弦外之音"、"难言之隐"。

言语行为有显性和隐性两种,显性言语行为有一定形式,它的意义可以直接由词汇和语法关系表现出来,明话明说,容易理解。隐性言语行为却是从特定语境里引申出来的一种言语意义,这种意义不是由词汇和语法本身表达出来,而是靠听话者的经验和对背景知识的掌握去理解的。

法国作家特里斯坦·勃纳德的剧作《流亡者》中,流亡者逃到边境附近的山间小木屋里,请求山里人救他一命:

"不管您是谁,可怜可怜一个被追捕的人吧! 他们在悬赏捉拿我呢!"

山里人的回答是："悬赏多少？"

流亡者一听，马上转身离开了。

山里人既没说救他，也没有说不救他，但是一句"悬赏多少"却已将他见钱眼开的丑恶灵魂暴露无遗，而流亡者也立刻品出了他的"弦外之音"了。

谈判的特殊性质决定了谈判双方的思想或意见的表达，有的是直截了当，准确明白的，有的则比较含混模糊，甚至还有刻意掩盖真相的谎言。这就需要听话者不被虚假的表面信息所迷惑，要透过谈话表面的含义了解其内在的含义，从一些表面上微不足道的谈话细节中，发现对方的立场、目的、主观意图，推断他的所思所想。要避免对听到的内容只根据自己的感情、需要来理解，要力求客观，不带偏见，不先入为主，以免曲解了对方的原意。特别要注意，对方的体态语，有时可能传达出言辞背后更为真实的信息。如果对方不慎"说走了嘴"，就可以让听话者做一番文章了。

日本一家公司运用倾听取得谈判成功就是一个很好的例子。这家公司打算购买美国某公司的机器设备。他们先后派出三个谈判小组前往美国，三个谈判小组的工作都是一样的，他们不断地提出各种问题，然后记录下美方代表的解释。就这样提问题，做记录，循环往复，搞得美方代表不胜其烦。当美国人对谈判已不抱什么希望的时候，日方派出了由三个谈判小组联合组成的谈判代表团正式开始谈判，由于他们已摸清了美方的全部底细，而己方的情况则完全没有暴露，很自然地，他们在谈判中大获全胜。

会听，还要求听话者能够不断地调动对方说话的积极性。说话人的言语行为常常会受到听话人的影响，认真地倾听可以满足对方自尊的需要，减少对方自卫与反抗的意识。心理学研究表明，人们具有一种偏向于相信"知心人"的心理倾向，特别是当一个人处于矛盾之中，或遇到某些困难而又一时无法解决时，他最需要别人的同情和理解。一个好的倾听者就应该是这样一个"知心人"。所以，在对方说话时，听话者应不时地用"嗯"、"噢"、"对"、"是呀"等呼应，既表示对对方的尊重也表示对对方话语的理解和赞同。更多的是用注视、点头、微笑等表情或动作向对方表明你对他的话的了解程度，当你认为某句话很重要时，可以有意识地重复。遇到不理解或有疑问的话，应及时提出问题，请对方更明白地阐释或再说一遍，对方一般是乐意以更清楚的话来重新解释一番的。这样一来，

就可以把本来也许比较模糊的思路整理得更加清晰有序了。为了确认或强调对方的意思,还可以做一个归纳:"你的意思是说……"在说话人一时找不出合适的词句和表达方式时,可以替他把后面的意思说出来,加强感情的迎合。

当对方发现你是如此地乐意与他交谈,又是如此地重视他的意见,就会对你产生"酒逢知己千杯少"的感觉。很自然地,你便获得了他的好感和信赖。

有时,对方的观点可能是你不能赞同的,或者谈论的话题完全不合你的胃口。这时,你应当耐心地听下去,而不要塞住耳朵持拒绝的态度。如果你开始焦躁不安,或感到非常愤怒,这些情绪都会妨碍你专心倾听,使你不能听到对方全面的意见。而只听到对方片面的意见是很难在谈判中取胜的。无论对方的意见听起来多么可笑,都不应流露出轻蔑的态度,更不可断然插嘴,抢过话头,任意评判一通。除非你是刻意要激怒对方。

你不妨设想一下,当你在说话的时候,有人莽撞不客气地插嘴:"我可不这么看……",你的感想如何? 很可能你会立刻回一句:"请等我把话说完好吗? "假如把说话的机会就此让给强行介入的对方,情势很可能随即逆转,改由对方领导,你将会因错失机会而耿耿于怀。

因此,在交谈时,若见对方还想继续说下去,最好不要从中插嘴或打断,应该耐心等对方说完了,再表达自己的意见。

当一个人把想说的话说完,内心会变得舒畅安然,这时他自然想听到别人的反应,也会比平时更容易接受别人的意见。这时你轻松从容地发表意见,对方会认真听取并深入思索,效果会比随意插话好得多。

语言3 述说训练

述说就是陈述说明,是谈判中最常见的最主要的语言表达方式,谈判者用它来阐明己方的立场、观点和要求,指出对方立场、观点和要求的问题,提出谈判双方合作可能出现的机会与障碍和可以采取的方式,明示双方共同获得的利益等等。在谈判中,谈判双方通过不断地述说,传递己方想让对方知道的信息,让对方充分明白我方的意图,促使谈判成功。

述说的方式是多种多样的,主要有以下几种:

1.循序述说

循序述说是指按客观事物存在发展的过程和客观事物之间自然的联系所做的述说。可以按时间的发展顺序，从过去到现在述说，也可以按空间顺序，从上到下，从外到里述说，还可以按事物发展的顺序，从因到果述说……客观事物的存在和联系是千变万化、错综复杂的，但终究是有规律可循的，只要抓住这个规律，确立一条思路，就可以说得条理清楚，头头是道了。

1961年2月，周总理同日本经济友好访问团进行谈判，在谈到对日本前途的看法时，他说："我们认为，广大日本人民是争取走和平、独立、中立、民主道路的，几年来国民运动的发展说明了这一点。但是，我们也看到另外有一小部分人想复活军国主义，走日本的老路。前一条道路中国人民是支持的，因为和平、独立、中立、民主的道路不仅对日本人民有利，对远东和世界和平也有利，作为邻邦，我们应该充分支持。后一条路对远东和亚洲造成灾难，给中国人民造成灾难，也给日本人民造成灾难。因此，这后一条路不能不引起我们的注意。诸位会说，想走后一条路的是极少数人，实现的可能性很小，甚至没有。在我们看来，这种可能性不能说完全没有。日本统治阶级已经有人这样想，美帝国主义也想培养这部分势力作为它侵略亚洲的先锋队。美帝国主义想利用日本人流血使亚洲人打亚洲人，让日本为它火中取栗。今天，作为友好邻邦我们愿意指出这一点，日本重走军国主义的老路是没有前途的。"

周总理按客观事物的存在与发展规律分析了日本的形势和两种不同的发展趋向，并说明了它们各自的利害。接着，指出假如日本复活军国主义，将会引起五个方面的矛盾，这些矛盾是不可能解决的。然后他从五个方面详细分析了复活军国主义将产生的严重后果。最后指出：如果选择和平、独立、中立、民主的道路，不走军国主义的老路，上述五个方面的矛盾就不会发生。走这条道路，日本人民赞成，中日两国可以很友好，日本跟广大南亚国家也可以友好，日本可以摆脱美国的军事控制，而同样跟美国友好。日本经济可以在国内和平发展，也可以在平等互惠的原则上跟其他国家共同发展。

周总理用循序述说的方式，深刻地阐明日本不能走复活军国主义的老路，而必须走和平、独立、中立、民主的光明之路。

循序述说条理性强，很容易让人理解、接受，是谈判者最常用的述说方式。

2.对比述说

对比述说是指把两种互相对立的事物放在一起并叙，使二者相映相衬。在正与反的对比中使己方的观点更鲜明、突出，从而引起对方的注意，造成强烈的印象。这种述说方法是谈判中经常用到的，有很强的说服力。

东汉末年，曹操占据河南，袁绍正北攻公孙鳞，吕布占据徐州。曹操见袁绍地广兵多，势力强大，深感忧虑。他想讨伐袁绍，又担心力量不足，因此，犹豫不决，举棋不定。他的谋士郭嘉为敦促曹操采取行动，便向他详陈了战胜袁绍的有利条件，他对曹操说："过去刘邦、项羽力量之悬殊，想必你是知道的，但是最终汉高祖以智取胜，项羽虽然强，却终于被擒。据我看，袁绍有十败，公有十胜，即使他兵强马壮，也无济于事。袁绍为人繁礼多仪，而您人体自然，这是必胜的原因之一；袁绍以叛逆举事，而您奉天子以率天下，这是必胜的原因之二；汉末失政于宽，袁绍以宽济宽，而您纠之以猛，上下知制，这是必胜的原因之三；袁绍外宽内忌，用人多疑，所信任的只有亲戚子弟，而您外简内明，用人无疑，唯才是举，不分远近，这是必胜的原因之四；袁绍多谋少决，失在后事，而您一旦决断，立即实行，应变无穷，这是必胜的原因之五；袁绍凭借前人的资望，高议揖让以收名誉，那些好言饰外的士人都归附于他，而您以至心待人，推诚而行，不为虚美，以俭率下，那些忠直之士都愿为您所用，这是必胜的原因之六；袁绍看见饥寒的人，十分体恤，并常常表露出来，而他看不见的就想不到该怎样做，这就是人们说的妇人之仁，而您对于小事虽然常常忽略，但大事却考虑得十分周到，这是必胜的原因之七；袁绍手下大臣争权，谗言惑乱，而公驾驭群臣有方，上下团结一心，这是必胜的原因之八；袁绍不明是非曲直，而您对于正确的事情进之以礼，不正确的事情正之以法，这是必胜的原因之九；袁绍好虚张声势，不知用兵的关键，而您能以少克多，用兵如神，这是必胜的原因之十。现在袁绍正北攻公孙攒，可以乘他远征的机会，东取吕布。如果不先取吕布，袁绍以后来犯，吕布为援，将后患无穷。"曹操听从了郭嘉的劝说，下令东征吕布。

郭嘉用对比的方法，从十个方面比较了袁绍和曹操的不同，条分缕析，无懈可击，曹操听得心服口服，自然采纳了他的意见。

3.提炼述说

提炼述说指把述说内容进行加工提炼后,总结成顺口易记、言简意赅的字句,以强化听者的记忆。

1957 年 6 月,吴冷西同志出任新华社社长兼人民日报社总编辑,毛主席接见了他,对他提出了要求,毛主席说:"你到人民日报工作,要有充分思想准备,要准备遇到最坏情况,要有'五不怕'的精神,这'五不怕'就是:一不怕撤职,二不怕开除党籍,三不怕老婆离婚,四不怕坐牢,五不怕杀头。有了这'五不怕'就敢于实事求是,敢于坚持真理了。"毛主席用"五不怕"概括了五种最坏的情况,这种说法令吴冷西牢记心间,终生难忘。

走街串巷的小贩也很善于用这种方式,推销自己的产品,如卖老鼠药的小贩会这样唱:"咬了箱,咬了柜,咬了你家大花被,你包饺子要过年,它把饺子偷吃完,你舍得花上两角钱,家里的老鼠全玩完。"卖调料的小贩会这样唱:"胡椒面,小茴香,花椒、八角和生姜,不用香油不用酱。包的饺子喷喷香,两角钱一大两,买回家里尝一尝。鲜倒新女婿,乐坏丈母娘。"每当那些唱着这些顺口溜的小商贩一出现,就立刻会招来大批的顾客解囊。

提炼述说使人感到新鲜,增加可听性和清晰度,引起好奇心、注意力,好记难忘,重点突出,是一种颇有效果的述说方式。

4.实物述说

实物述说指谈判者在述说过程中辅以实物,加强述说效果。

苟息累卵的故事就是一个典型的例子:春秋时期,晋灵公花千金征用无数民夫起造九层高台,供自己享乐。他下令如有敢于进诔之人,一律处死不赦。大夫苟息前去求见他,他命令左右张开了箭,只要苟息说半句劝诔的话,就把他射死。苟息上殿说道:"我来表演一套小把戏,给您看:把十二个棋子一个一个累起,上面再累上九个鸡蛋。"于是,他就动手做起来,把十二个棋子累好,然后往上堆鸡蛋,灵公不觉大叫"太危险了!"苟息说:"还有比这更危险的呢! 九层之台,造了三年还未完成,男不耕,女不织,国家资财用光了,邻国马上要来侵犯,这样下去,国家就要亡了,你还有什么希望呀!"晋灵公听了,便下令停止了建九层台的工程。苟息用实物向晋灵公说明了他所处的危险境地,在活生生的实物面前,晋灵公很容易就醒悟了。

实物述说在商业谈判中每每运用到,谈判双方以陈列的商品为据,阐

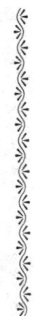

述各自的看法。还可以边述说边操作,演示给对方看,这样,说服力和真实感大大增强,自然收到很好的效果。

5.事例述说

事例述说就是"摆事实",也就是通过典型的事例来说明自己的观点。是通过个别了解一般的述说方法,可以把抽象、深奥、枯燥变成具体、浅显、生动。

楚国的宋玉天资聪颖,相貌漂亮。大夫登徒子在襄王面前说他好色。宋玉到襄王那里辩驳说:"好色的不是我,恰恰是登徒子自己。天下的佳人没有比得过楚国的,楚国的娇娘要算我的家乡的最好;我家乡的美女之中最最拔尖的,就是我东邻的一位姑娘。她身材适中,增之一分则太胖,减之一分则太瘦,脸色也天生就好看,不用擦粉抹姻脂,眉毛如翠羽一样,皮肤如白雪一样,腰身如束素一样,牙龄如含贝一样,微笑时,让阳城、下蔡地方的花花公子见了,不着迷才怪呢!可是,她常常攀着墙头偷看我,已经整整三年了,我至今还没有接受她的爱情呢!至于登徒子,就和我不同了。他的妻子,头发乱,耳朵斜,嘴巴裂,牙齿缺,双腿瘸,而且满身癞疥,还患着严重的痔疮。但登徒大夫却还喜欢她,同她生了五个孩子。您看,究竟谁好色,不是再明白不过了吗?"楚襄王被他说服了。

宋玉用美妇在墙头看自己三年,自己也没有动心的事实说明自己不为女色所动,又用登徒子娶了丑老婆却生了五个孩子的事实来说明登徒子好色,前一个例子生动、有力地说明了他确实并非好色之徒,后一个例子却被许多人认为是在诡辩,但不管怎样,宋玉倒真是用事例述说的方式说服了楚襄王。

使用这种形式,要注意所举事例要真实、典型,具有代表性,能说明问题。事例与要说明的观点之间有必然的逻辑联系,使对方确实能够从事例中得出正确的结论。

6.细节述说

细节述说是指在述说过程中对人物、景物、事件、场面的某些细节做出具体描绘的述说。运用细节述说,可以让对方如临其境,感受深切。如,某单位职工代表在深入走访了一些住房困难户以后,向单位领导要求尽快解决这些困难户的住房问题,在介绍情况时,他采用了细节述说方式:"我发现这间小屋的墙边还有一个低低的小门,我拉开门一看,里面是

一间又低又矮的小房子，大约一米宽，两米长，可这房子一张床板就把屋子挤得死死的，在床头的墙上，有一个脸盆大小的墙洞，我很奇怪，便问他们那是做什么用的，原来是屋子太小，床不够长，睡觉伸不直脚，没有办法，只好在墙上开个洞，好把脚伸出去。"

虽然领导们早就掌握了住房困难户的情况，也了解人均居住面积等具体数字，但是，墙上挖洞这个细节深深地触动了他们，让他们深深感受到了住房困难户们的困窘状态，于是很快领导们开始着手解决住房问题。

察微知著，细节述说帮助谈判者真切、具体地表达思想感情，使听者由一斑以窥全豹，深切理解谈判者的观点、立场。但采用这种形式必须注意细节真实，如果任意夸大或编造，露出破绽，那就会产生恶劣的后果。

7.情理述说

情理述说是一种有情有理、情理交融的述说方法。这种述说方法，可以使对方深受感染而引起共鸣。

1984年，正当"引滦入津"工程进入关键阶段，隧洞施工部队需用的光爆炸药不够了。没有炸药，整个工程就要延期，部队派一位连长到某化工厂去买炸药。不料该厂上半年根本没货。这位连长找到了这个厂的厂长，他喝了一口厂长秘书递过来的茶水，说："厂长啊！你们这儿的水可真甜啊！你去过天津吗？天津人可没有这种口福啊！他们喝的是从海河曹和洼淀里收集起来的苦水，不用放茶叶就是黄的。可他们就是喝着这苦水搞生产，贡献多大啊！奥，你戴的表是'海鸥表'吗？这是天津生产的，天津有名的产品可不少，听说全国每10块手表中就有一只是天津的，每10台拖拉机里就有一台是天津的，每4个人里就有1人用的是天津生产的碱。您是生产行家，比我懂得多。您说生产能离开水吗？天津人喝水都紧张，生产用水就更甭提了，引滦入津可是解燃眉之急啊！"

厂长听了这些话，很受感染，便问了一句："你是哪里的人哪？"连长接过话头继续说："我是河南人，厂长，说句心里话吧，我和你一样，都喝不上滦河水！我当10年的兵了，等到滦河水进了天津，我可能已经脱了军装回老家去了。"

厂长听了他这一番情真意切的肺腑之言，被深深地打动了，他抓起电话，下达指令："全厂加班三天，为天津引滦工程生产光爆炸药。"

在叙述说明中加入情感色彩，既以理服人又以情感人，往往会收到

奇效。

8.递进述说

递进述说是指先提出问题,然后逐层分析问题,最后得出结论的讲述方法。这种方式摆事实,讲道理,逐层深入,具有脉络层次清晰、逻辑严密、说服力强的优点。

日本日铁公司按某项协议给上海宝山钢铁总厂寄来一箱资料。原来定好寄6份,随寄来的清单上也写明为6份。但上海方面打开箱子后,却发现只有5份。于是双方再度谈判。日方声称:"我方提供给贵方的资料,装箱时要经过几关检查,绝不能漏装。"上海方面则表示了他们的看法:"我方收到资料,开箱时有很多人在场,开箱后当众清点,发现少了1份。经过多次核实,我方才向贵方提出交涉。现在有三种可能:一、日方漏装;二、途中散失;三、我方开箱后丢失。如果途中散失,则外面的木箱应当受到损坏,现在木箱完好无损,这一可能可以排除。如果我方丢失,那木箱上印的净重应当大于现有资料净重,而事实是现有5份资料的净重与木箱所印净重正好相等,因此,我方丢失的可能性也应排除,剩下只有一个可能,即日方漏装。"

上海方面采用递进述说方式,提出三种可能性,再逐层分析,一排除,最终得出责任在日方的结论。

日方无话可说,只得补齐了材料。

谈判者要使自己的陈述取得较好的效果,必须做到以下几点:

(1)简明扼要

很多人在进行谈判时因为各种原因,不能理直气壮地提出自己的要求,而是吭吭防防,或转弯抹角,离题万里,扯了很长时间,还到不了正题上,这其实是非常不好的。冗长、繁琐的陈述会给对方带来困扰,使对方的头脑昏乱,注意力分散,有时甚至使对方不耐烦地发起火来。这样,自己的观点和意图无法正确地被理解,从而带来负面影响,阻碍谈判进行。在谈判过程中,谈判者不要随便说些与谈判主题无关的话,也不要复述一些与主题无关的话。应该用简明的语言抓住对方,吸引对方,让他正确理解陈述的内容,并能很快针对陈述提出问题,使双方立刻交谈起来,让谈判顺利向纵深发展。

(2)分寸恰当

陈述应该能够加强协调的谈判气氛,所以要特别注意分寸的把握,在

遣词用字上慎重斟酌,要使这种陈述有利于推动谈判,而不是中断它。陈述应该是很正式的,很客观的,所以应该以诚挚的方式表达,一般忌带感情的陈述,要尽量采用中性的、客观的、礼貌的语言,避免采用偏激的、主观的、粗俗的语言。过分的夸大和渲染,只会引起对方的不信任感。应该让对方感觉陈述是为了使他明白我方的意见,而不是向对方提出挑战。一个老练的谈判者,应该对任何人都不说威胁之辞或辱骂之言,那样做不会削弱对方的力量,只会带来更大的困难。因为威胁只会使他更加谨慎,辱骂只会使他更加恨你,并且更加耿耿于怀地设法伤害你。也不能用恳求对方的乞讨式的态度,那样会降低己方的声誉和谈判者的人格。

(3)准确易懂

谈判者要尽量使对方听懂你的意思。在陈述时,如果无法避免使用专业术语,一般应予以解释,一方面可避免各方对专业术语理解的不统一,另一方面也为以后的谈判中再次使用该专业术语打下基础。如果陈述涉及到数值,要力求准确,尽可能不要在数值前面加上"大约"、"差不多"之类的词语。也不要主动把数值限定在某区域之间,如:"这次我可以借给你300元到500元钱。"这样,对方自然会选择有利于他的上限或下限作为讨价还价的基础。

(4)注意头尾

一般来说,在谈判一方对另一方发言的开端和结束部分的记忆,要比中间部分的记忆更为牢固,人们比较在意开头和结尾部分的话,而中间部分的话,则被自然不自然地忽略。因此,谈判者在组织自己的语言时,要特别留意开头和结尾。开头要出其不意,紧紧抓住对方,中间加强生动性和感染力始终吸引着对方,结尾要有力量,向对方表明你的观点不容轻视。

语言4 语言重复训练

重复包括两方面的内容:一个是谈判者不断重复自己的意见。《战国策》里讲了这样一个故事:

有一个和曾参同名的人杀了人,有人告诉曾参的母亲说:

"你儿子杀了人。"

曾母织着布说:"我儿子不会杀人。"

一会儿，又有人来说："曾参杀了人。"

曾母仍坦然自若地织着布。接着，又有人来告诉她她儿子杀人，曾母再也坐不住了，"投抒逾墙而走"。

知子莫若母，可是有三个人重复同样的内容，则慈母也不能不相信了，可见重复具有多么大的效力。

现代广告宣传也很重视重复的方法。当一个年轻美丽的姑娘每天晚上都出现在电视上向你宣传用某某产品好时，你自然会对该产品留下深刻的印象。从信息论的角度看，重复并不增加新的信息，但是却增加了信息的强度，终会产生效果。

一次，宋朝宰相赵普向太祖推荐一个人做官，宋太祖表示不同意。第二天，赵普又提出这件事，宋太祖还是没有答应。第三天，赵普再一次提出这件事，宋太祖非常生气，把赵普呈上的请求书撕碎了丢在地上，赵普不急不火把请求书捡了起来，回到家里用纸糊好，第二天又送到宋太祖面前。宋太祖实在没办法，只好同意了赵普的请求。赵普用重复的方法，向宋太祖表明了他不达目的绝不罢休的态度，令宋太祖无法推诿回避，只得乖乖就范。

在谈判中使用重复的方法，最重要的是要有耐心和锲而不舍的顽强态度。在我们平时的工作和生活中，说话和写文章都力求简明精练，避免重复啰嗦。如果一个人说起话来老是那么几句，说了又说，我们一定不愿意再听，还会觉得此人过于愚蠢和讨厌。而在谈判中运用重复手法，就需要我们去扮演这个令人讨厌的角色，只要问题一天得不到解决，就一天一天地去重复表明要求。不管对方以什么样的理由、态度来拒绝你的要求，都应该置若罔闻，绝不能被对方的言辞困扰。当对方表现出不耐烦，甚至大发雷霆时，绝不可被对方吓倒或激怒。要知道，这可能是对方的最后一招了。你要不急不火，心平气和，坚决地"按既定方针办"，使对方认识到你的要求是无法回避的，必须高度重视，认真对待。这样，你的问题就有可能得到解决了。

另一种形式的重复，就是谈判者重复对方的话。

在对方发表不同意见后，一个富有经验的谈判者，总是用自己的话把对方的意见重复一遍，但这种重复不是完全的一字不差的照搬，而是把它变成自己的话，并在重复时削弱甚至改变了异议的实质，便一个十分尖锐

的反对意见变成一个普通的问题，从而使用对方的意见变得比较容易对付。比如对方说："又涨价了，真没想到价格上涨幅度这么高！"

谈判者回答："是的，价格同一年前比较的确是高了一些，比您的收入的增长还高了 2% 呢！"

听起来，他是在重复对方的意见，其实，他巧妙地点出了在物价上涨的同时，个人收入也有所增加，而且物价上涨只比收入上涨高出 2%，实在是微乎其微。

又比如，对方说："我们认为交货时间太晚了。"你可以接上去说："那么，您认为交货时间不够早，是吗？"虽然只换了几个字，意思却明显地平和了。

采用这种技巧，最重要的是要注意分寸，如果过多地削弱对方的意见，对方就会指出来纠正你的说法。这样，不但对方的意见没有被削弱，反而更加强了。所以，分寸的掌握是非常重要的。

语言 5　语言激将训练

激将法就是用语言刺激对方，激发对方的某种情感，使对方发生情绪波动，使其下决心去做某种己方希望他去做的事。人的行为，不仅受理智的支配，也受感情的驱使，激将法就是要用话使别人放弃理智，凭一时感情冲动去行事。所以，激将法最适合在那些经验较少，容易感情用事的对象身上使用。

诸葛亮可说是运用激将法的能手。《三国演义》第四十三回、第四十四回中诸葛亮孤身去江东谈判，以实施联吴抗曹的战略，用激将法接连说服孙权、周瑜的精彩情节，真可谓是脍炙人口，妇孺皆知。

诸葛亮先后与孙权、周瑜谈判，他大谈曹操兵力强大、善于用兵，天下无人能敌。极力劝他们投降曹操，以保妻子，全富贵。他甚至建议周瑜把江东美女孙权之嫂大乔和周瑜之妻小乔送给曹操以讨好他，以求苟活。在孙权、周瑜看来，这分明是奚落他们无胆、无能，不能抵抗曹操。他们哪堪忍受这样的侮辱，于是，他们下定决心，联合刘备抗击曹操。

现代经济谈判中，运用激将法取得谈判成功的例子也有很多。某橡胶厂进口一套现代化胶鞋生产设备，由于原料与技术力量不能与之配套，这

套设备被白白地搁置了三年，新厂长上任后决定以 200 万元转卖给另一家橡胶厂。他事先了解到该厂厂长年轻气盛，非常自负，好胜心极强，从不甘心示弱。还听说他常以拿破仑自喻，根本不相信有什么办不到的事。于是，新厂长决定采用激将法。谈判开始了，新厂长首先谈了前一次参观对方工厂的感受，借称赞对方管理水平的机会大大夸奖了对方厂长一番。对方厂长非常高兴。话题转到了生产设备上，新厂长说：

"贵厂现有生产设备在国内是可以的，至少三五年内不会有什么大问题。关于转卖设备之事，昨天我透露过这个想法，在贵厂转了一天以后，想法有所改变。"

对方厂长急问："为什么？"

新厂长答道：

"我有两个疑问：一是贵厂是否真的具备购买这套设备的实力；二是贵厂能否找到管理、操作这套设备的技术人才。所以，我不敢确信把设备卖给你们，你们能在三年内大展宏图。"

对方厂长听了这番话，觉得大受轻视，他用炫耀的口气介绍了自己厂子的经济实力与技术力量，表明有能力购买并管理操作这套设备。最后，双方以 200 万元顺利成交。

在国营商店我们经常会遇到这样的情形：顾客指着柜台里的某件物品要看一看，售货员用鄙夷的口气说：

"这个要 xxx 元呢！想买吗？真想买我就给你拿！"

其实，这时他就是在有意无意地使用激将法，表面上他是在介绍产品的价钱，而言外之意很明显，买不起就别让我白白地拿来拿去。这分明是在讥笑顾客没有这个购买能力。对一些年轻气盛或争强好胜的顾客来说，这无异于当众挨了一个耳光。连售货员都敢看不起我。他们被激怒了，为了证实自己的经济实力，立刻倾囊而出，买下本来可能并不太中意的商品。其实，他们恰恰上了售货员的当，让售货员达到了卖出商品的目的。

这种激将法与我们所说的激将法相比，有很大的副作用，它虽然达到了推销商品的目的，但却用挖苦，贬损的言语伤害了顾客的自尊心，给顾客留下很不愉快的印象，以后他肯定不会再光顾这家商店。所以，这样的激将法，实际上，损害了商店的形象，堵死了以后的商路。

运用激将法一定要因人而异，要摸透对方的性格脾气，思想感情和心

理。对自卑感强,谨小慎微,性格内向的人,不宜使用此法,因为这些人会把那些富于刺激性的语言视作奚落和嘲讽,因而消极悲观,丧失信心,甚至产生怨恨心理。对那些老谋深算、富于理智的"明白人",也不使用这一方法,因为他们根本不会就范。同时,还要掌握好刺激的火候,火候太小,语言不疼不痒,激发不起对方的情感波动;火候太大,会造成过大的心理压力,诱发出逆反心理,对方就会一味固守其本来的立场、观点。

语言6　吊胃口训练

　　战国时,齐威王的儿子田婴,得到薛的封地,号靖郭君。他决定在封地上筑城墙,门客纷纷劝阻,可田婴拒绝接受他们的意见。后来他干脆告诉手下人,谁要是再来劝阻他筑城墙,就不许他进门。

　　有一个人请求接见,他保证,只说三个字,如果多说了一个字,情愿被下锅煮死。靖郭君很想听听他能说出什么来,便答应接见他。这个人走上前说:"海大鱼!"说完掉头就走。这没头没脑的三个字勾起了靖郭君强烈的好奇心,他马上叫住了那个人。那个人说:

　　"我不敢拿死当儿戏。"

　　靖郭君说:"没关系,请你讲下去。"

　　于是,这个人从容地讲了起来:

　　"你没有听说过大鱼的故事吗?网不能捕住它,钩不能钩住它。但如果它离开了大海,那么连蝼蚁也可以欺侮它了。现在齐国就是你的海水,你长期有齐国的庇护,还用筑薛城干什么呢? 如果失掉了齐国,就算是把城墙筑得天一般高,仍旧是没有用的。"靖郭君听取了他的意见,取消了筑墙的计划。

　　这位说客成功的秘诀,就是吊起了靖郭君的胃口,使他自觉地去了解别人的看法。谈判双方在谈判时都是抱着说服对方的态度,对对方说的话往往采取排斥的态度, 不愿意听。如果想让对方静下心来倾听自己的意见,就要加强语言吸引力,挑起对方的好奇心,让对方落入自己的圈套。

　　有一个推销家用电器的推销员总是能够成功地用这样一句话来吸引顾客:

　　"我能向你介绍一下怎样才能减轻家务劳动吗?"

这句话一下子就抓住了顾客的心理：家庭主妇们总是被繁重的家务劳动搞得万分苦恼却又无可奈何，听说有办法可以减轻家务劳动，当然很想知道，所以顾客一定会洗耳恭听了。如果推销员只是像其他人一样说："我能向你推荐一部吸尘器吗？"或者"我给你们介绍一下我厂的新产品洗碗机吧！"其效果肯定不会好，因为这种千人一面的推销语言，根本不可能激发顾客的好奇心理。

谈判者打破事物发展的一般规律，提出违背常理的奇论，也是激发对方好奇心、吊起胃口的好方法。

齐国的权臣田常想发动叛乱，因为在国内难以成功，就打算移兵攻打鲁国。为了保卫鲁国，孔子让他的门生子贡到齐国去说服田常。

子贡对田常说："你要攻打鲁国，真是大错特错了。鲁国是一个很难攻打的国家，它的城墙又薄又矮，护城河又窄又浅，它的国君愚蠢而又不仁，大臣们虚伪而又无能，国内的老百姓又痛恨打仗，这样的国家是不能和它打仗的。您不如去攻打吴国。吴国城墙又高又厚，护城河又宽又深，兵器坚固而又先进，士兵精锐而又充足，重器精兵尽在其中，又有贤明的将领进行指挥，这样的国家很容易攻打。"

田常听了这番奇论，气得脸色都变了，说："你认为难的，是大家公认为容易的，你认为易的，是大家公认为困难的。你对我说这些，想要干吗？"

子贡不慌不忙地说："我听说，国内出了问题就要攻打强国，国外出了问题就要攻打弱国。现今您是在国内遇到了困难，听说您曾有三次受封的机会而三次都没有成功，原因在于有大臣反对您。现在，您要攻占鲁国来扩大齐国的疆域，如果打了胜仗，你的国王会更加骄傲，大臣们会更有实权而不会承认你的功劳，你就和国王更疏远了，想成大事就更难了。国王骄傲就会放纵自己，大臣骄傲就会相互争斗，这样一来，您对上与国王有隔阂，对下与大臣相争斗，您在齐国的地位就危险了。所以说不如攻打吴国，攻打吴国失败，老百姓在战场上战死，大臣们会失去势力，这样，您没有了大臣对您的威胁，也不会受到老百姓的指责。孤立国王控制齐国的就只有您了。"

田常听从了子贡的劝说，中止了攻打鲁国的计划。

子贡之所以成功，很大成分在于他采用的语言技巧。他首先说出一些不合常情的奇怪的话，使田常感到出乎意料之外急于知道子贡如何自圆

其说。这时,子贡再娓娓道来,妙语解疑,使田常豁然开朗,欣然从命。

1981 年,石家庄棉纺三厂厂长张锡民作为纺织业的全权代表,与香港华森公司和西德厂商就进口 ROu-11 型气流纺织机进行谈判。外方提出 23 万马克的价格。张锡民厂长当即压价 25%,这仅仅是出四分之一价格,所以外商根本无法接受。谈判进行了两天,没有丝毫进展。这套设备是当时世界最先进的,买不到非常可惜,如果高价买进,又会给国家增加经济负担。张厂长苦思冥想,第二天,他找到港商说:

"我压的价是低了一些,可话又说回来了,这两台设备按理说应该白送给我才对。"

港商大吃一惊,忙问为什么,张厂长说:

"我们是中国第一家想买这种设备的,现在到处讲窗口作用,贵公司每年都要花上百万元的广告费,中国的市场这么大,你们为什么不用我们作窗口,给你们自己做做活广告呢?"

港商听罢,深感张厂长言之有理,于是他说服了德国厂商,按出厂价把两台设备卖给了我国,给国家节省了十几万马克。

对于那些有一定成就、有一定地位的谈判对象,当头棒喝也是激发他的好奇心的一个好办法。

日本职业棒球九连霸的巨人教练川上哲治打算退休,读卖新闻社创始人正力松太郎闻讯劝他到正眼寺"坐禅"。正眼寺的棍浦禅师见到川上先生的第一句话就是"我最讨厌棒球",恰似兜头一盆凉水,浇得川上哲治为之一惊。接着棍浦禅师侃侃而谈:

日本从古就有花道、茶道、柔道、剑道等传统文化活动,主旨在于一个 "道"字,但棒球后并无此字,如果你想研究禅道,首先就要答应一个条件,就必须创立棒球道。

听了这番话,川上哲治大彻大悟,当即决定不退休,并尊棍浦为一辈子的教师,致力于"棒球道"的创立。显然,出语突兀,危言棒喝,是禅师征服川上的关键所在。人们受到这种突如其来、出乎意料的攻击时,最普遍的反应是大吃一惊,继而是急于知道对方形成这样看法的原因,很自然地对接下去的话就格外注意,这样,胃口吊起来以后,他被说服的可能性就大大增强了。

使用吊胃口的语言技巧,要注意能善始善终,自圆其说,切不可故弄

玄虚,制造美丽的肥皂泡,让人徒增反感。

语言7　比喻技巧训练

　　比喻是增强语言表达效果的最常见的手段,比喻即在描述事物或说明道理时,用与它相类似的其他事物或道理来比拟说明。它可以使抽象的事物变得具体化、形象化,使高深莫测的道理变得通俗、浅显,使听话的人好像亲眼看见或亲身体验到了一样。

　　古希腊哲人亚里士多德说过:

　　"比喻是天才的标志。"

　　成功的谈判者总是能够在需要的时候随时随地打比方、举例子,使自己的话变得生动、具体,有说服力、吸引力,使自己的观点变得容易为对方所理解并最终被接受。

　　德国女数学家爱米·诺德凭着她出色的数学才华,获得了博士学位,但是由于以前从来没有过女讲师,所以她没有得到讲师资格,不能讲课。在一次教授会上,大家就爱米·诺德能否成为讲师进行讨论。一位教授说:"怎么能让女人当讲师呢?如果她做了讲师,以后就要当教授,甚至进入大学评议会,难道能让一个女人进入大学的最高学术机构吗?"

　　一贯支持赏识爱米·诺德的希尔伯特教授反驳道:

　　"先生们,候选人的性别绝不应该成为反对的理由,我请大家注意:大学评议会不是澡堂!"

　　澡堂才是要分男女的,教授用比喻把大学评议会这一崇高的学术机构和世俗的澡堂联系起来,让大家看到了以性别决定学问的荒唐可笑。

　　我国古代的哲人、政治家们都非常善于运用打比方的方法来帮助自己阐明观点、讲清道理说服他人。从孟子、老子、列子到宴子、邹忌等等,个个都有精彩、绝妙的比喻载入史册,流传至今。翻开成语辞典可以发现,很多优秀的成语都是先哲们在谈判中信手拈来打比方用的,像"三人成虎"、"狡兔三窟"、"南辕北辙"等等,真是举不胜举。这些比方不仅成功地说服了谈判对手,而且直到今天,还为我们所用。可见打比方的作用有多么重大。

　　春秋时的政治家子产,也是一个善用比喻的人。一次,郑国的大臣子

皮打算让一个叫尹何的年轻人去当他封邑的长官，不料却遭到了子产的反对，子产向子皮说明了理由：

尹何年纪太轻，没有经验，恐怕不能胜任。

子皮不以为然，

他忠厚老实，很令我喜欢。让他去学习学习，慢慢就能胜任了。

子产回答说：

"这样不好。对于所喜欢的人，应当对他更加负责。现在您因为喜欢他，让他做官，这就像把刀交给一个不会操刀的人，让他去任意乱割，这只会对他有害，而且，因此会有更多的人受害。假如您现在有一匹美丽的锦缎，一定不愿交给一个不懂裁衣的人叫他拿去学习裁剪，国家领土、主权，是我们身家性命安全的保障，怎能随便交给不懂事的人去学习管理呢？难道一座城市、一个地方，还不如您的一匹美锦重要吗？"

听了这番话，子皮终于放弃了原来的打算。

让外行来治理国家，必然会给人民大众带来深重的灾难，而子皮对这一点却认识不够。子产看到症结所在，就用打比方来阐明利害：让一个不会操刀的人拿去乱砍乱割，只能害己又害人。听了这个比方，人们很自然地会产生联想和想像，一个拿着刀子乱挥乱砍的人的形象会生动地浮现在眼前，那样做的危险性真是不言自明了。接着，子产又进一步地"触及灵魂"，让子皮设身处地地设想一下，如果自己有一匹美丽的锦缎，是否愿意把它交给一个外行去胡剪一气。这个比方，把子皮看来遥不可及的封邑的管理问题，变成子皮眼前看得见、摸得着的一匹美锦的处理问题，子皮怎么还能漠然视之呢？

有时候，谈判者由于某种原因，不能把话说得太明白，这时候也可以借打比方来启发、暗示对方，让对方自己去领悟其中的道理。晋文公有一次率军出征卫国。走在半路上，公子锄忽然大笑不止。晋文公问他笑什么，他说："我笑有个邻人，送妻子回娘家，路遇一个采桑女很漂亮，便微笑着和她搭话。但回头一看，却见另外有人正向他的妻子招手呢！我想起这件事而好笑啊！"

晋文公猛然醒悟了，急令挥师返国，还没回到国内，就得知有敌人正在攻打晋国北疆。

如果要郑重其事地向晋文公讲明利害，肯定要用很多时间，费一番口

舌。公子锄却打了个比方,只用三言两语便指明了晋文公"后院起火"的危险处境。晋文公心领神会,及时回头,避免了更大的损失。

打比方是谈判者最愿意使用的语言策略。但是,很多好的比方并不是事先就已经构思好的,而是谈判者在谈判中就地取材,用眼前物、身边事做比喻,来帮助自己说明事理、阐述观点。

公元前 378 年,齐威王即位,他九年不理朝政,虚度光阴。一天,他召邹忌弹琴消遣。邹忌早就想劝齐威王,当然不会放过这个机会。邹忌来到齐威王面前,并不去弹琴,而是大谈乐理。他喋喋不休,用了很长时间,就是不奏曲,齐威王终于忍不住了,打断他说:"你的乐理是说到我的心坎里了,但光知道这些还不够,还应该深知琴音才行,请您试弹一曲。"邹忌回答说:"臣以弹琴为业,当然要尽心研究弹琴的技法;大王以治国为业,怎么能不好好研究治国大计呢! 我对琴不弹,您就不高兴,难怪齐国人看到大王拿着齐国的大琴,九年来没弹过一回,都不高兴呢! "

齐威王听了这话非常震惊,便向邹忌探询治国方略,邹忌说得头头是道。于是,齐威王当场拜邹忌为相国,开始重整朝政。

邹忌就地取材,借琴设喻,让他真切地感受到了他不治理国家,给老百姓带来的危害。由于邹忌寓理于物,用眼前弹琴的事做例子,喻体近在眼前,双方有目共睹,使得齐威王很容易以己推人,将心比心,从而心悦诚服地接受了劝谋。

语言8 赞美训练

良药苦口,但如果在外面裹上糖衣,就会很容易地吞下肚去,于是良药进入胃肠发生效用,病就好了。同样道理,我们要说服别人接受自己的意见,在没说以前先给人家一番赞誉,然后再进行说服,对方也就容易接受了。

根据某项调查显示,如果下属做错了事,上司当面责备下属:"这是怎么搞的!你干了几年了,重来! "下属中产生负面效应的约占 65%,如果上司改用赞扬的口气:"嗯! 做得相当不错了, 如果再把这唯一的缺点改正掉,相信会更加完美。"

这样一来,员工中产生正面效应的能达 87% 左右。可见,赞美别人产

生的力量有多大。难怪美国著名作家马克·吐温曾不无夸张地说："仅凭一句赞美的话语就可以活上两个月。"

一般来说,赞美的话人人爱听,相信没有人会因被赞美而生气。人们受到赞美,都会心情愉快,信心大增,认为自己受到肯定,同时,对于称赞者也容易产生好感。这样就为谈判双方缩短距离,密切关系,进行心灵沟通打下了很好的基础。所以,永远不要吝惜给予别人夸奖。

美国华克公司在费莱台尔亚承包修建一座办公大楼,每个项目都进行得很顺利,整个工程就要进入装修阶段了。这时,负责大楼外部装饰铜工的工厂却突然通知他们不能按期交货。这样一来,整个工程进度就要受到影响。如果不能按合同的要求准时完工,华克公司将蒙受巨大的经济损失。公司通过长途电话反复交涉都遭到了拒绝,最后决定派高伍先生前往纽约与该工厂谈判。

高伍先生从一见到工厂的经理就开始称赞对方,他说:"你知道你的姓名是在勃罗克林独一无二的吗?"

经理诧异地说:"不知道。"

高伍先生说:"哦,我今天早晨下了火车,查电话号簿找你的时候,发现整个勃罗克林只有你一个人叫这个名字。"

"我从不知道,"经理很高兴,"这真是不平常的姓名。我的家庭是两百多年前从荷兰迁到纽约的。"接着他开始谈论他的家庭和祖先。等他说完,高伍先生又恭维他拥有一个多么大的工厂,并且告诉他:"这是我所见过的最清洁的一个铜器工厂。"经理更加高兴:"我用一生的精力来经营这项事业,我为它自豪。"他表示愿意带高伍先生参观他的工厂。参观过程中,高伍先生夸奖工厂的构造系统,并向他说明比别的工厂好在哪里,又夸奖了几种特别的机器,经理自豪地告诉高伍,那是他自己设计的。他给高伍先生介绍了产品,又坚持请他吃午餐。吃完饭,经理说:"没想到我们的交往会是这样愉快,你可以带着我的许诺回费莱台尔亚去。即使别的工期拖延,但你们的我们保证按期交货。"

高伍先生的称赞,满足了经理的心理需要,经理自然也会给高伍先生满意的回报。

赞美的话人人爱听,可并不是人人会说,说不到点子上,会让对方感觉你是在敷衍他,戏弄他,甚至嘲讽他,就会对赞美者产生厌恶感。那么,

89

怎样才能把赞美之词说到点子上呢?

首先,赞美要独到。在赞美他人时,一定要与众不同地找出他值得赞美的优点和长处。每个人都有自己的优点和长处,许多人还取得了令人瞩目的事业上的成功。如果赞美一些众所周知、显而易见的东西,很难打动对方。应该找出那些不为人知,但他本人却很有信心的部分加以肯定地赞美。这样一来,对方一定会喜在心头,照单全收。比如汉代名将韩信就摸透了汉高祖刘邦的心理:

刘邦问韩信:

"我能统领多少军队?"

韩信回答:"陛下不过能带十万兵马。"

"那你呢?"

韩信回答:"我多多益善。"

刘邦说:"既然你多多益善,为什么被我所用呢?"

韩信回答道:"陛下不能带兵,而善于带将,这就是臣为陛下效力的原因。"

能够带兵的人,已经属人中豪杰了,而能够带这些人中豪杰的,更应是举世少见,百年不遇的人中之龙凤。韩信的话,既表明了自己的才干,更道出了刘邦真命天子的气概,听了这样的话,刘邦怎么会不高兴呢?

要找出他人与众不同的值得赞美的优点和长处,并不一定必须是那些令人瞩目的成就,有时,一个人有些毫不起眼的优秀品质,也许他自己也觉得"不足为外人道",或者连他自己都没有意识到,如果你能挖掘出来,并对他说明,往往会令对方更为高兴,很容易把你引为知己。所以,永远不要因为对方的长处太微不足道而不敢夸奖。

凯末尔大将,英勇善战,一次他带兵出征,又大获全胜,凯旋国内。人们争相赞美他:

"您真是伟大杰出的军事家!"

听得多了,他根本无动于衷。有一个低级官员却与众不同,他只对将军轻轻地说:

"啊!好美呀,将军,您的胡子好美啊!"凯末尔却大为高兴,立刻把这个人提升为幕僚。

那些世人皆知的优点和长处,由于被赞扬了很多次,已经成了公式

化、定型化的东西,根本不可能引起被赞美者的喜悦。而出其不意被人点出自己浑然不觉的长处,那种喜悦,才是真正的、新鲜的,才会产生效力。

其次,赞美要真心。发自内心,出于诚意,是赞美与阿谀奉承、诌媚的根本区别。如果对方在某方面表现并不突出,却一味违背事实地夸赞,那只能让人觉得肉麻。虽然我们把赞美他人当作谈判的一种策略,使得这种赞美有了功利性,但是在运用这种语言策略时一定不可以虚情假意,勉强做作。应该诚恳地、认真地、发自内心地热情称赞。只要是真心的,那么即使你的赞美有些不妥或言不及义,也会产生迷人的效果。

第三,赞美要具体。笼统地赞美他人会使你的赞美大打折扣,"你这人真好","你是一个出色的领导"或"你工作得不错"之类的话,由于没有讲出论据而缺乏令人信服的因素,别人听了可能会产生误解、窘迫甚至反感。如果你能用具体的语言去赞美对方,就证明你非常了解对方,敬重他的长处。这样你的赞扬就显得很真切,很实在,而对方也会因此而接受你的赞美。所以,要赞美他人千万不可笼统概括,必须具体指出你所喜欢的对方的言行,这些言行给你带来的帮助以及你对这些帮助的感受。比如赞美一个人工作好,可以说:"噢,这么多工作你一下就干完了,有你在,我就可以放心了。"

第四,赞美要明确。很多人受我们民族传统思想的影响,不习惯当面对别人进行称赞。他们认为当面赞美人就是拍马屁,所以他们即使是出自真心地想称赞别人,话出口也总是很害羞的样子,吞吞吐吐,欲言又止,影响了赞美的效果。其实,赞美和拍马屁是完全不同的两回事,拍马屁是寡廉鲜耻之徒为达一己之私利和其他卑劣目的而诌媚他人,以博得青睐的手段。拍马屁者口是心非,无中生有,不顾现实,无限拔高,令人作呕。夸奖他人的同时,完全丢掉了自己的人格和良心。而真正的赞美不是违心的,是发自内心的对他人某种长处的肯定。每个人在生活和工作中都有其各自不同的成就,有其引以为自豪的东西,有值得我们学习和敬重的地方。真诚的赞美就是把我们对一个人的长处的敬重之情如实地表达出来。这丝毫不会违背我们的良心,降低我们的人格。相反,我们的心灵还会因此得到美的陶冶,我们何乐而不为呢?

如果在赞美别人时不好意思,吞吞吐吐,会让对方觉得你在捉弄他,这样的赞美还是不说为好。

语言9 暗示方法

有一次,秦王和诛臣中期发生了争论,中期赢了。中期大摇大摆,若无其事地走出了皇宫,秦王觉得自己太丢面子,十分生气,打算杀掉中期,以解心头之恨。秦王身边有个和中期要好的大臣看出了苗头,就对秦王说:

"中期这个人实在是个暴徒,一点也不懂规矩。他幸好遇到了大王这样的贤明的君主,所以才能保全性命。如果遇到架约那样的暴君,早就没命了。"

秦王听了这话,终于没有加罪于中期。在秦王盛怒的情况下,如果直言为中期辩护,劝谏秦王,只能是火上烧油,他先指责中期是个暴徒,便平息了秦王的火气。然后,采用暗示的方法告诉秦王杀了中期就要承担暴君的罪名,而容纳中期就是贤明的君主。秦王当然耻于与架约为伍,自然不敢治中期的罪。这样,这位大臣没有一句批评秦王的话,既维护了秦王的尊严,又约束了秦王的行为,达到了自己保护中期的目的。

类似这样的例子在中国古代还有很多。唐德宗时,汗宋节度使刘玄佐因为听信谗言,要杀掉军中将领翟行恭,因为刘玄佐正在气头上,所以没有人敢上前为翟行恭求情。处士郑涉说:

"听说翟行恭要被处死了,希望到时候能让我看一看他的尸体。"

刘玄佐问他为什么,郑涉回答说:

"我曾听说被冤枉处死的人,面部都会出现奇异之相,可我从来没有见过,所以想趁这个机会看一看。"

刘玄佐明白了他的意思,免了翟行恭的死罪。

这是一个非常明显的暗示,借说明被冤至死会出现奇异之相,提醒刘玄佐冤枉了无辜。

在中国古代,君臣尊卑,长幼有序,谁也不敢跨越一步,臣子劝说主子都要小心谨慎,唯恐因说得不好而获罪,所以用暗示的方式不失为一种保全自己的巧诛之策。在今天,我们在谈判中如果遇到的对手是上级领导或前辈,不妨学学古人,用暗示的方法表达自己的意见,相信一定能收到很好的效果。

语言 10　引经据典训练

1939 年 10 月，美国总统罗斯福的私人顾问、著名经济学家亚历山大·萨克斯受爱因斯坦等科学家委托，在白宫同罗斯福总统进行会谈，打算说服罗斯福支持原子弹研究，以抢在纳粹德国之前制造出原子弹。萨克斯向总统呈上了爱因斯坦的长信，还读了科学家们关于核裂变发现的备忘录。可是罗斯福听不懂那些深奥的科学理论，反应非常冷淡。他告诉萨克斯：

"政府在现阶段干预此事，看来还为时过早。"

萨克斯眼看说服不了总统，只得起身告辞。罗斯福为表示歉意，邀请萨克斯第二天与自己共进早餐。

萨克斯整夜未眠，一直在苦思冥想，最后他终于想出了说服罗斯福总统的良策。第二天，萨克斯如约前往，他刚刚坐定，罗斯福就抢先开口说道：

"今天不许谈爱因斯坦的信，一句也不许谈，明白吗？"

萨克斯从容不迫地说：

"我想谈一点历史。英法战争期间，在欧洲大陆不可一世的拿破仑在海上却屡遭败绩。这时，一位年轻的美国发明家罗伯特·富尔顿来到拿破仑那里，建议改造法国的战船，把木板换成钢板，砍掉桅杆，撤去风帆，换上蒸汽机。但是拿破仑却认为，军舰不用帆就无法航行。用钢板换下木板，船就会沉没。他嘲笑富尔顿在想入非非，毫不客气地把他轰了出去。当今，历史学家在评论这段历史时指出：如果当时拿破仑采纳了富尔顿的建议，19 世纪的历史就会重写。"

萨克斯说完，罗斯福总统沉思了几分钟，然后终于对萨克斯说道：

"你胜利了！"

从此，美国揭开了制造原子弹历史的第一页。

萨克斯选取富尔顿劝说拿破仑建立蒸汽机舰队而遭拒的往事，向罗斯福证明：如果他和拿破仑一样不接受科学家的建议，就意味着他将和拿破仑犯同样的错误而被历史和世人所耻笑。罗斯福面对前车之鉴，终于改变了态度。

谈判者在引用典故时，应注意避免选用那些被用滥了的材料，如果张

口牛郎织女,闭口愚公移山,讲了上句对方已经知道下句,根本引不起兴趣,自然会影响说服效果。如果一定要引用人所共知的史实,也应变换角度,挖掘新意,给人新鲜感,让人乐于接受。

除历史故事以外,那些传统的经典性的名言、警句、诗词和民间久传不衰的谚语等,也可以成为谈判者说服对方的工具。它们是人类几千年智慧的结晶,蕴含着丰富的思想内容,在谈判中引用,有着言简意赅,以少见多的效果,能够大大增强说服力、鼓动力和感召力。

山东某乡镇企业和一位原籍在本地的旅美华侨谈判,打算吸收他的资本合资办厂,这位华侨由于对改革开放政策的怀疑,总是下不了决心。企业谈判代表说:"您现在是美国人,但您更是中国人,中国是您的家,树高千丈,叶落归根,不管您走到哪里,您还是要回家的,以后您回家时,看到家乡变得更加美丽、富饶,看到乡亲们都过上了富裕的日子,您能不高兴吗?因为,这里面也有您的功劳啊!""树高千丈,叶落归根",一句再普通不过的谚语深深地打动了海外游子的心,他终于拿定主意,在家乡兴办了合资企业。

企业谈判代表之所以成功,在于他用"树高千丈,叶落归根"这句谚语,牵动了对方的恋乡之情。一个远离故乡的人,最强烈的感情恐怕就是这种对家乡的思恋了,这种感情是汪洋大海也割不断的,企业谈判代表选准了这个突破口,问题当然就迎刃而解了。

名言警句说法各有不同,但所说的道理却是一样的,这就给谈判者留下了较大的选择余地。我们可以因人而异,对文化程度较高,领会力较强的人,用一些富于哲理和思辨色彩的名言警句,对文化程度较低者则多用通俗浅显的名言警句,以最大限度地发挥它们的作用。当一个警句被过多过滥地引用时,我们还可重新选用一个,以增强新鲜感,提高说服效果。

语言 11　对比训练

对比就是将几个事物或同一事物的几个不同方面并举出来进行比较。把两种相对或相反的事物放在一起,各自的特点会更加鲜明,真假美丑,大小高下,不言自明,容易说服和感染对方。

齐威王 24 年,魏惠王与齐威王会谈。魏惠王带着几分炫耀的口气

说："你们齐国可有什么奇珍异宝吗?我们魏国虽不算大,却还有 10 枚直径为一寸的宝珠。这些宝珠晶莹滑润,玲珑剔透,到了夜里,亮光闪闪,华光四射,能够把前后 12 辆车子照得通亮,真是不可多得的稀世珍宝。贵国这样一个堂堂大国,怎么连件像样的国宝都没有呢? 遗憾! 遗憾!"

齐威王微微一笑说:

"我们所说的国宝与你所看重的国宝截然不同:我有一个名叫檀子的大臣,现在镇守南城,他恪尽职守,爱兵如子,夜不卸甲,使得强悍的楚国人不敢骚扰我国的南部边疆;我有一个叫盼子的大臣,带兵在高唐驻防,他办事异常精细,防范特别严密,使得赵国人不敢在我国的河流里撒网捕鱼,为国家赢得了一大笔渔业收入;我有一个名叫黔夫的大臣,被派去治理徐州,他恩威并施,文武并用,使得燕国、赵国的百姓自愿迁移过来的多达 7000 余家;我还有一个叫种首的大臣,负责维护秩序,缉拿盗贼,他向各地发布告示,晓以利害。让老百姓群起督之,结果歹徒绝迹、盗贼自首,形成了夜不闭户、路不拾遗的太平局面,要讲国宝,以上 4 位出类拔萃的贤才,就是我们的国宝,他们的思想和业绩所放射的光辉,连千里以外的地方都照耀到了,那些仅仅照亮了 12 辆车子的宝珠怎么能比呢?"

魏惠王听了,哑口无言。

魏国有 10 颗直径为一寸的宝珠,堪称稀世之宝,确实值得夸耀。但是齐威王列举的 4 位大臣,却是能够治国平天下的济世奇才,他们的思想和业绩,能够给天下人带来恩惠。这样一比,再明亮的宝珠也会黯然失色。

1939 年 9 月,为了巩固抗日根据地,争取当地中上层分子共同抗日,陈毅到海安拜访海安名士韩国钧,说服他站出来主持正义,争取国民党一致对外。陈毅说:"异族入侵,百姓涂炭,千百年来,都是如此。元朝忽必烈打进中原,烧杀不计其数;清兵入关,单扬州就屠城十日,其他沦陷区可想而知。"

韩国钧颇有同感,点头赞同说:"外族入侵,狼人羊群!宋徽宗时下京陷落,周围三四百里竟无人烟。"

陈毅把话题一转,谈到当时的情况:"眼下,日寇入侵我国,那种野蛮凶残的程度和历史上任何外族的入侵相比都是有过而无不及。'八一三'以后,日寇侵占沪宁一线,烧杀抢掠,无恶不作。苏南城市有的被毁掉三分之一,有的被毁掉三分之二。公路两侧三四里之内统统烧光,直到现在回

乡定居的人也还是很少,这种情况,实在叫人目不忍睹啊!"

韩国钧闻言怆然变色,惊讶地问:"竟有这等事啊!"

陈毅借机向韩国钧表示了我党坚决抗日的态度,请他帮助呼吁国共两党团结抗日,韩国钧慨然相允。

陈毅用外族入侵来做比,映衬出日本侵略者给我们国家人民带来的深重灾难,从而显示了国共合作团结对外的重要意义。

语言 12 说谎训练

说谎当然是不好的行为,是社会道德规范所不允许的。但在某些条件下,谎言又有着它独特的作用,所以,谈判时,为了说服对方,可以说些善意的谎言,以求得真话所难以取得的效果。

1984 年 7 月,我国与突尼斯 SIAP 公司代表就建立化肥厂事宜进行接触,几次会议均很顺利,双方确定了这个利用秦皇岛港优越条件的项目。到 10 月份,科威特也参加进来联合办化肥厂。在第一次三方谈判中,科威特方面 PIC 的董事长出席。在听过中、突双方已经进行的某些筹备工作的介绍之后,他断然表示:"你们前面所做的一切工作都是没用的,要从头开始!"

听到这话,中、突双方代表都感到很为难。因为,在此以前,中、突双方已经做了大量耐心细致的工作,仅编制可行性研究报告,中、突双方就动员了十多名专家,耗资二十多万美元,费时 3 个月才做完。但是,这位董事长有着很高的权威性,他在科威特的位置仅次于石油大臣,他还是国际化肥工业组织的主席,他的公司拥有突尼斯许多企业大量的股票,他的话没有人敢于反驳。人们沉默着……

中方一位地方政府代表打破了沉默,他说:"我代表地方政府声明:为了建立这个化肥厂,我们确定了一处挨近港口、地理位置优越的厂址。也为尊重我们的友谊,在其他许多合资企业向我们申请这块土地的使用权时,我们都拒绝了。如果按照董事长今天的提议,事情将要无限期地拖延下去,那我们只好马上把这块土地让出去了。对不起,我还有别的重要的事,我宣布退出谈判,下午我等待你们的消息。"说完,他拎起皮包就走出了谈判厅,躲到别的房间看报纸去了。半小时以后,中方一位处长跑来报

告好消息："董事长说了,快请市长先生回来,他们强烈要求迅速征用秦皇岛的场地。"……接下来,谈判进行得非常顺利。

由于谈判对手有一定声望,当面唱反调会让对方失了面子,不利于谈判,于是,用谎言描画出一幅竞争激烈,时不我待的情景,对方自然就不敢再坚持己见了,心甘情愿地做出了让步。

日俄战争期间,日本和俄国举行谈判,日本要求俄国支付赔偿金并割让惮太岛,俄国坚决拒绝,声称自己不是战败国,毫无理由支付赔偿金,更不可能割让惮太岛,谈判陷入僵局。日本政府此时已无力继续进行战争,如果谈判破裂,将使他们蒙受更大的损失。他们只好致电日方代表小村寿太郎,让他做出让步,不再要求支付赔偿金和割让惮太岛。小村收到电报,正要执行,又收到了另一张要求延缓行动的电报。原来,日本政府从有关渠道获得情报,得知俄国打算割让惮太岛的一半土地给日本。由于没有确切消息,只得命令小村拖延谈判。小村便临时谎称腹痛,向俄国要求会议延期。不久,日本方面发来电报,命小村全权处理惮太岛问题,于是小村向俄国提出割让一半惮太岛,协议终于达成了。

小村为了使己方处于有利地位,利用谎言赢得时间,终于为本国争得了利益。战国时齐国大臣张丑也是靠编造谎言才使自己死里逃生的。张丑被齐国派到燕国作人质。不久,两国交战,张丑也面临被杀的危险,他只好马上逃命,但却在边界上被燕国的军官扣住了。于是张丑对这个军官说:"燕王要杀我的原因,是有人向他密告,说我有很多珠宝,其实,那些珠宝早就被偷走了,可燕王不相信,一直逼我交出珠宝。如果你押着我去见燕王,我一定告诉燕王,你抢走了我的珠宝,并把那些珠宝吞下肚里。燕王一定会剖开你的肚子,取那些珠宝。燕王是一个顽固的人,你无论怎样分辩,他也不会相信。我被杀死,你也活不成了。"

军官听信了他的话,把他释放了。于是张丑得以平安地回到了齐国。

张丑针对军官贪生怕死的弱点,编造谎言,使他相信他的生命受到了威胁。军官信以为真,便很痛快地放走了他。如果张丑据实相告,军官又怎么会放过他呢?

从上面几个例子可以看出,谎言有时确实可以比真话更有效。但是如果把利用谎言奉为至宝,随时使用,那就大错特错了。如果谈判者故意掩盖真相,用恶意的谎言去蒙骗谈判对象,虽然可能暂时获得了利益,但从

长远观点来看,实际上是把自己送上了死路。一位直销小姐到某单位推销化妆品,很多女士都表示对这些化妆品很感兴趣,但又抱怨价钱太贵。这位小姐便赌咒发誓说,这个牌子的化妆品进口数量有限,公司规定的价格远远低于市场同类产品,而她还可以给大家打个八五折,这样的好机会真是千载难逢,不买会一辈子后悔等等。女士们信以为真,纷纷倾囊而出,买下了许多。没过多久,她们发现这种化妆品很多商店都在出售,价钱比她们的八五折还低了 20%。大家这才知道上了当,对那位小姐痛恨不已。

这位小姐虽然用谎言把商品卖了出去,但同时她也把个人的人格和公司的信誉一齐出卖了。这种不计后果的"一锤子买卖"不仅堵死了她自己的经商之路,还将会导致公司的巨大损失,产生一系列严重的后果。

所以,利用谎言,必须三思而后行,想想那个喊"狼来了"的小男孩的下场,别让自己重蹈他的覆辙。

第四单元 成功谈判策略训练

策略 1 开局策略训练

1.开局的重要作用

如果把谈判比作一场战役的话,那么,开局则是初战。古今中外的大战略家无不重视初战。军事理论家克劳塞维茨就曾提出:"第一个,胜负对以后的胜负也会发生影响。"毛泽东同志在指导中国革命战争中,更进一步制定了慎重初战,战则必胜的原则。初战之所以如此受重视,在于它对全局的影响。开局不利,则会打乱整个战略布局,涣散斗志,给对方以可乘之机;旗开得胜,则会打乱对方阵脚,鼓舞士气,掌握主动,对以后战局的发展大有裨益。如辽沈战役战端一开,解放军一举拿下锦州,形成关门打狗之势,蒋军逃往关内的计划顷刻成为泡影,只能坐以待毙,束手就擒。谈判开局的重要性亦是如此。从战略角度讲,其重要作用主要表现在以下几方面:

(1)鼓舞士气,树立信心。士气和信心是谈判取得成果的先决条件。信心不足、士气不振,必然自乱阵脚。而开局好坏与否直接影响着信心和士气。开局顺利,可树立战则必胜的信心。开局不利,首先受到打击的就是必胜的信念和士气。

(2)给对方造成印象。双方一交,初次印象往往最深刻,而第一印象如何,对以后的谈判气氛、谈判的态度,乃至谈判的结果影响甚大。

(3)确定谈判基调。谈判的开场戏往往要涉及所谈议题、交流方式、磋商阶段的划分等。这实际上为整个谈判定下了基调。

(4)明确谈判的实际对象。谈判对象有台前幕后之分,主次之分。如果在谈判中找错了对象,则会无的放矢,劳而无功。开局阶段的相互接触相互影响,对明确谈判对手的等级差别,主次之分是大有帮助的。

2.营造谈判气氛

一般来说,良好的谈判气氛使双方容易沟通,易于加深双方的理解,

有利于取得良好的谈判成果。因此,谈判伊始应尽可能创造良好的谈判气氛。而谈判气氛的形成又是多种因素综合作用的结果,这就要求每个参与谈判的人员最大限度地发挥主观能动性,从多方面做好工作。为此应注意以下几点:

(1)注意服饰礼仪与禁忌。服饰可在一定程度上树立形象和烘托气氛,它的总要求是整洁大方,体现出职业特点、气质和精神。如果在国外谈判还要考虑不同国家的文化背景、风俗习惯。比如在阿拉伯国家服饰不当会受到惩罚;又比如在英国,如接到标有"黑领带"字样的请柬,表明男子穿正式服装,并佩带适当领带,穿黑色丝袜等。总之要视具体情况而定。

(2)准时赴约。谈判时间一旦确定,就要严格遵守,准时到达。到得过早,会给对方造成尴尬。到迟了则显得对谈判不严肃,对谈判对手不尊重,这些都不利于创造良好的谈判气氛。

(3)注意见面礼仪。见面礼仪体现了谈判者的修养、风度。恰当运用见面礼仪,也是决定谈判气氛的重要因素。在这方面要注意以下几点:①打招呼恰如其分。这就需要熟悉不同国家或地区打招呼的习惯。比如信奉伊斯兰教的地区,打招呼的第一句话就是"真主保佑"。②正确介绍双方人员。一般由主谈人介绍,或由中间人介绍。介绍时要注意顺序(如男女之别,老幼之分)和一些应避免的问题(如当两位客人正在交谈,切勿立即介绍给第三者)。③称呼恰当。如果称谓准确、得体,即能体现对人的尊重,又能表现对人的热情,从而烘托谈判气氛。

(4)注意体态语的运用。体态动作作为有形语言同样会影响谈判气氛,这要从握手、坐、立、行、表情几方面加以注意;同时熟悉各个国家和地区的习惯,比如握手的力度、顺序,不同的国家就有不同的理解。

当然,营造良好的谈判气氛是双方的事情。如果对方一开始就盛气凌人,言语傲慢,己方则一味退让,委屈求全,其结果必然与良好气氛大相径庭。尤其在事关国家利益、民族尊严的问题上,应毫不退让,坚决反击,使对方不敢小视自己,这样有时倒可能化干戈为玉帛。中美知识产权谈判时,美方代表第一句话就说:"我在和小偷谈判。"意指我国存在的某些盗版问题,实质是对整个国家的污辱。我方代表毫不客气地反唇相讥:"我在和强盗谈判。"接着历数近代史上美国利用侵略战争掠夺中国文物的强盗行为。这一举措二举挫败了美方的傲慢态度,使他们自动从自认为有理的原告位置后退,从而为后来的谈判创造了正常的气氛,双方最终达成了一致。从这个例子我们可以看出,采取什么措施为谈判创造良好气氛要视谈判对象、谈判内容而定。这里不存在死板的教条。

3.谈判议程和谈判方案

(1)开局阶段一般都首先要谈到议程问题。妥善的议程能为谈判人员顺利实施战略创造外部条件,有利于建立合理的谈判规则,避免使谈判处于不正常状态。

确定谈判议程主要注意以下几点:①事先要有准备,要制定一个有利于己,又容易为对方接受的议程;②议程不要遗漏应讨论的任何问题;③不要不加考虑地同意对方的议程;④要抱着协商的态度,力求一致。

(2)提出谈判方案。在向对方提出方案时要考虑到以下几个方面:

①方案中议题的先后顺序。一般应遵循先易后难的原则。将对方易于接受或肯让步的议题放在前面,这样有利于形成良好气氛,为后面的谈判打下基础,如果一开始就竖起"此路不通"的牌子,在双方争议很大的问题上搞得面红耳赤,后面的谈判就很难顺利地进行,甚至会形成开局即僵局的局面。

②用何种方式提出方案。向对方提出方案一般有三种方式:

第一种是提出书面条件,并不准备作口头补充。此方式在两种情况下运用:一是谈判受规则约束,无选择余地。如向政府机构投标,政府机构规定在一定时间内不准与投标者磋商;二是谈判文件以最后通牒方式传给对方,方案中的条件是最终条件,不留还价余地。该方式的优点是内容详细,条件明确,缺点是难以修改,回旋余地小。同时诉诸文字的东西往往较为呆板,缺少"人情味",难以在感情上唤起共鸣。

第二种方式是提出书面文件,并准备作口头补充。这种方式运用得较为普遍。它的优点是:使对方有时间通过文件来研究,也可使己方把文件没有写清的责任和义务表述清楚,这样谈判的时间也会较其他方式短。该方式的缺点是:如果双方提出的条件差距较大,书面方案会起反作用,同时也会暴露自己的动机,使对方加以防范。

第三种方式是不提出书面方案,仅在会晤时口头提出条件。这种方式的优点是:有相当的灵活性,谈判者可根据变化着的情况,随时调整自己的策略;有充分的时间进行回顾和考虑;有利于摸清对方底牌;可充分

利用感情因素,融洽气氛,减少阻力。此方式的缺点是:由于是口头方案,所以对问题的理解容易产生歧义;对方听取口头方案需要一定时间来消化,这会延长谈判时间;容易通过外部表情和动作暴露真实动机;对复杂的问题难以完全表述清楚;易于纠缠枝节问题。

在实际运用各种方式时,要具体情况具体分析。要根据具体谈判对象、谈判内容、谈判场所及己方情况确定选择哪种方式。

4.合适的切入点

以什么角度、从什么问题切入对后面谈判的影响甚大。谈判开始双方一般都不愿把话说绝,也不会马上在重大问题上做出妥协和让步。因此,选择切入点时即要考虑己方的利益又要考虑对方接受的可能性。比如商业谈判中的报价,就要求使己方盈利与报价被接受的可能性之间形成最佳组合。又如在解决国际间军事冲突时,往往将停火、停战作为谈判的切入点,这样双方可以真正坐下来谈。如果一开始就提出过分要求,会使矛盾激化,进而使谈判陷入僵局或破裂。

策略 2 商务谈判价格策略与训练

在目前人们所进行的谈判中,经济谈判或商务谈判占有相当大的比重。而在这种谈判过程中,谈判双方争论的焦点往往都和交易品的价格有着密切的关系。所以,在这种谈判中,谈判的各方一般都绞尽脑汁,施展谋略,力图使谈判获得成功。

那么,在价格方面都有一些什么可采取的策略呢?

1.报价

报价,也叫要价,是价格谈判的第一步。无论是卖主还是买主,在报价问题上往往都比较谨慎。因为第一步迈错了,将对后面的谈判带来极大的不利,甚至招致巨大的损失。

报价的基础是交易品的定价。而定价又是一件非常复杂的事情。一件商品的定价固然首先要计算它的生产成本,但成本仅仅是商品价格的基础,交易者需要考虑到商品质量的高低、商品的利润率,市场供求关系的变化、关税及货币兑换率、消费者的需求和习惯等多种因素才能决定商品的价格。

第四单元　成功谈判策略训练

　　商品定价以后,交易者才能根据定价考虑在谈判中报什么样的价格。但是报价和商品的定价相比又会有一定的差距。这是因为交易者总是希望在交易中获得最大的利润,或者是付出最小的代价。可是,谈判中的报价也应该是能为对方所接受的价格。所以,摸清对方的底细、了解自己的报价会在什么程度上影响谈判的进程是至关重要的。针对不同的对象、根据各种条件的变化决定报价的高低是一个十分重要的问题。开高价还是开低价?

　　1975年12月,欧洲共同体各国首脑在柏林开会。在会议上,英国首相撒切尔夫人向各国首脑提出,英国对欧共体负担的费用支出过高,英国投入了大笔的资金,但是并未获得享有的各项利益。她强硬地坚持自己的主张,并要求将英国负担的费用每年减少10亿英镑。她报的就是一个较高的价格。这时,欧共体的其他各国首脑以为英国也就会减少3亿英镑,所以它们提议可以允许英国减少2.5亿英镑的费用负担,并认为此事可以较为圆满的解决。

　　谁知撒切尔夫人对它们提出的3亿英镑的提议置之不理,毫不退让,坚持一定要削减10亿英镑。谈判一时陷入僵局。

　　其实撒切尔夫人也知道她提出的价格是一个很高的价格,但是她就是要用提高报价的方式来达到自己预期的目标。于是她到处宣传这10亿英镑是英国的钱,并声称如果不同意她的主张,法国和联邦德国将受到更大的损失。

　　经过一系列地会谈、商议,由于英国政府坚持了绝不妥协的立场,欧共体的其他国家终于向英国做出了让步,答应每两年削减8亿英镑,当然遇到不景气的时候每三年减一次。撒切尔夫人取得了谈判的成功。

　　中国建筑承包总公司经理崔光星带着刘开济总工程师来到某国建筑机构国际招标会的会场。招标的项目是数百套高级住宅,可以说是一块很有油水的肥肉。招标人宣布开始报价以后,各国的建筑承包商们就竞相报价,一个比一个低。中国代表开始没有表态,这时一家外国公司把价格几乎压到了最低线,场上安静了下来。再竞争下去承包者几乎没有多少利润可得了。崔光星不慌不忙地站了起来,报出了一个更低的价格。所有在场的人几乎都被惊呆了。而那家报价最低的外国公司经过协商,又一次报价,利润已经为零了。崔经理表示让出项目,不再竞争。而那家公司见中国

103

公司不上当,又连忙表示收回自己的最后报价。最后,中国建筑承包总公司中标。招标方向中国方面询问,为什么报这么低的价,崔经理说,我们到这里来当然也希望赚钱,但绝不仅仅是为了赚钱。我国和贵国同属发展中国家,需要互相帮助。工程能有一点利润对我们来说就够了。如果我们通过合作进一步加深了两国之间的相互了解和友谊,那么,这种利润是无法用金钱来衡量的。

以上两个例子说明,无论是开高价还是开低价,只要谈判方确定的方针是正确的,都可以在谈判中获得成功。

2.还价策略

谈判毕竟是双方或者是多方的讨论过程,报价方的报价并不就是对方一定会接受的价格,所以,谈判的精彩之处往往是在双方的讨价还价的过程中。

如果你是一个买主,在对方为他即将出售的商品报价之后你该怎么做?

有人按照自己的平时购物的经验会说,使劲的砍价,砍得越狠越好。其实这是一种误解。在正规的谈判场合,对方的出价往往也是经过深思熟虑的,单单用压低对方报价的方式来进行还价是不行的。真正的行家需要在对商品市场的行情和对方的意图进行分析的基础上做出自己的还价。

在还价的时候应当采用哪些策略呢?

如果你很想做成这笔买卖,但又不想付出很高的价钱,你就可以采取出低价的策略,故意把价格压得很低,以便使对方感到他的报价是你很难接受的,双方的差距很大,从而迫使对方降低要价。

如果你对对方的报价感到不合理,但是由于对方是经常合作的朋友,你不愿意因为一次不愉快的交易损害双方之间的友谊,那么,你可以以某种理由对对方的报价表示委婉的拒绝,并建议对方换一种方式来进行谈判。对方从你的拒绝中想必一定会了解到你的意图,从而主动提出和解的新建议。

如果对方的报价不是一种商品的价格,或者你对谈判项目的价格是否合理有些拿不准,你就可以采取对商品的价格进行分项计价的方式。用这种方式可以发现对方报价中的虚假成分,从而坚定自己还价的信心。

3.假出价

为了在经济或贸易谈判中获得更多的利益,谈判的一方往往向对方提出异乎寻常的价格,借以排除竞争的对手,形成优势,同时也给对方一

个压力,以致形成一个价格陷阱。由于在竞争的开始阶段就占据了主动的地位,所以,当真正开始交易的时候,出价的一方往往出尔反尔,使交易的另一方受到损失。有时被动的一方出于无奈不得不听任对方的摆布。

国外某人在报纸上刊登广告,表示要以3万美元的价格出售一部名牌汽车。广告登出后引起了不少人的兴趣,好几位买主登门洽谈。可是这些买主之间尽管出现了竞买的局面,但是却都不愿意出比较高的价格,在讨价还价的过程中,有一个买主表示他愿意以2.85万美元的价格买下这辆车并愿意预付500美元的定金。由于他的报价比其他的买主的报价明显得高出许多,卖主也就欣然接受了这个价格并回绝了其他的买主。于是卖主所要做的事就是等那个买主尽快来交付那余下的2.8万美元车款,办理交易手续了。

可是一连过去了好几天,那个买主却一直没有露面。又过了几天,那个买主终于露面了。可是他在电话里说,他感到很遗憾,由于合伙人的反对,他无法与卖主完成购买这辆车的交易了。他还说,他的合伙人不同意这宗交易的原因是经过调查和比较以后认为,这种车在市场上的价格最多也不会超过2.5万美元。尽管他在电话里表示抱歉,但是这个电话对卖主来说是一个沉重的打击。卖主以为此事已成定局,所以不但回绝了其他的买主,甚至连他们的电话号码也都扔掉了。他一直在等待的就是去进行最后的交易。如此一来,他还得重新刊登广告,联系买主……总之,以前的时间和精力全白费了,而最后的结局还很难预料。这时,他才发现他落入了对方的圈套。但是想回头已经为时过晚了。权衡再三,他只好忍痛按对方提出的价格把车卖了出去。

这种用抢先出高价的方式占领市场的方法是一种不道德的欺骗行为,但是它在经济贸易谈判和交易中却并不鲜见。所以从事谈判工作的人员必须对此引起重视。

与此相反的情况也时有发生。有的商人有时是很难对付的。作为卖主,他们通常先报出一个低得出奇的价格,以吸引买主来同他们坐下来谈判。有时买主发现,他们可以以大大低于市场的价格买到他们所需要的东西,于是,他们往往乐于很快成交。但是,等到买的东西到手以后他们却发现,这些东西不是缺了这个就是少了那个,总之许多配套的零配件、附件都有缺少,而没有这些零配件机器就无法运转,买来的东西就是一堆废

铁。你想用别的零件代替都不成,他们的机器只能用他们的零件,于是你只好向他们购买。这时你才发现,这些零配件的价格高得吓人。于是,他们不但把原来低廉的损失补了回来,而且还可能大大超过了一般的盈利。这种策略也令人有受骗上当之感。

策略 3　攻心策略与训练

"攻心"对于谈判的重要性在于它可以从心理上打击对方、动摇对方、争取对方,迫使或诱使对方在谈判中做出有利于己的选择。古今中外辩之有术的人莫不精于此道。三国时,东吴许多文武官员慑于曹操的数十万大军,主张投降。诸葛亮单身赴会,舌战群儒,智激孙权,对他们分析形势,晓以利害,最终确定了孙刘两家联合抗曹的大计。诸葛亮此时就是用的攻心术,他可以说是中国历史上谈判中运用攻心术的典范。

在运用攻心术时,大致要分为两种情况。

第一,双方有可能产生感情共鸣或找到共同的感情基础。在这种情况下,暂时抛开分歧,采用动之以情的策略往往会收到其他方式收不到的效果。

举一例:1985 年江苏仪征化纤公司总经理任传俊在与原联邦德国吉马公司进行索赔谈判中遇到很大阻力。中方提出索赔额为 1100 万马克,对方只认可 300 万马克,双方差距甚远,形成僵局。这时中方提出邀请德方游览扬州。

在大明寺,任传俊总经理满怀感情地介绍说:"这里纪念的是一位为了信仰,六渡扶桑,双目失明的鉴真和尚。今天,中日两国人民都没有忘记他。你们不是常常奇怪日本人的对华投资为什么比较容易吗?那其中很重要的原因就是日本人了解中国人的心理,知道中国人重感情,重友谊。"德方代表听后深为感动。回到谈判桌后,不再坚持己见,双方愉快地达成了协议。这次谈判之所以在山穷水尽之时,又能柳暗花明,关键在于任总经理的话强调了东西文化中共有的重感情和友谊的传统,这在对方心理上引起了共鸣,从而为双方达成谅解创造了有利的心理条件。

在运用"动之以情"这种攻心术时,寻找和确定对方感情的触发点至为重要。如果对对手的个人情况和背景一无所知,就言辞恳切,声情并茂,

往往会无的放矢,起不到"动之以情"的效果。反之,如果对对方的情况和背景较为熟悉,就较容易找到感情的触发点,动之以情的战术才可能有的放矢,收到奇效。科学界曾有这样一件事。诺贝尔奖获得者、美国著名医学家卡雷尔赴欧洲讲学,欧洲有关人士极力劝说他留下来,法国里昂大学专门为他兴建一座研究所,在这种情况下,卡雷尔动心了,准备留下来。这时美国方面还盼着他回去,可是派人劝说一怕来不及,二怕无功而返。还是他的美国同事了解他,他们只给他发了一封短短的电报:"几颗心还活跃在玻璃瓶子里,等候着你归来。"卡雷尔看到这封电报后,第二天就启程返美。为什么一封短短的电报会有如此大的魔力?关键在于这封电报找到了卡雷尔的感情触发点,挠到了他的"痒处"。原来,卡雷尔当时正在研究心脏移植,电报里所说的那"几颗心"是几颗鸡心,是卡雷尔为了试验心脏移植,特意用营养素培养在试验瓶里的。对卡雷尔知之甚深的同事们,知道他不会轻易放弃这项研究,所以就发了这封电报,不费吹灰之力就达到了目的。这件事表明,如果找到了对方的感情触发点,再动之以情,往往会收到事半功倍的效果。

　　当然,谈判中仅以"情"取胜的例子是不多的,大多数情况下还是要与"晓之以理"配合使用。但"感人心话,莫先乎情",动之以情仍然是重要的。它可以为晓之以情发挥作用,创造必要的气氛和感情基础。因此,在可能的情况下,应以"情"作为铺垫,尽量在取得感情共鸣的基础上晓之以理。同时,所说的理,要有根有据,要尽量站在替对方考虑的立场来说话,这样所讲的理才易于被对方接受。这时晓之以理实际也是一种"攻心术"。下面结合一个实例说明此策略的实际应用。

　　广东某玻璃厂厂长率代表团赴美国与欧文斯公司就引进先进的浮法玻璃生产线进行谈判。美中双方在全部引进还是部分引进问题上相持不下。我方坚持部分,美方不予接受。这时我方首席代表开始运用以"情"开路的策略。他首先说:"全世界都知道,欧文斯公司的技术是第一流的,设备是第一流的,产品也是第一流的。如果欧文斯公司能帮助我们广东玻璃厂跃居全国的第一流,那么,全中国人民都会感谢你们。"(这段话有两种作用:一是通过恭维对方来消除其由于谈判不顺利而产生的沮丧情绪;二是消除双方在心理上的对抗,这就为后面的晓之以理作了心理铺垫)我方代表接着又说:"美国方面当然知道,现在意大利、荷兰等几个国家的代

表团正在同我国北方省份的玻璃厂进行引进这种生产线的谈判，如果我们这个谈判因一点点小事而归于失败，那么，不但是对我们广东玻璃厂不利，更重要的是欧文斯公司方面将蒙受巨大损失。这种损失不仅仅是生意上的，更重要的是信誉上的损失"（这段话实际是站在对方的立场上，本着为对方着想的态度，向对方晓以利害，使对方认识到谈判破裂的严重后果）。

最后我方代表说："目前，我们的确资金有困难，不能全部引进，这点务必请美国同事们理解和原谅，并且希望在我们最困难的时候，你们能伸出友谊之手，为我们将来的合作奠定一个良好的基础。"（我方代表以朋友的口吻与对方进行协商，实事求是地说明己方的困难，唤起对方同情，求得对方的谅解）。

这三段话是一部完整的三部曲——以情铺路，以理晓人，诚恳协商，最后双方达成了有利于我方的协议。

第二，谈判双方由于长期对抗、隔阂，感情完全处于对立状态，根本不可能唤起对方的感情共鸣或找到共同的感情基础。此种情况往往出现在为解决政治争端和军事争端而进行的谈判中。这时，动之以情的攻心术就不适用了。

在这种情况下，要在心理战中争取主动，说服对方，"直言利害"是可以考虑的策略之一。例如：20 世纪 60 年代初期，蒋介石集团利用大陆经济困难，公开表示要反攻大陆，并不断派遣武装特务窜扰大陆，企图在东南沿海建立"反共游击走廊"。美国对此也抱着支持的态度。在这种形势下，我方通过中美大使及华沙会谈向美方严正指出："蒋介石窜犯大陆之日，就是中国人民解放台湾之时。"这一声明正中美方要害，在心理上对美方起了极大的震撼作用。因为在当时全球冷战的形势下，台湾不仅是美国遏制中国的砝码，而且是维持太平洋地区战略均衡的重要因素。因此，美国把台湾看作是他们在太平洋上的永不沉没的航空母舰。如果因蒋介石进犯大陆而导致台湾这艘"航空母舰"的沉没，对美国的全球战略利益会是一个沉重打击，这是美国所不愿看到的。因此，美国运用它对台湾的强大影响，阻止了蒋介石的这次冒险行动（当然，我方在军事上的严阵以待也是一个重要因素）。

直言利害的攻心效果在于利用对方趋利避害的本能，向其指出如果

坚持某项主张或采取某种行动所导致的后果（这种后果必须是对方极不愿出现的），从而达到阻止其行动或促使其改变决策的目的。前面所举之例就是如此。

上面虽然谈到"直言利害"这种攻心术在政治、军事谈判中用得较为广泛，但这并不排除在商业问题上运用此策略。当对方傲慢无理，狂妄自大，不可理喻，从感情上无法沟通时，运用"直言利害"的策略，有时会使对方收敛一下，从现实利害的角度来考虑问题，做出较为明智的决策。比如在中美贸易最惠国待遇问题上，美国借口人权问题，屡次威胁要取消对中国的贸易最惠国待遇。我方对此严正指出，最惠国待遇是国与国之间进行正常贸易的基本条件，不是谁对谁的恩赐（这里先打掉对方的傲慢态度）。同时告诫美方，最惠国待遇是中美两国关系的最重要的基石，一旦被破坏，会直接影响整个中美关系。此外，我方进一步指出，一旦取消中国的最惠国待遇，我方将采取相应措施，这对美国经济也会有影响。我方的态度，抓住了两个要害：一是美国在全球性问题上确实需要中国合作，并不希望中美关系全面破裂；二是美国经济正处于复苏阶段，就业问题较为突出，一旦中国采取反复措施，对美国经济也会有一定影响。由于我方应对得当，美国始终没有取消对中国的贸易最惠国待遇，并最终宣布此问题与人权问题脱钩。

实际上，"直言利害"这种攻心术不仅用于重大的谈判场合。它在化解日常工作和生活中的矛盾上，也不失为一种有效的方法。俗话说："旁观者清。"处于事件漩涡中的人，往往无法清醒地判别形势，做出明智决定这时周边人可以从旁观者的角度对其晓以利害，促其清醒，我国战国时期曾有一个"触龙说赵太后"的故事。说的是公元前266年，赵国的惠文王驾崩，孝成王年幼，所以由他的母亲赵太后执政。这时强大的秦国攻来，赵太后只得请齐国出兵救助。齐国提出须将赵太后的小儿子长安君送到齐国作人质。赵太后舍不得儿子，不肯答应，并且对劝诛的大臣们说："谁再敢提出让长安君作人质，我就把唾沫吐在他脸上。"大臣再不敢提此事了。

一天，赵国的左师来见赵太后。他对赵太后说："老臣的脚有毛病，不能走快。我怕太后有什么不舒服，所以非常想见见太后。"

赵太后说："我现在只能靠坐车行走了。"

触龙随后又在起居饮食方面加以问候。待气氛缓和后，接着说："我有

一个儿子,名舒棋,兄弟间排行最小,虽说没有什么才能,可我很怜爱他。我已暮年,请求太后让他充当一名卫士,守卫王宫和太后。"

赵太后问:"你们男人也知道爱怜幼子吗?"

触龙说:"我想比你们女人还厉害吧!"

赵太后笑着说:"还是女人更爱幼子。"

触龙说:"在我看来,太后爱女儿更胜过爱您的儿子长安君。"

赵太后说:"你错了,我还是更爱长安君的。"

触龙说:"父母爱孩子,常常均为他们作长远打算。在您的女儿出嫁燕国之时,您曾流过不少泪,因为她从此远嫁国外,不在身边。以后,又常常想起她,祭祖的时候,总是替她祈祷,希望她不要被送回来,在燕国抚育后代。这难道不是作长远打算,希望燕后有子孙世世代代相继为王吗?"

赵太后说:"左师说得有理。"

触龙又问:"三代以前,上推到赵国建立的时候,赵肃侯的子孙们,今天还有活着的吗?"

赵太后说:"没有。"

触龙说:"那他的子孙的子孙有活着的吗?"

赵太后答:"我好像没听说。"

触龙说:"这就是所谓的为政不善,近者自身遭殃,远者祸及子孙呀!这难道是诸侯及子孙不好吗?我想不是的。主要是他们被封高位却对国无功,拿众多俸禄而于民无劳,贪图珍宝玉器而玩物丧志的缘故。现在您把长安君捧上尊位,并封给他很多肥沃的土地,可是,给他很多珍宝玉器,不如让他为国立功;不然,等将来您百岁之后,长安君凭什么能在赵国占一席之地呢?所以我以为太后对长安君没作长远打算。因此觉得您对他的爱不如对燕后。"

赵太后说:"您说得很有道理。那么,就任凭你指使他吧!"

于是,赵国为长安君准备了百辆车乘,把他送到齐国作人质。齐国的援兵就派出了。

此事中的触龙可谓攻心有术,赵太后因事及最疼爱的儿子,而不能冷静处理。而触龙恰恰利用她疼爱儿子的心理,向其分析目前与长远的利害关系,最终说服了她。

"攻心术"自古以来就在谋略术中居于重要地位,它也确实在各个领

域（包括谈判）发挥了独特作用。但是要运用好这种策略。亦非易事。它要求运用者有丰富的经验，卓越的口才，并且熟知人的心理，这些都需要通过大量的学习和实践才能掌握。

策略 4　欲擒故纵策略与训练

谈判中战胜对手有各种方法。如果对手有备而来而又来势汹汹，精明的谈判者一般都不与对手发生正面的冲突，而是想方设法避开对手的气势。有时，为了战胜对手则使用借劲使劲，诱敌深入的方法麻痹对方，使对方在丧失警惕的情况下中了圈套。人们把这种方法叫做欲擒故纵。

《左传·值公二年》中记载，晋献公想灭掉两个小国——虞国和唬国，但是又怕他们联合起来进行反抗，于是他就派大夫苟息给虞国送去晋国出产的千里马和美玉，并以此作为向虞国借道的代价。虞国的国君不听大夫苟之奇的劝阻，同意接受这些礼物，并允许晋国军队借道虞国去讨伐唬国。晋军很快得胜归来，又顺便灭掉了虞国，千里马和美玉自然又归于晋国。

孟子去见齐宣王，二人谈兴正浓时孟子问齐宣王：假如您有一个臣子，他把妻子和儿女都托付给朋友照顾，自己奉命去了楚国。等他回来时发现，他的妻子、儿女在忍饥挨饿，那么，这个臣子应该如何处理与那个朋友的关系呢？齐宣王说，那就与那个朋友绝交。孟子又问，假如一个身受重任的官吏不能好好地管好他的部下，那么，应该怎么办呢？齐宣王说，那就把他撤职。孟子接着问，假如一个国君不能好好管理国家，那又该怎么办呢？齐宣王听了不知该如何作答，连忙转开了话题。

孟子在这里用的就是欲擒故纵术。他本来是想劝说齐宣王集中精力治理国家，但是又知道这样直说会得罪齐宣王，于是就先和齐宣王谈起别的事情，让齐宣王自己对是非做出判断，最后再对齐宣王点破主题，齐宣王发现中了圈套于是只好"顾左右而言他"了。

阿凡提和国王相遇，国王问阿凡提假如有两样东西摆在你面前，一个是金子，一个是美德，你准备要哪一样呢？阿凡提回答说："我当然要金子呀！"国王得意地说："阿凡提，你真是个见利忘义的小人！要是我我就要选择美德。金钱处处都是，美德却是难得的呀！"阿凡提答道："不错，一个

人想要得到的正是他自己原来最缺少的东西，不是吗？谁缺什么就要什么，我们只是要了各自所缺少的东西呀!"国王于是无言以对。阿凡提对国王所用的答辩方法也是欲擒故纵法。

美国著名教育家卡耐基一次在纽约租用一家饭店的大礼堂办训练班。训练班搬至中途，他得到饭店的通知，要求他付给饭店比原来商定的价格高3倍的租金。他通过别人了解到原来是饭店老板嫌办训练班赚不到钱，想把场地租给其他的人办舞会或晚会以赚取更高的利润。

于是卡耐基找到了饭店经理。他对饭店经理说："如果我处在你的地位，大概也会写出这样的通知。你是此饭店的经理，你的责任就是要使饭店尽可能地多盈利，否则，你的职位就很难保证。这点我非常同情。这个礼堂如果不租给讲课办训练班的而是出租给办舞会的和晚会的，饭店就可获得更大的利润。这些活动为时不长，但租金却很高，所以把礼堂租给我，你显然是吃亏了。"一番话说得饭店经理连连点头。

卡耐基见对方解除了戒备，气氛缓和了，就继续说道;"现在你想让我增加租金，其实结果是收入会降低，因为实际上是你要把我赶跑了。我付不起你所要的租金势必要找别的地点再去举办训练班。可是我这个训练班吸引了成千个有文化的、受过教育的中上层管理人员，他们到你这里来听课，实际上是起了免费给饭店做广告的作用。其实，你即使花上几千块钱在报上登广告也不可能邀请这么多人亲自到你的饭店来参观，可是我做到了，我的训练班做到了。我的训练班给你邀请了这么多的客人，这难道不合算吗？"

听了卡耐基的一席话，饭店经理放弃了增加租金的要求，训练班继续办下去了。

卡耐基在同饭店经理谈判时并没有从正面和他发生冲突，也没有一味指责老板背信弃义撕毁协议。因为那样做，饭店经理一定会找出种种理由来搪塞以至于使双方都无法感到愉快，矛盾只会加剧。卡耐基采取首先用站在饭店的角度来说话的方法迎合经理的心理，使对方放松戒备，然后再陈述毁约会带来的利害关系，终于使饭店经理赞同了卡耐基的意见。这种高明的策略也是很值得学习的

晏子是战国时的齐国人，一次，他奉命出使楚国。楚国人想乘机侮辱他。楚王见晏子个子矮小，就令人关上正门，而让他走边上的小门。晏子来

到门前说："我听说出使到狗国的人才从狗门进出。我是到楚国来的,楚国应当走正门吧?"守门人见难不住他,只好让他从正门进去了。

楚王仍不甘心,他对晏子说："齐国没人了吧,要不怎么叫你来当使者呢?"

晏子见楚王骄横无理,便不卑不亢地答道："齐国的都城很大,人口也很多,人们张开袖子就可以像布幔一样遮住太阳,挥手洒洒汗水就如同下雨一般,街面上人挨人,摩肩接踵怎么能说没人了呢?"

楚王又接着问："既然齐国有那么多人,又怎么派你来楚国呢?"

晏子仍然假作认真地答道："各国派遣使臣要看被派往国的情况。对贤明的君主就派有能耐的人去,对没才干的君主就派没能耐的人去。我是齐国最没能耐的人,所以才被派到楚国来呀!"

楚王听了十分生气但也不便发作。在宴客之间,楚王又派人把一个绑着的盗贼带到面前,故意问道："绑着的是什么人?"侍从答道："他是齐国人,犯的是偷盗罪。"楚王对着晏子又说道："齐国人生来就善于做强盗吗?"

晏子听完后不慌不忙地说："我听说橘树种在淮南能结橘子,但移到淮北就变成枳了。虽然叶子相同但果实却完全不一样了。这原因恐怕就在于淮河两边的水土不同。齐国的老百姓在齐国时从不偷盗,到楚国来却做了强盗,是不是楚国的水土会使老百姓善于偷盗呢?"楚王听了以后张口结舌什么也说不上来。

晏婴在与楚王的交锋中几次使用了欲擒故纵、诱敌深入的策略,令对方引火烧身、自讨苦吃,这种做法实在是谈判中的高明之处。

日本的一休禅师自幼聪慧。有个故事是这样讲述他的聪明的。他的老师有一个非常珍爱的茶杯,是件稀世之宝。一天,一休不小心将这只茶杯打破了,感到非常害怕。恰在这时他听到了老师的脚步声,于是连忙把打破的杯子藏到身后,在老师走到面前时,他忽然问："人为什么要死呢?"他的老师答道："这是很自然的事情,世间的一切事物有生都有死。"这时一休拿出打破的茶杯对老师说："老师,您的茶杯的死期到了。"老师看着破了的茶杯心中恼怒却也不好再发作了。虽说这是儿童的小聪明,但也说明,当你把对手引到已经设好的圈套之中时,对手就只能束手就擒了。

策略5　浑水摸鱼技巧训练

为了掩饰自己的真实目的,谈判者有时故意施放一些烟幕,制造假象,其目的就是趁乱之际达到自己的目的。

一年,东南亚地区的金枪鱼获得丰收,泰国、日本和台湾地区的商人为推销金枪鱼展开了激烈的市场争夺战。一天,泰国商人和台湾商人同时分别接待了两位客商。客人一边称赞卖主的货物质好价廉,一边褒奖货物的包装和运输方式也好,并分别以较高的价格与经销商签订了订货的协议。

台湾商人和泰国商人当然十分高兴。而正当他们在为自己战胜了日本的竞争对手而庆贺的时候,却发现日本商人正在用低于他们的售价的价格在大力倾销大批的金枪鱼。他们急忙去找订货商,但却发现订货人从此一去不返,根本找不到了。直到这时他们才明白,原来日本人假意派人扮作订货商,用假协议稳住他们,制造了一个大力收购的假象,使他们没能及时采取推销措施。这就使日本商人赢得了推销的机会。

美国人当初在要开凿巴拿马运河时也曾和法国进行了一场"摸鱼"大战。当时法国在巴拿马拥有相当可观的资产,有三万英亩土地、巴拿马铁路、两千多幢建筑物以及大量的机械设备、医院等等。法国人也曾在巴拿马开凿运河,但未能成功。当美国人表示要修一条运河时,法国巴拿马运河公司便和美国展开了谈判,当时美国必须付给法国一笔钱来换取在巴拿马开凿并管理运河的权力。需要多少钱呢? 法国人把它的资产估了一下,认为大约值1亿美元,于是开价1.4个亿。美国人则想尽量省钱,答应只出0.2个亿。经过多次地讨价还价,双方分别出价是卖方1亿,买方0.3亿。眼看谈判陷入僵局。

这时美国人出来发表了一份声明,说是他们想另外一个地方挖运河,地点就选在尼加拉瓜。并且对此大肆宣传,连国会里许多议员也纷纷表示支持在尼加拉瓜修运河。

法国人知道开凿一条连接太平洋和大西洋的运河对美国具有重要的意义,同时也考虑到美国可能以提出另一方案的方式来与之竞争。因此,法国人也散布舆论,说法国正在与英国、俄国进行谈判,以通过吸收两国贷款的方式继续开凿巴拿马运河。双方互放烟幕都力图把水搅浑。

但是，过了一段时间，法国人沉不住气了。因为他们获得了一份美国——专门委员会给总统的秘密报告。报告一方面赞美了修巴拿马运河的好处和优越性，但同时又认为法国公司开价太高，继续这一方案花费太大，不如实施尼加拉瓜方案。法国人由此丧失了信心。就在这时法国这家公司出了内乱，总经理辞职不干了，公司的股东们乱成一团，最后竟认为只要把巴拿马的财产卖掉，什么价都行。于是一夜间法国的报价跌到 0.4 亿元，大大超出了美国的想像，美国人最终如愿以偿。

1980 年，举世瞩目的奥运会在莫斯科举行。如何利用这个机会赚上一笔钱？奥运组委会的官员们打起了出售电视转播权的主意。此前电视转播的最高价格是 1976 年美国广播公司购买的加拿大蒙特利尔奥运会转播权，当时美国人花了二千二百万美元。这次怎么样？

早在 1976 年蒙特利尔奥运会开会期间，莫斯科奥运组委会的官员就邀请美国三大电视网的负责人到一艘豪华游船上做客。前苏联的代表同三家电视公司的代表分别单独接触，报出了二万一千万美元现金的高价。这个价格比历史上最高的奥运电视转播权售价高出差不多 9 倍。这一闷棍足以使三大电视公司的人陷入了晕头转向的地步。他们在压制愤怒之余对此不置可否，而前苏联代表也并非就是要坚持这个价格。

过了一段时间，3 家电视公司的代表又被请到莫斯科，前苏联人让 3 个美国公司自己报价，结果 3 家竞争报价，其中报价最高的是美国国家广播公司，报价 7300 万美元。竞争似乎有了结局。但这时另一家美国公司哥伦比亚广播公司又请来一位中间人从中协调并表示愿意出更高的价钱。这样一来，人们又普遍看好歌伦比亚广播公司了。可是，莫斯科奥运会组委会的人并没有就此止步，他又宣布了新一轮的报价。3 家广播公司又一次陷入了迷茫之中。直到这一年最后期限，组委会官员却宣布给 3 家公司最后一次报价的机会。这回三家公司的代表真给激怒了，他们表示不谈了。

但如果真是这样这戏就无法向下唱了，于是组委会宣布已经把转播权出售给一家名不见经传的美国小广播公司，这种荒唐的做法一来使人感到不可思议，同时也激起其他公司的欲望。这家小公司未必能够承担此任，还有可能获得竞争的胜利。与此同时，组委会又请职业中间人再次与美国三大广播公司进行接触，使他们重回谈判场。最后，美国国家广播公

司以 8700 万美元的高价买下了 1980 年奥运会的转播权。这个价格是 1976 年蒙特利尔奥运会转播权售价的 4 倍,并且大大超出了组委会原先预计的六千多万元的设想。

莫斯科奥运会组委会的谈判高手就是用这种方式最终取得了预期的结果。应该说,他们的策略应用得是很成功的。

策略 6　临危不惧策略与训练

谈判并不全是坦途,谈判者有时不得不面临对自己非常危险的、不利的局面。在这种情形下对谈判者的勇敢和智慧都是严峻的考验。

《史记·廉颇蔺相如列传》记载,赵惠王得到楚国一块美玉——和氏璧。秦昭王听说后,派人到赵国说,秦国愿以 15 座城池来交换这块玉。赵王急召群臣商议,群臣都认为,秦王其实并无诚意,把玉给了秦国,城池换不来;而不把玉给秦国,又怕秦王借口兴兵,赵国力不能支。但是如何回答秦国的使节,又有什么人可以完成以玉璧换城池的谈判任务呢?有人推荐蔺相如。赵王连忙召见蔺相如,问他道,秦王派人来表示愿以历座城池来换我的和氏璧,我能不能给他?蔺相如说,目前秦国强大而赵国弱小,不能不给。赵王又问,如果秦王拿走了我的美玉却不给我城池,那我该怎么办?蔺相如回答说,秦王以城池相许而求一块美玉,赵国若不答应,是赵国无理;但是如果赵国把璧给了秦国,秦国却不给赵国城池,那就是秦国无理了。如此看来,不如把玉给秦国而让秦国输理才是上策。赵王又问,谁能承担此任?蔺相如答道,大王若无人可选,我愿携玉入秦。到时,城池归到赵国了,和氏璧就送给秦王,如果秦国不给城池,我将把美玉带回来。赵王于是派蔺相如出使西秦。

蔺相如到秦国被秦王召见时献上美玉。秦王看了爱不释手,还把它传给周围的臣妃嫔们观看。蔺相如看秦王没有给赵国城池的意思,于是假意上前说道,这块玉上有一个小班点,大王不知看到没有?如果没看到,我指给您看。秦王把玉还给蔺相如。相如抱着和氏璧倒退几步来到一根柱子前,怒视秦王道:大王想得到这块美玉,曾派使节到赵国表示愿以城池相交换。当时赵王召集群臣商议,大家都说,秦王恃其强大以空话骗人,赵国不可能得到他应许的城池,不愿把玉送到秦国。但是,我认为老百姓在交

往中还讲信誉,不相欺骗,何况一个强大的国家呢?且因为一块美玉伤了秦国对赵国的友情是不可取的,所以才说服赵王。赵王特意斋戒5天,派我专门把和氏璧送到秦王面前。这充分表现了我们对秦国这样一个大国的尊敬。但是今天我来到这里,发现大王并没有选择一个庄重的场合,并且得到美玉后给妃嫔们传看,这分明是对使者的戏弄和不尊重。我看大王并没有把城池偿还赵国的意思,所以把和氏璧取回。您若把我逼急了,我今天就与这块美玉一起撞碎在这根柱子上。说罢做出欲撞之姿态。秦王恐玉碎,急忙打圆场,让人拿来地图,在图上一指说,你看,这往北的15座城池都给赵国。蔺相如见秦王此举实乃虚伪之作,就又说道,这块和氏璧乃天下共知的宝物,赵王在送宝前曾斋戒5天,如今大王要得此宝也应斋戒5天,设正式的典礼仪式才好。秦王考虑以后认为实在不好强夺,于是接受了蔺相如的建议,把蔺相如送到驿站休息。蔺相如猜度秦王虽答应斋戒但绝不可能以城池交换,于是回到驿站后就秘密派人把私氏璧偷偷送回赵国。5天后秦王斋戒完毕设隆重典礼,差人召来蔺相如。蔺相如到场后说,秦自缪公以来20多个君主都没有一个严于律己、说话算数的,我怕大王您也会食言而使我有负于赵王,所以已派人将和氏璧送回国内。今秦强赵弱,大王派一个使节到赵国,赵王立即捧璧前来,秦王若先割让15个城池给赵国。赵国哪里敢把美玉留下而得罪大王呢!我自知犯欺君之罪当斩,请您立刻就处死我吧。秦王与群臣个个面面相觑。一些人准备把蔺相如立即处死,秦王说道,今天就是杀了蔺相如也得不到美玉,而且还会绝了秦赵之好,不如以礼待之,让他回赵国去。我认为赵国也不会以一块玉石而故意羞辱秦国。于是在完成接见仪式后让蔺相如回国去了。秦国没给赵国城池,赵国最终也没把和氏璧给予秦国。

这个完璧归赵的故事足以说明蔺相如在危急时刻是如何力挽狂澜,机智勇敢地战胜比自己更强大的对手的。

公元1901年3月24日,清朝驻俄公使杨儒冒着雪来到俄国京城彼得堡,他将与沙俄就收回我国东北领土问题进行谈判。

谈判是在不利的形势下进行的。就在半年以前八国联军侵略中国。沙俄不但派兵参加了联军而且还出动17万军队占领了我国的东北三省,并企图使这种占领合法化、固定化。在这种情况下要想让沙俄归还东北难度可想而知。

双方刚刚坐定,俄国财政大臣维特就递给杨儒一份已草拟好的《奉天交地暂且章程》,并声称中国官员周冕已在上面签字。这个周冕是半年前慈禧和光绪逃出北京后由已遭软禁的盛京将军增棋委派的己革道员,是被迫到旅顺去进行"谈判"的。他一到旅顺就被带到已准备好的《章程》面前,迫于沙俄帝国主义的压力,不得已在章程上签了字。

看到这个《章程》中规定的沙俄在沈阳派驻总管,遣散在沈阳的中国军队、拆毁沈阳的清军炮台、火药库,俄军的给养由清朝方面供给等条款,杨儒气愤至极,他说这样的章程中国断难接受!维特则得意地说,这上面已有中国官员的签字,你只要把它上报朝廷就是了。杨儒则严正指出,周冕早已被撤职,他无权在章程上签字。而且他签字的事朝廷事先并不知道。所以,这个章程根本没有法律效力。

谈判桌上唇枪舌剑几经争议,杨儒立场坚定,绝不后退半分,最后维特不得不宣布这个章程姑且作罢。

谈判进入第二轮,沙俄方面又提出新的条款,并声称细节可商,大旨难改。杨儒则抱定为祖国利益不退半步的宗旨,对俄方提出的条款逐一加以批驳,对沙俄的恫吓毫不畏惧。

沙俄政府在无奈之计又抛出新的条款,并声称此条约已经俄国沙皇批准,即为定稿。中国方面必须在15天内签字,否则俄国将不再与中国谈判,一切后果由中国谈判代表负责。显然,他们想以谈判破裂为威胁手段迫使杨儒签字。

杨儒发现此条约仍然没有改变沙俄占领我国东北的企图,因此再次据理力争,要求就条约内容进行细致谈判。沙俄为压杨儒,一方面寻找借口拒不谈判,另一方面退回清朝皇帝写给沙皇的亲笔信以示威胁。而这时,国内主降派李鸿章等人又打电报给杨儒,要他立即在条约上签字,逃亡在外的清王朝政府要杨儒自己定夺。方方面面的压力都集中到杨儒身上。好在同时杨儒也收到国内外一些人士,官员的电报希望他拒绝签字,这些正义的呼声鼓舞杨儒同沙俄进行艰难的抗争。

沙俄代表维特明白,当时签不签字关键在杨儒,于是又施出劝降的手法。他对杨儒说,李鸿章都同意签字了,你为什么还不签呢?杨儒说,没有朝廷的正式命令我个人怎能做主?况且如果我签了字而朝廷不承认,条约还不是废纸一张?维特马上说,如果你现在签了字,日后朝廷不许,条约再

作废不就完了？杨儒立即回击道,私自签字的罪名我可担不起,我可只有一个脑袋。维特以为杨儒怕朝廷怪罪忙说,如果将来清政府欲加罪于与俄国订约之人,俄国当给予保护。杨儒立即愤怒地反击:我堂堂正正的中国外交官怎能求俄国的保护!锤馏之词掷地有声。维特被驳得哑口无言。

在沙俄限定日期到来的前一天,杨儒再次要求俄方重新谈判,俄方则进一步威胁说不签字画押就不再谈判。

直到限期的最后一天,清政府才在国内爱国志士的抗议及考虑到其他列强的态度的双重因素作用下发出了不在条约上签字的明确答复。杨儒遂将此决定立即送交俄外交部,表明中国的严正立场。

杨儒在彼得堡与沙俄交锋,他不畏强暴,临危不惧,威武不屈,终于使沙俄企图吞并我国东三省的阴谋破了产,维护了祖国领土的完整。他的所作所为也在启示后人,在貌似强大的谈判对手面前,要敢于斗争、善于斗争,立场坚定,毫不动摇。只有这样才能摆脱不利的局面,取得谈判的成功。

策略 7　背水一战策略与训练

当年韩信带领他的乌合之众利用"背水之战"的战略,破兵家之大忌,出其不意地取得了战争的胜利。这就是用险之计。

用险,也是谋略的一种。

杭州有一个汽车万向节厂。该厂当年曾一度陷入困境,产品质量不合格,产品积压。就在这时,全国机械行业为了提高质量,整顿生产秩序又要实行定点生产的措施。当时同行业里面大厂、名家如林,这个小厂眼看就濒临绝境。厂长急得日夜茶不思、饭不香。如果不能成为定点厂,这个厂就要被淘汰。经过反复思考,鲁冠球决定背水一战,他向各界宣布,他们厂将把积压在库房的价值数十万元的不合格产品当做废品卖掉。

这一举动一下子惊动了厂子内外的上上下下。厂里的职工有的赞成,有的反对,社会上一时也闹得褒贬不一,沸沸扬扬。新闻部门采访,上级部门过问,甚至机械部里均来人查看究竟。而这却正中了鲁冠球的下怀。他拿出自己的设想、规划和管理方案让全厂讨论,并请上级部门监督,他拿出经过整顿以后生产的合格产品向同行及客户展示。厂里工人经过讨论

也明白了质量是企业生存的根本的道理，从此自觉提高产品质量。就这样，一个名不见经传的小厂，由于采取了出人意料的举动一下子取得了舆论的支持和上级的信任，工厂也因此被选为定点生产厂。

此后，鲁冠球实行严格管理，苦心经营，金戈铁马打天下，终于使该厂成为我国汽车行业万向节的重点生产厂家，产品也打进了国际市场。鲁冠球的这着险棋终于走活了。

背水一战需要勇气，也要有耐心，下面的例子不知能否给您以启发。

在一个比利时画廊里，一位美国画商看中了一个印度人手中的几幅画，两人就价格问题展开了谈判。

印度人对每幅画的出价一般在 10～100 美元之间，但是唯独美国画商看中的几幅画他坚持每幅要 250 美元。美国画商相中了 3 幅画，希望印度人能降低价格，印度人看中了美国人爱画如命，说什么也不肯降价，并且动手把其中的一幅画烧了。美国画商见了非常心痛，但还是不肯出 250 美元一幅来买这两幅画。于是印度人又把剩下的两幅画中的一幅画也烧了。这时美国人慌了，连忙求他别再烧第三幅，他宁愿出 500 美元买下这最后的一幅画。

例子中这位印度人谈判的方式可谓是令人叫绝。他把自己，同时也把他的对手推向危险的边缘：要买就买，再不买就没有了。这"东西"的质量就是好，我宁肯烧了它也不能降低它的价格。

策略 8 妥协的策略与训练

就谈判来讲，妥协是皆大欢喜结局的必要条件，而且这种妥协还应是双方做出的，单方面的妥协常常是屈从，很难令人满意(当然，问题不能绝对化，满意是相对而言的，因而有时单方面妥协，也会达到一定的满意)。因此，谈判人员要学会妥协，不但自己要会妥协，而且要学会促使或迫使对方做出妥协。在这方面存在着许多值得注意的问题、值得学会的艺术、值得参考的案例。

1.不打无准备之仗

这是取得谈判成果的先决条件。从谈判双方的讨价还价看，价讨到什么程度，还到什么程度，对协议的达成(妥协的结果)至关重要。而要在

这方面做得恰到好处,则取决于对各方情况了解的详备程度。信口开河是谈判之大忌,它会暴露自己的无知和弱点,给对方以可乘之机,可攻之处。同时,谈判前无准备或准备不足,也会在对方的攻势面前手足无措,被动挨打。因此,谈判前要尽量了解对手及其他有关情况,要不厌其烦,在重大谈判前尤其要如此。这样做的根本目的是尽可能增加谈判的筹码,因为筹码是讨价还价的资本,是促成妥协的基本因素。筹码多,在谈判中就不会为对方所左右,就会使己方进退自如、游刃有余,就会有利于双方的妥协和协议的达成。

我国某冶金公司要向美国购买一套先进的组合炉,派高级工程师俞存安与美国方面谈判。俞工程师有着丰富的经验,他深知掌握有关情况的重要性。因此,他充分运用自己渊博的专业知识,查找了大量有关冶炼组合炉的资料,花了很大的精力对国际市场上组合炉的行情及美国这家公司的历史和现状、经营情况等调查得一清二楚。在经过此番准备后,他便满怀信心地开始与美方的谈判。

谈判伊始,美方就开价150万美元。此时,俞工程师运用自己掌握的国际市场资料,列举各国成交价格,与美方展开了砍价战,终于以80万美元达成协议。在谈判购买冶炼自动设备时,美方开始报价230万美元,经过讨价还价压到130万,俞工程师仍不为所动,坚持出价100万美元。美方有意摆出最后的姿态,表示不愿谈了,他们把合同往俞工程师面前一扔说:"我们做了这么大的让步,贵公司仍不能合作,看来你们没诚意。这笔生意就算了,明天我们回国了。"俞工程师微微一笑,把手一伸,做了一个优雅的请的动作。

眼看着美国商人走了,冶金公司的其他人真有点着急了,甚至埋怨老俞不该那么寸步不让。俞工程师胸有成竹地说:"放心吧,他们会回来的。同样的设备,去年他们卖给法国只卖95万美元。国际市场上这种设备价格100万美元是正常的。"

果然,不出俞工程师所料,一星期后美国商人又自动回来了。俞工程师开诚布公地点明了他们与法国的成交价格,美商暗暗吃惊,他们没想到中方对情况掌握做了如指掌,于是不敢再耍花招,只得说:"现在物价上涨得厉害,比不得去年。"俞工程师说:"每年物价上涨指数没超过6%,一年时间,你们算算,该涨多少?"美国商人被问哑了,在大量材料和事实面前,

美方不得不妥协,最终以 101 万美元达成了这笔交易。

此次谈判美方最后之所以做出妥协,关键在于我方事先准备好了大量准确的资料。试想,如果没有这些资料,美方绝不会在合理的价格上妥协,我方很可能屈从于美方中止谈判的压力,做出不必要的妥协和让步,从而蒙受很大损失。这些材料实际就起到筹码的作用。有些关于谈判的书刊,比较偏重于技巧的介绍,这本身并没错,但必须明白,筹码之于技巧犹如枪械之于射手。再好的射手如果手中无枪,也是英雄无用武之地。同样,无筹码可用的技巧也只能是无源之水、无本之木。而这种筹码,一方面是本身客观具有的实力筹码,另一方面就是通过对大量资料的搜集、整理、分析、确认而得到的情报筹码。前一种筹码是客观存在,后一种筹码则要靠丰富的经验和主观的努力才能得到。

2.确定妥协的启动点与终结点

谈判达成的最终妥协,往往是通过一系列的小让步、小妥协达到的,一步到位的让步、妥协是很罕见的。因此,谈判者应在充分掌握可靠情报的基础上,合理确定妥协的启动点和终结点。所谓启动点主要指妥协从哪个方面开始及首次让步的程度。较为重大的谈判(尤其是商业谈判)一般都包含多方面内容,因此,全面协议的达成要有赖于各个内容的逐项突破。这种突破口或者说最初妥协点,选择在哪里,对双方来说都是很重要的。一般来说,妥协点的选择应本着先易后难的原则,尽可能争先取得一些小成果,这有利于增强双方的信心,为后面的谈判创造气氛。当然,也不排除在可能情况下,在重大的关键问题上先做出妥协,使其他较为次要的问题迎刃而解。

在确定了妥协从哪个方面开始之后,就要考虑首次妥协或让步的程度。第一次让步到什么程度,对以后谈判影响甚大。让步过小,对方可能认为你没有诚意,从而失去信心和耐心。让步过大,后面的谈判就很少有回旋余地,从而导致被动的局面。因此,确定首次让步程度要慎重,要在充分利用情报的基础上,分析对方接受己方让步的可能性及对方做出相应让步的程度和可能性。在难于做出判断的情况下可结合妥协点的选择加以迂回。如某厂与一公司进行价格谈判,卖方逼着买方还价。当时卖方报价从 1.2 亿法郎,降到 9.8 千万法郎。买方认为还总价的时机不成熟,因为对情况并不完全摸底。这时,买方选择了分项还价的办法。即把设备、备件、

材料、专有技术费、资料费、培训费、技术指导费分别给价,但没有合计总数。实际计算结果,第一次还的总价为 4.85 千万法郎,结果卖方没有走,还是留下来认真谈判。从这个例子可以看出,当程度不好确定时,可采取迂回的办法。本案例中还价幅度不好确定,就在妥协点的选择上做文章,用分项还价的办法来应付,自己不汇总,让卖方汇总,无论结果如何均不由买方说出总价。而且,计算公式是对方给的,这样在买方让步很小的情况下(只还 4.85 千万法郎),卖方也无法指责买方"不讲理"。

　　所谓妥协的终结点可以理解为谈判的最低目标。谈判一般都有最高和最低目标之分,谈判者总是力求最高目标,同时也要准备固守最低目标,不再做任何妥协和让步。根据具体情况,恰当确立妥协的终结点,会使谈判人员心中有底,避免过分让步造成的损失,同时也可遏制对方得寸进尺的心态。这种妥协终结点确立的基本原则应是有失必有得(有失无得的谈判,属非正常情况)。如果仅失不得,就意味着不可再退,妥协到此为止。第一次世界大战后,美日两国在华盛顿会议上的谈判就是一个明显的例子。华盛顿会议召开于 1921 年 7 月,主要是召集有关国家讨论限制海军军备及太平洋和远东问题。当时美日两国在太平洋和远东争夺很激烈。日本当时在太平洋拥有许多海军基地,南自我国的台湾起,经琉球群岛和日本本土,至北面的南库页岛止。此外,日本尚有太平洋上的许多岛屿作为其前哨,这使日本在太平洋具有相当稳固的战略地位。同时,日本还在扩充海军力量。而实际上,当时美国的国力使它具有远大于日本的造舰能力。因此,日本方面确定了以军舰换基地的妥协终结点。在谈判中,日本首先反对美国提出的美、英、日主力舰10∶10∶6 的比例,而坚持10∶10∶7 的比例。美国威胁说,要是日本坚持下去,那么,日本造一艘军舰,美国就造四艘军舰。这是日本当时的力量所不及的,于是日本做了最后的让步,但它也争得了美国的一项让步:禁止在距离日本 5000～6000 公里以内建筑海军基地。这实际剥夺了美国在菲律宾、关岛和阿留申建筑海军基地的权利,有利于日本舰队称霸亚洲海洋。这样虽然日本在军舰方面受到了限制,但在基地方面得了回报。这种成果,与日本恰当选择了妥协终结点不无关系。它先争取提高军舰比例(这是最高目标),当看到无法达到时,就进一步退让,直至最后达到终结妥协点,使自己在亚洲的基本利益未受触动。

3.妥协的步骤

妥协的启动点和终结点确定之后，还存在妥协的分步问题。一般来说,谈判中妥协都是分步做出的,这在商业谈判中表现得较为典型。分步妥协的作用主要有两方面:一是形成一个双方互相推测,互相判断的过程,为双方最终达成协议创造条件。因为,再有能力的谈判者也不可能对对手将要采取的步骤判断得十分准确,只能逐步试探,这种试探就要通过分步妥协的方式来实现。二是希望取得较理想的谈判成果。如果第一步妥协为对方接受,就不用第二次让步;如果第二步被接受,就不需要第三次。总之,步步为营总是比只设一道防线好。

至于谈判中分几步妥协,并无一定之规,主要视谈判客体的情况而定。比如商业谈判中,对于比较大的项目和交易,买卖双方都得小心,因此,步子要小,台阶要多。但对于较小的项目和交易,水分不大,所以台阶不宜过多,以免浪费时间,丧失时机。如果小买卖,对方水分也很大,也可用多台阶去挤。总之要不拘一格。

此外,在商业谈判中设多少台阶,除前面提到的依谈判客体而定外,还要有买方和卖方之分。一般讲,卖方总有两三个台阶可让,每一台阶大小要视交易而定,一般相当于报价 5% ~ 10%。或者把各价格成分,分先后几次来调,以制造"台阶",保护价格水平。买方还价的档次一般也依交易额而定。

谈判从某种角度看,是双方互挤的过程,最终挤到一起,既然如此,就要一步步挤,因此,谈判中不分步骤,不留台阶是很难行得通的。这一点应为谈判者所重视。

4.正确选择妥协的时机

明朝有一个名叫刘清斋的知县,他上任伊始,雷厉风行。并为此而得罪了一个姓刁的衙役。半年后,刘知县的官印忽然不见了,他和师爷分析的结果认为,是那位刁衙役偷了,以报复刘知县。但怎样要回来呢?硬逼不成,万一逼急了,他把官印毁了,刘知县岂不要丢官舍命?

那位师爷沉思良久,想出一条妙计。他对刘知县说:"我有办法,不过您得装病 3 天,不办公事,不发公文,一切用得着县印的事都停办,并且绝不可走漏消息。"

刘知县一听能拿回官印,欣然应允了师爷的要求,3 天过去了,就在第

3天的后半夜，县衙里忽然失火。一时间百姓和衙役都纷纷前来救火。师爷在衙门口吩咐，百姓只管在外取水，衙役在里面灭火。刁衙役自然也来了，正当他和大家一起救火时，刘县令当着众人对他喊道："现在衙门里很乱，我怕官印丢失。你不要救火了，快将此印拿回家好生保管，待灭了火后再交还。"说着将封好的印盒交给刁衙役。刁衙役吃惊地接过来，感觉是空盒，刚要当众验看，刘知县却不知去向，刁衙役始知中计，只好拿着空盒回家。

待火灭后，刁衙役交回的印盒里果然放着印。此计成功的原因在于善于选择时机。如在平时，接印人肯定会稳稳当当验印，授印人也不可能转身就溜。而着火这种紧急时刻就不一样了，人心惶惶，不及细想，师爷选这个时机，目的是使接印之事有目共睹，成为事实。而且使刁某发现上当也无可奈何，刘知县走了，又不敢擅揭封条，交回时又必须有印，他只好将印原物奉还了。

这个故事反映了一个普遍的规律，即无论是排除谈判障碍，克服工作困难，还是化解日常矛盾，都存在一个时机选择问题。时机选得恰当有利于问题的解决，甚而达到事半功倍的效果。时机不当或错失良机，会使问题更难解决，甚而无法解决。

就谈判本身而言，正确选择妥协时机的重要作用，首先在于可使谈判者少受损失或不受损失。谈判时，不该妥协时妥协，肯定要受损失。而该妥协时不妥协，也会受损失，甚至损失更大。这一点常常被忽视，因为谈判者总是希望争取尽可能大的利益，此时如果判断失误，错失妥协之良机，常常会招致更大的损失。此种教训并不鲜见。

例如：1917年十月革命以后，俄国与德国在布列斯特开始缔结和约谈判。俄方建议缔结不割地，不赔款的和约。德国则要求占有被德军占领的俄国西部的大片领土。列宁考虑到旧军队已经瓦解，新军队刚刚建立，国家和人民需要休养生息，所以他主张忍痛妥协，签订和约。但他的主张受到党内、党外的强烈反对。党中央多次讨论此问题，在列宁反复阐明利害后，中央做出如下决议：尽量拖延谈判，一旦德方提出最后通牒，就必须签订和约。1918年2月9日德方果然提出最后通牒。10日，列宁在给和谈代表团团长托洛茨基的专电中指示立刻签约，但托洛茨基违背指示，拒签和约。这样，德军发动了全线的进攻，几天之内德军就占领了大片领土，逼

近彼得格勒莫斯科,苏维埃政权危在旦夕。23 日,德国向俄方提出了新的最后通牒,要求占领更多的领土,并索取 60 亿卢布的赔款,作为和平条件。列宁建议立即接受条件,党内的"左派共产主义者"这时仍然反对,但党中央大多数委员赞成列宁的提议,立即签约。3 月 3 日,对德和约在布列斯特签订。

由于党内外势力的阻挠,俄国错过了妥协的恰当时机,结果招致了更大的损失。此类情况的出现并不局限于重大国际问题的谈判,在一般商业谈判中,也要加以注意。因为市场变化是较为频繁的,比如供应量、需求量、价格等都是变量,如果不考虑这些因素,在谈判中一味坚持某些利益,一旦市场状态发生较大变化,很可能错失良机。

至于怎样才能恰当选择妥协时机,并没有现成的模式,还是要具体情况具体对待。但是也存在一个一般的原则,即在己方目标基本达到或能得到保证时,可以考虑妥协问题。在此情况下,即使让利于对方也无关宏旨,这就像在农贸市场买菜,当价格、质量、数量基本敲定后,价格、数量稍让一点也是可以接受的。当然,在情况不利时,及时、果断做出较大妥协也是必要的,前面俄德谈判的例子就是前车之鉴。

策略 9　犹太人的谈判策略

犹太人的历史可以追溯到 5000 年以前,而他们那以谈判著称的传统也像这古老的历史一样悠久。《圣经》是犹太人信仰的源泉,而这本圣书中记载的历史却说明它是人类与上帝之间的契约。

这里最典型的例子是亚伯拉罕与上帝的谈判。亚伯拉罕是诺亚的第十代子孙,是犹太人的民族领袖。一次,上帝发现有两座城里的人违背了他的教谕,便打算以毁灭这两座城市作为对破坏契约的惩罚。亚伯拉罕知道后,为了维护他的平民,勇敢地站出来同上帝进行了一场精彩的谈判。

他谦恭地问上帝,如果这两座城里有 50 名正直的人,难道上帝应当连他们一起毁灭吗?为什么他们应当因为别人行恶而遭毁灭而不是相反——由于有这 50 名正直的人而赦免、宽恕其他的人呢?

上帝做出了让步,答应说,如果这两座城里有 50 名正直的人就不毁

灭这两座城市。

亚伯拉罕继续问上帝，如果仅仅由于缺少 5 个人不能凑足 50 人，这两座城市也要遭毁灭吗？

上帝进一步让步，应允如果城里有 45 个正直的人就可以不予毁灭。

亚伯拉罕并不就此为止，他进一步问道，如果只有 40 人呢？

就这样，亚伯拉罕与上帝谈判不断延续，毫不退缩地进行讨价还价。30 人怎么样？20 人行不行？难道把拥有正直的人的城市全部毁灭是符合正义的吗？他不断地问着上帝，说服着上帝。最后上帝答应，如果在这两座城市中能找出 10 个正直的人他就不毁灭这两座城市。

当然遗憾的是亚伯拉罕的努力竟化作泡影，这两座城市里居然找不出 10 位正直的人，于是上帝从天上降下大火与硫磺，毁灭了这两座城市。但是亚伯拉罕与上帝的谈判却成为了圣经中的经典。

连上帝都可以作为谈判的对手，面对上帝的惩罚而敢于据理力争，犹太人的谈判勇气由此可见一斑。

在中国历史上敢于和权贵们进行谈判的也不乏其人。战国时代，楚平王的太子建娶秦哀公之长妹孟赢为妻。当孟氏被迎娶回来后，楚平王却因见孟乃绝代佳人而生染指之意。大臣弗无极则极力出主意让楚平王用瞒天过海之计将孟氏娶到宫中，并从孟氏的随从中找出一个使女去替孟氏和太子建成亲。事成之后，楚平王和弗无极总怕事情败露就又派太子镇守城父，并命奋扬保护太子。临行时楚平王嘱咐奋扬:要像服侍楚平王那样对待太子。再后来，孟赢生了儿子，平王甚喜，欲立其为太子，但现又有原太子在,不便操作。这时大臣弗无极又出来造谣说太子建勾结齐晋两国，想兴兵造反。平王相信谗言，密令奋扬杀太子，并说"杀太子受上赏，纵太子当死"。奋扬得密令后却毅然放太子逃逸，然后自缚其身来见平王。

平王见状不解，奋扬说，太子逃跑了，我特向陛下请罪。平王说，杀太子是我亲口对你说的，话出我口，入你耳，没有别人知道，谁告诉他的呢？奋扬说，是我把实情告诉他的。楚平王气得暴跳如雷，恨不得立刻杀了奋扬，对他厉声喝道，你既然私自放走了太子，怎么又敢再来见我，难道你不怕惩罚吗？奋扬申辩说:当初我去城父送太子，大王命我像对待您一样对待太子，根据您的意思，我救太子如救大王您一样，这又有什么罪呢？如果大王因为我没听从您后来的命令，因此而杀我，我为救太子而挨杀，死而

光荣,又有什么可怕呢?何况太子本来并无谋反之意,我又没有屈杀无罪之人,即使我被无罪而杀,但死不愧心,又怕什么呢?太子无罪而逃生,比我活下来更重要,为他而死,死了也心甘。奋扬的这一篇辩护词深深打动了楚平王。平王说,奋扬虽然没有完成我交给的任务,但是他的忠诚正直却值得嘉奖。于是他赦免了奋扬。

这个故事说明了在身处险境之时,人们亦可通过谈判来挽救自己的不利局面。

策略10 获取信息的策略与训练

当今的社会是一个信息社会。信息对于谈判者而言是非常重要的。利用信息人们可以在谈判中获得主动,可以及时调整和修改谈判的策略和方法,可以迷惑自己的对手,可以改善谈判的气氛,可以争取取胜的机会……

1.知己知彼、掌握信息

谈判是一场不用武器的战争,是一种智慧的交锋,是对人们的知识、能力及智慧的挑战,谈判的双方既是朋友,又是对手。大家在为了各自的利益和需要展开较量,有时是和风细雨、推杯换盏、相敬如宾,有时是唇枪舌剑、你争我夺、各不相让,为了在这种没有硝烟的战场上取得胜利,对手们都设法在谈判开始以前了解自己的对手,以求有备而来,争取得胜。

古人云,知己知彼,百战不殆。此话的意思是说,为了取得在某件事情上的成功,一个好的指挥员、一个聪明的拳手应该既了解自己又了解自己的对手,要在谈判开始以前就做好充分的准备工作。前任美国总统福特在日本访问时,有一天游览东京的二条城,在无意间问起大政奉还是公元哪一年,陪同的日本导游小姐一时竟然答不上来,而随行的基辛格却立即从旁边插嘴答道:"1867年。"对一个连日本人都答不上来的问题,为什么基辛格倒那么熟悉?其实答案很简单,因为基辛格在来日本之前为了备不时之需已经做了大量的准备工作,阅读了大量的有关资料。试想一个连无足轻重的小问题都能应付自如的国务卿在谈判桌上怎能不获得成功呢?

《基辛格秘录》一书中曾引用了这位谈判高手的这样一句话:"谈判的秘诀在于知道一切,回答一切。"此话说得简单,但含义深远。基辛格认为,

谈判的取胜秘诀在于周密的准备，这些准备不仅包括在问题本身的实务性方面，也包括与此相关的各个方面。基辛格之所以被誉为 20 世纪最杰出的谈判专家，周密的事前准备和详尽的情报资料是他获得成功的最根本的依靠。

1960 年 4 月 30 日，美国的一架 U-2 飞机在进入前苏联领空进行侦察飞行时被前苏联的导弹击落，飞机驾驶员鲍尔斯被活捉。美国在发现 U-2 飞机失踪以后，由中央情报局起草了一个分声明，说一架 U-2 气象侦察飞机在土耳其上空通过无线电报告，机上氧气出了故障，此后飞机就失去了联络。这份声明经美国总统批准后由美国国家航空和航天局发布。前苏联立即做出了反应，赫鲁晓夫在最高苏维埃会议上宣布美国的 U-2 飞机已经被前苏联击落，并且强烈谴责了美国的侵略行动。但是，赫鲁晓夫并没说明飞机驾驶员鲍尔斯巴被活捉。于是，抱着侥幸心理的美国在当天下午又发表了一份声明，声称一架在土耳其的 U-2 气象侦察飞机下落不明，并声称此飞机是由民航驾驶员驾驶的。声明还说，赫鲁晓夫先生宣称一架美国飞机在前苏联被击落，它可能就是那架飞机。美国的声明目的在于掩盖其侵略行径，逃避国际舆论的谴责。当晚，美国驻前苏联大使汤普森在莫斯科出席埃塞俄比亚大使馆举行的招待会，席间，瑞典大使问前苏联副外长马利克，前苏联将会依照联合国宪章的哪几项内容，在联合国提出飞机事件时，马利克说目前他还不知道，因为他们正在审问飞行员。汤普森从马利克的失言中得知飞行员已经被前苏联活捉，便匆匆返回大使馆往国内发出特急电报。但是电报比白宫发言人的声明晚了 4 分钟。由于美国人没有及时得到关于飞行员被俘的情报，所以，在此后的谈判中便一步步陷入被动，而前苏联政府则在谈判桌上利用鲍尔斯这张王牌对美国发动了猛烈的进攻。

前苏联在同日本进行关于渔业资源的谈判中也充分利用了情报信息的作用，从而使日本方面在谈判中屡遭失败。在双方的谈判中，日本对前苏联的情报信息了解得很少，而前苏联对日本的情报却了解得十分详细。前苏联把日本出版的日本水产厅的资料以及日本全国各地的报纸每天都送往莫斯科，并立即翻译成俄文，甚至直接送到谈判桌上。有一次，前苏联的谈判代表、渔业部长依什科夫在谈判中就突然发火，拍案而起，指责日方：你们说日方只按协定的数量捕获了你们那一部分，可我手里这份日本

报纸却证明,你们的捕获量大大超过了规定的指标。如果你们再坚持这种态度,谈判就无法进行下去。原来他刚刚接到一份日本的《水产新闻》,这张报纸详细报道了日本两个渔港几天采的捕捞量。在确凿的证据面前,日方代表只能哑口无言。

当然,日本人也有精明的时候。20世纪60年代,我国依靠自己的力量,自力更生开发建设了具有重大经济和政治意义的大庆油田,打破了外国的封锁,摆脱了贫油的困境。但是,随之而来的问题是如何把开采出来的石油从遥远的东北运送到内地。单靠铁路运输是显然不够的,于是人们自然而然地想到了要修建输油管道。可是当时国内还无能力完全靠自己的力量解决输油钢管问题,于是就到国外去寻找合作伙伴。这时,精明的日本商人主动找上门来,送上他们早已准备好了的现成的钢管样品。人们不禁诧异,日本人什么时候得到了如此准确的情报? 其实,早在大庆油田建成的消息见诸报端的时候,日本人就在打大庆的主意了。他们千方百计地想搜集有关的情报,但是却很难得到。就在这时,我国国内的一份公开出版的杂志在封面上刊登了一幅反映大庆石油工人的工作情况的照片。日本人根据我们的报刊上发表的有关报告文学的资料知道了大庆是在寒冷的北国,从照片上人和机器的比例算出了钢管的口径⋯⋯这样,谈判还没有开始,日本人就已经把对手都打败了。精明的日本人有备而来,我们也只能和日本人签订合同了。

2.利用关于对手的信息

收集谈判对手的信息是每个从事谈判的专家和工作人员应该重视的,并且必须认真去做的事。要知道,精心收集来的有关信息尽管有一些初看起来是微不足道的,但就是细小的信息却可能对谈判的进展起到至关重要的作用。

1972年2月,当时的美国总统尼克松应邀访问中国,在相互隔绝40多年之后,作为访问中国的第一位美国总统,尼克松的心情是紧张而不安的。但是,在他出席当时的国务院总理周恩来为欢迎他访华而举行的宴会上时,竟然听到了一支他十分喜欢的乐曲《美丽的亚美利加》,这是出乎他的意料之外的,他完全没有想到能在中国听到这支赞美他的家乡的乐曲,不禁为中国方面的热情友好所感动。一支乐曲为中美间的外交谈判带来了良好的气氛。

1945 年夏天,美、苏、英三国首脑举行著名的波茨坦会议。7 月 19 日,杜鲁门举行宴会招待斯大林和丘吉尔,他知道斯大林是个肖邦迷,所以就事先要求音乐家尤金·利斯特做好准备,在宴会上弹奏钢琴,演奏肖邦的降A 大调圆舞曲,作品第 42 号和几首小夜曲。这一招果然效果很好,斯大林当场就既和利斯特握手又为他举杯。杜鲁门又大显身手,当场演奏了一首小步舞曲。21 日,斯大林也举行宴会,表示答谢。他特意从莫斯科邀来两位最优秀的钢琴家,举行精彩的演奏,事后,杜鲁门说,这是一个非常吸引人的宴会。当事的双方都在想方设法利用自己所掌握的对方的信息。

对手的什么信息是可以利用的? 从谈判者个人来说,对手的习惯、兴趣爱好、性格特征、宗教信仰、社会地位、经济状况、家庭状况等等都是可以利用的信息。从谈判对象的总体来说,对手的实力、政治经济状况、风俗习惯等等都是可以利用的信息。

策略 11　谈打结合的策略与训练

国际外交史上有一句话叫:"弱国无外交。"意思是说如果一国无强大实力做后盾,在国际关系中就会处于弱者的地位。中国近代史上与西方列强进行过大量谈判,几乎无不以丧权辱国为结局。其原因就在于处于半殖民、半封建状态的中国没有实力做后盾,在谈判中无牌可打,总处于挨打的地位。实际上,不仅仅是外交谈判,各种类型的谈判均存在一个这样的问题。谈判不仅是谈判桌上的较量,也是双方实力的较量。因此,谈判要以实力为后盾,要善于利用实力,发展实力。而实力是打出来的,干出来的。所以,我们把谈判与实力的结合,概括为"谈打结合",或"谈判内与谈判外的结合"。

"谈"与"打"是互相依赖,互相促进的。"打"是"谈"的后盾和砝码,"谈"是十分的动力和契机。以"打"促"谈",以"谈"利"打",相得益彰。日本在商业上就很善于运用此策略。比如,1970 ~ 1979 年先后发生 3 次全球性石油危机,油价从每桶 1.8 美元,猛增至 32 美元。在此打击下,许多西方企业纷纷中箭落马。而日本企业运用谈打结合的策略大获其利。它一方面通过秘密谈判与石油大亨们接触。保持良好的合作关系,以确保石

油供给;另一方面狠抓低耗能技术的开发。如日本小汽车运用电子控制节能技术,价格仅为美国产品的一半。这样它的小汽车大量涌进号称汽车工业王国的美国市场,获得了巨大的贸易顺差。这个例子说明,如果能够恰当运用"谈打结合"的策略,有时危机可以变成契机,压力变成动力。

当然,上面的例子中"打"似乎占了主导方面。对于谈判人员来说,谈判是主要的,谈判桌是主战场。但对他们来讲,善于运用实力,以"打"促"谈"也是非常重要的。谈判并不是光说不练,尤其在一些重大事务的谈判上,谈判桌外的措施,对谈判的结局会有很大影响。比如,在中美贸易问题上,美国方面屡次以中国在美搞促销和知识产权问题为借口,扬言要对中国进行报复和制裁。我方在谈判中一方面据理驳斥,一方面拟出中国的反报复清单,并且指出双方的贸易战对双方都没有好处,所以强硬手段不是解决问题的方式。由于我方有反报复措施这张牌,所以中美谈判的结果是双方的让步和妥协。如果我方仅仅把问题诉诸于谈判桌,没有实际的反报复措施,谈判结果就很可能不一样了。

"打"的含义是多方面的,它可以是军事方面的,也可以是经济方面的,还可以是舆论方面的。但不论是哪方面的,总是要花本钱的。本钱花的多,风险也可能大一些,但由此获得的利益也可能很大。因此,一旦认定"谈打结合"的策略是可取的,就要锲而不舍,不惜血本,与对方周旋到底。这里不妨再举一个日本在这方面的成功例子。

1981 年,日美首脑就日本向美国出口汽车达成总量限制协议。其中卡车关税高达 25%。从情报得知,美国家庭将兴起轻型卡车当家用车的热潮,如果轻型卡车能按税率较低的轿车税率向美出口,获利会很可观。而美国在这方面没有明确规定,日本就利用这个机会开始了谈判。它首先花钱聘用了一批有实力的"院外活动集团"的说客开展公共活动。如铃木公司就聘请前白宫贸易谈判代表团顾问约翰·莱姆向国会两院游说。当年夏季,美国海关总署署长威廉·邦·拉布收到由 30 名众议员和 11 名参议员共同签名的信,反对将轻型卡车分类为卡车。拉布坚持原则,拒绝了这一要求。并且做出轻型卡车不能作为轿车分类的决定。日本政府立刻在当时召开的西方七国财长和银行行长会议上要求美国方面重新考虑这一决定。在日本政府的压力下和说客的活动下,美国财政部(它是海关总署的上级部门)将这一决定搁署起来。日本方面又进一步发动大批说客与新闻

界人士进行活动。如大造舆论说："如果按海关总署的决定，将会抬高轻型卡车的价格，从而损害美国消费者利益。"并且发动全美汽车进口商向国会递交抗议书，日本政府也向美国政府表示这一决定将大大损害日美关系。虽然美国三大汽车公司董事长也联名向总统和议员写了信，但架不住日本人财大气粗，不惜重金，最终促使美国财政部取消了这一决定，同意轻型卡车税率从25%降到与轿车相同的2.5%。仅此一项日本就获利5亿美元，加上其轻型卡车在美国市场是按卡车价格出售，因此，总获利不下10亿美元。而日本为此付出的经费最多不过300万美元，这真是丢了芝麻捡西瓜。

从以上所举的各个事例中可以看出，参加谈判的主体无论是政府，还是企业，只要有实力，那么，把"打"作为在谈判中争取主动的手段通常是有利的，而且会收到谈判桌上收不到的效果。当然，"打"不应是盲目的，无计划的，不要打无把握之仗。这方面关键是要掌握"有理"、"有利"、"有节"的原则。不能得理不让人，对达到的目标要有节制。因为谈判结果本身的性质就是双方得利，很少有可能一方占去全部利益。

一些人误把谈判单纯理解为辩术，认为有三寸不烂之舌，就能在谈判中占上风。殊不知"巧妇难为无米之炊"，如果谈判一方没有什么实力，没有"打"的本钱，那么，即便谈判人员素质再高，再有能力，也很难取得大的成效。就企业来说，如果本企业产品不过硬，那么，即使你的推销谈判人员本事再大，也很难长期占领市场。如北京长城风雨衣公司外贸出口量一向较大，但1992年，北京服装进出口公司将每年给长城公司的50万件出口加工合同大幅度削减，上半年仅给10万件合同。长城公司还得到消息，进出口公司内部已确定不再给长城公司任何合同。公司领导人几次约见进出口公司负责人，协商解决办法，均遭拒绝。后来了解到，其中一个重要原因是长城公司产品质量不再像过去那样独占鳌头，其他企业的高质量产品已构成强大的竞争力量。结果长城公司利润锐减，大批职工放假回家。这个例子从反面说明了实力作为谈判后盾的重要性。

第五单元 成功谈判礼仪训练

礼仪1 女士的服饰与仪表

　　谈判人员的服饰与仪表是给对方的第一印象，也是自身心理特性的一个重要表现方面。因此，参加谈判者，要依据谈判对象的国籍、职业、地位、年龄或爱好的不同，而略有不同的修饰打扮，同时，谈判者的服饰还要与谈判场所、所谈判问题的性质相适应。当然，国际谈判中，各国的文化背景不同；国内谈判中，各民族、各地区的习俗不同，衡量的标准是不一样的，但其共同点是：清洁整齐、美观大方。

　　参加公务谈判的女士，一般是职业女性的优秀代表，既应该表现出中国妇女的东方美，又应该表现出高雅的气质和精通业务的自信心，并将它们和谐地统一起来，恰如其分地自然流露出来。

　　一般说来，参加比较重要场合谈判的女士，服装款式以西装套裙为主，其颜色以素雅庄重的颜色为宜。参加国际谈判，可以穿传统的中国民族服装，如旗袍、长裙等。热天或在国外谈判，不应该穿长裤子，冷天可以穿羊毛连裤袜外罩长裙或西装套裙，外穿长大衣或长风衣。青年女士的着装，颜色不宜过于鲜艳，服装样式以新颖、活泼为好，但衣服上不应增加过多的附加装饰品，以体现服装主人的新潮和干练。参加一般性的谈判，可以根据谈判的内容和对方谈判首席代表的背景材料，选择相适应的服装，例如西服套装，旗袍、长裙、连衣裙、羊毛衫配长裙或长裤，夹克衫等。

　　女士服装的质量，在参加国际谈判时应该注意，最好不穿化纤服装，尤其是在阳光或灯光下闪闪发亮的各种人造织物。纯毛、纯棉或丝绸衣物，一定要熨烫平整。

　　参加谈判的女士，无论多热的天气也要注意上衣着装不要"暴露型"的，切忌穿超短裙参加公务活动。

　　参加谈判的女士，一定要注意鞋、袜的颜色和式样与服装相配套，形成和谐统一美。一般来说，应该穿后跟稍高些的皮鞋与西服套裙相搭配。

135

夏天,不宜穿只有几条带子的凉鞋参加谈判,更切忌穿有破洞或距线的长袜参加谈判。

参加谈判的女士应该化妆。要根据自己的年龄和肤色化日间淡妆,切忌浓妆艳抹,更不要为了掩饰较黑的肤色而过多地擦粉,肤色较黑的女士可以先涂粉底霜,然后淡淡地、均匀地施粉;女士应该不太夸张地描眉,略涂眼影,抹口红要基本符合唇形,略涂清淡型的香水。发型也是非常重要的,参加谈判前,应该根据自己的脸型和职业、年龄等条件,做好发型,有必要时喷上定型发胶,切忌"蓬头垢面"。凌乱的头发,首先就给别人一个坏印象,对于谈判是很不利的。一位国际友人曾说:"一个连自己都打扮不好的女人,肯定做不好工作。"

女士首饰的佩戴,既起"锦上添花"的作用,又显示女士的地位和财富,但是首饰不宜佩戴过多。在公务谈判的场合,最好不戴长长的晃动型耳饰、胸针和项链三者选戴其一为宜;在一只手上不要手链、戒指齐备;只戴戒指时,一只手上只宜佩戴一枚。手袋或手提包是女士的实用装饰品,原则上它们应与服装配套,而且在质量和样式上,与本人的气质吻合。女士的手袋里不宜放过多的东西,但是应该有纸巾(或手绢)、名片盒、钢笔、小记事本及小化妆盒等常用物品。

女士参加连续谈判,原则上应该每天换一套衣服,热天最好是半天更换一套衣服,并更换相应的首饰、手袋、鞋子等等,可以通过衣服的不同搭配,使参加谈判期间,女士的着装在一个星期内不重复。

礼仪 2 男士的服饰与仪表

参加谈判的男士一般穿西装或中山装,在不是十分隆重的场合,热天亦可以穿衬衫配颜色协调的长裤。穿衬衫时,若打领带,一定要系好领扣。短袖衫可以放在长裤的外面,不打领带,长袖衬衫则应该将衣服下摆放在长裤之内。

正式谈判的场合,男士应穿较深颜色的、衣裤同色的西装,其质量以纯色或毛麻混纺为宜,高质量的毛涤西装也很好,切忌有闪闪发亮的人造纤维"闪光"。在较隆重场合,西装必须系扣,如果是两个扣的单排西装,一般只系上面的一个扣子。

无论男士的衣着如何，都必须十分重视"整洁"问题，其中包括：衬衫每天更换，如果是纯棉衬衫，应当熨烫；领带清洁、无褶皱，每天换一条，并且相隔两日的领带以色度作较大调整为宜；西装必须清洁、平整、衣袋不"鼓鼓"的，西装裤子裤线必须等直；不是翻裤脚式样的裤子，不许向上卷裤脚；袜子清洁无任何破洞；皮鞋上面无灰尘；手帕洗净叠平等等。在公务谈判时，无论多热的天气也应该穿长裤，中长筒袜子（以免抬脚时露出腿毛），不应穿西式短裤，切忌其他形式的短裤。

礼仪3　谈判者的仪态

参加谈判的人员，要分析对方人员的特点，可能提出的条件和问题，做好充分的准备，既可防止"措手不及"而陷于被动，又利于形成良好的谈判气氛。谈判者在某种程度上说，恰似一个演员，在进入谈判会场前就应该进入"角色"，通过自己的言、行、动作而使"戏"演得生动、有实效。

目光：人们都知道，"眼睛是心灵的窗口"，谈判人员的任何心理变化、感情变化都会从眼睛上表露出来。谈判人员，是首席谈判，如果你能很好地控制自己，就应该始终凝视对方首席谈判员的"脸部三角区"（双眼为底线，上顶点在前额正中间），这时，给人以"严肃而有诚意"的感觉；如果你不能很好地控制自己，那么应该戴上一副稍有颜色的眼镜，但不宜在室内戴深色墨镜。在谈判艺术中，这种"凝视行为"是经常运用的。

手势：手势不自觉地反映出一个人的心态。如果你早早伸出手去，急步上前而且掌心向上与对方握手，对方会得到"他有求于我"、"我可以支配这个人"的感觉；相反，如果你掌心向下与对方握手，人家会联想到"他想支配我"、"谨慎为好"；如果见面时漫不经心地伸出手去，与对方碰手，或者是右手握手的同时，左手搭在对方肩膀上，这都给人一种傲慢的感觉，很容易引起反感。

手的动作：不要没事情乱画、摆弄钢笔等小物品，更不要在谈话过程中手势过多，必要的手势有助于谈话，而过多的手势令人反感。

动作：在平常状态，谈判者应自然地坐在椅子上，腿和脚都是静止的（不要哆嗦），架起来的那条腿，脚尖是向着地面的，但心情紧张时，脚尖会不自觉地抬高，所以在谈判过程中，自己紧张时，最好双脚落地，同时观

察对方的脚尖,判断其心理状态。

礼仪4　谈判前的准备工作

美国谈判学会会长杰勒德·丁·尼尔伦伯格(Gerar DiNeren-berg)曾说过,谈判是人们为了改善相互关系而交换意见,为了取得一致而互相"磋商"的行为,是直接"影响各种人际关系,对参与各方产生持久利益"的一种过程。也就是说,谈判的目的,是让双方都能满足各自的需要。因此,一般说来,谈判应遵守三个要素:要把追求的共同目标作为谈判的动力,也就是说,要把对方提出的条件及时考虑进来;谈判就是"给"与"取",或"施"与"受",即尽早直截了当地接触问题的核心,尽快让对方了解自己所能做出的最大让步和自己让对方做出的最小让步;谈判要有临界点,并且紧紧把握住临界点。当然,在谈判过程中,一定要遵守"平等互利,友好协商和依法办事"三个原则。以上谈到的谈判的目的、原则和要素,是谈判者的必备知识,也是谈判前最基本的思想准备。

具体的谈判准备,其实质就是将上述的思想准备内容具体化,做到知己知彼,心中有数。一般来说,准备工作应分为以下8个方面:

1.明确谈判的目的,预定达到目标值的上限与下限,预定可以妥协商议的条款和必须坚持的内容。

2.准备谈判的论据,收集必备的资料,包括有关谈判内容的法律条文及行业法规,有关事情的背景材料等等。

3.明确参加谈判人员的分工,如首席谈判人员、记录、专业对口谈判人员或翻译,每人相应做好各自的准备。

4.准备一份协议(或合同)草案,如果需要,可以提供出来。这样可以对容易取得一致的枝节性条款尽快统一,从而尽快讨论核心实质性问题。

5.尽可能了解对方的谈判目的、要求,预先研究哪些是可以让步的,哪些是必须做对等让步的,哪些是必须对方让步的。对于必须对方让步的条款,要准备充分的论据,研究采取什么方式才能达到目的。

6.尽可能了解对方谈判人员的情况,尤其是对方首席谈判人员的性格、知识水平、个人修养情况以及兴趣、爱好等,以便在谈判过程中采取相应的态度和谈话方式,在出现困难和僵局时,容易采取措施挽回局面,达

到谈判的目的。

7.如果需要较长时间谈判,而且自己又处于"东道主"的位置,则应考虑日程安排及必要的参观、旅游活动,并且尽早、有策略地通知对方,使安排的活动对谈判的成功有积极促进作用。

8.参加谈判的人员还应在服装、衣饰、首饰、发型等方面做相应的准备。

礼仪5 谈判工作礼节

参加谈判工作的人员,首先必须遵守时间,绝对不能迟到,也不宜到得过早,一般提早 5~10 分钟到达会场比较合适。

谈判双方见面时,应该以诚恳友好的态度,主动向前招呼、握手,但对于女士,她们先伸出手,对方男士才"敢"与你握手。但是在个别场合,尤其在国际谈判中,对方如果很傲慢,甚至无礼,则可用"以其人之道,还治其人之身"的办法对付,从气质上挫伤对方的锐气,使对方认识到如果不平等待人,则无法进行谈判,那将是双方的失败。

双方见面后,正式会谈前照例寒暄几句,这时可使用一些双方都感兴趣,且与会谈正题无关的中性话题,一方面消除刚见面时的腿枪局面,另一方面为谈判创造和谐的气氛。常用的中性话题是:对方一路旅途的经历;近期的体育新闻或文娱节目;个人爱好,如是否喜欢音乐、戏剧或诗歌? 对周末垂钓是否感兴趣等;回顾以前的合作经历等等。

在谈判过程中,最主要的是要注意自己的语言,俗语说"菜的味道在盐里,人的身份在话里"。说话要按轻重缓急,安排好讲话顺序,切忌条理混乱,滔滔不绝;说话要平稳轻柔,速度适中,一字一句讲清楚,切忌吐字不清、速度过快或每句话之间不留空隙,好像写文章没有标点符号;音量不可过大,但必须让对方能够听得清楚;声音清晰自然,语调稍有抑扬顿挫,切忌全篇发言一种音调、一个速度或像上舞台演话剧一样。其次,要认真聆听对方的谈话,不要打断对方的发言,如果认为有必要一定打断,那么要说一句"对不起,我打断一下"之类的话,对于对方发言中的不同意见,应该及时记下来,待对方发言完毕后再提出自己的看法。谈话过程中,需要辅以必要的手势和小幅度的形体动作,如点点头、耸耸肩,但是手势

过多,动作幅度过大或动作过于频繁,则给人以"故意造作"之感。谈话过程中,尤其是当双方意见不一致有争议时,切忌伸出一个手指,指到对方面部,因为,这种动作表示"不友好"、"不礼貌",甚至有"挑衅"的意思。

礼仪 6 谈判座次

谈判人员的座位是比较讲究的,在隆重些的场合,一般使用长方形的桌子,事先排好座次。谈判座通常是宾主相对,各坐一边,以正门为准,主方背门而坐,客方则面对正门。如果谈判桌一端向着正门,则以入门的方向为准,右方为客方,左方为主方。首席谈判人员坐在谈判前居中的位置,如果带翻译,应坐在主谈人的右侧或后面。座位不够可在后排加座。有的谈判场合稍随意些,可以坐在布置在房间四周的沙发上,这时,东道主一方人员应坐在半边,客方坐在另半边,客方坐在主方的左侧(面对座位方向),同样是首席谈判坐在首席位置,紧紧相邻。为了明确起见,可以在每个座位前的桌面上(或沙发侧面茶几上)摆放姓名标示牌。

礼仪 7 饭店主要设施及使用规则

涉外谈判往往与饭店有比较紧密的联系,可能出现的情况是:本国代表团赴国外在饭店下塌或饭店接待国外的代表团。无论是哪种情况,都必须了解国外饭店的概况。目前我国合资的饭店及豪华饭店,几乎一切设施及其使用规则,都已与国际接轨。因此,凡参加涉外谈判的人员,都是应该牢记饭店的主要设施的使用规则,以免在接触对方时失礼,为谈判蒙上阴影。

1.电梯标示牌。我国电梯标示牌,以进门的同一层楼为1,往上第2、3层楼则标示为"2"、"3"……

欧洲国家的饭店,把进门的同一层楼称为"底层",往上第2层楼称为1层,故电梯标示牌上的"G"为"底层",即我们平时理解的第一层楼,标示牌上的"1"、"2"……则为我们平时惯常所说的2层楼,3层楼……

美国饭店对楼层的命名与我国相同,进门的同一层楼为第一层。电梯标示牌上为"1"或"2"往上第2、3……层标示为"2""3"等等。若标示牌上

出现"–1",表示有地下室,若出现"–1"、"–2",则表示有 2 层地下室,由进门后往下的第一层为"–1"。

2.饭店大厅所设部门及其职责。

门卫:负责叫出租车、装卸行李。

问讯处:负责解答问题、传递书信、留言等。

住宿登记处:办理住宿手续,3C 取客房钥匙。

总台服务:负责大厅到房间的行李搬运,代房客办事。

寄存处:临时存放衣帽或行李。

结账处:离开饭店时支付房钱。

值班经理办事处:处理在饭店里发生的纠纷、意外、个人的意见及要求等。

3.客房。客房的"长形钥匙牌"往往是本房间总的电源开关,只有将"牌子"插入相应的插座内时,室内一切电器方可以使用。当床头柜有电器开关时,先要仔细看清各个旋钮所控制的电器,然后再进行操作,而不要进屋就接电视机的旋钮,没影像就喊服务员。因为电视开关可能由床头柜上的旋钮和电视机上的按钮联锁控制,如果不仔细看,贸然质问服务员"为什么电视机坏了?"就会显得此人"没见过世面",对什么事情都少见多怪。

客房里电话机盘的一角常有一个标记"Message"的示灯,当它一明一暗时,就表示通知你去问讯处,在那里可能有留言或信件。

客房里往往有一个洗衣袋,里面或上面有一张洗衣单据,这表明该店有洗衣业务,你可以将要洗的衣服放入洗衣袋,同时填好洗衣单据,将它们一并放入衣橱里。有的饭店注明免费给房客洗几件衣服,有的没有任何说明。前者只收超出免费件数衣服的洗衣费,后者则是全费。洗衣费与住宿费在离开饭店前同时结算。

浴室里一般放三条大小不同的毛巾和一条加厚毛巾,最小的用于洗澡、擦身,中等的用于洗脸,最大的用于浴后擦身。上述三条毛巾往往都是挂起来的,还有一条放在浴盆边上的厚毛巾是擦脚用的。浴室里有一块有许多凸起的胶垫,它是防滑垫,应该在洗浴时放在浴盆内。浴盆前面挂的防水帘,是防止洗浴时水溅到外面,故洗浴时应将防水帘拉严,并把防水帘的底襟放在浴盆的内侧面。

当本人需要休息,不希望别人打搅时,可以将"请勿打扰"的牌子挂到门外的门手把上。

礼仪 8 饭店里的礼仪和规矩

1.小费。从饭店门卫迎接客人,帮助客人从汽车上把行李搬入大厅开始,每个客人遇到进入饭店的第一件事情就是给"小费",原则上,饭店里的任何服务人员为客人做的任何一件事,都要付一定数量的"小费"。小费的数额,无论任何国家、任何地区都没有统一的规定,给得过少,往往得到服务人员的"白眼",认为你太小气,给得过多,一方面是自身财力的限制,另一方面给同行的人,或接待你的对方人员以"摆阔气",甚至"没有经济头脑"的印象,同样也是不利的。那么,给多少为合适呢? 这就需要通过各种渠道先进行了解,比如向有关咨询机构了解多少星级的饭店各种服务的小费平均金额, 向翻译或去过某个国家的人员了解该国饭店小费的情况等等。

给小费的方法基本只有一种。当服务人员为你做完某件事情后,很自然地当面给他,可以是在服务人员替你交款后的零钱中给他一部分或全部,也可以另外拿出钱来说明"这是你的小费"。无论给不给小费,当服务人员为你做某件事情后,都要客气地说声"谢谢",不要大声喊:"嘿,这是你的小费。"

当在公共场合,又不知道该不该给小费时,不要急于给小费,这里要观察别人如何做,有时小费已经包括在收费项目中了。比如,有的饭店或餐厅,在顾客的账单上有一项"服务费",这时就不要给小费了。有的饭店休息厅或餐厅有音乐家演奏,只要不是你单独点曲目请他们演奏,则不必付小费。

2.衣着。饭店既是个人休息的地方,又是公共场合,因此,在衣着鞋帽方面不可过于随便。目前,公认的规则是背心和内衣短裤只能自己单独在房间里时穿,当有客人或服务人员进来时,起码要穿上长裤,西装短裤(或运动短裤)之类的衣服;女士则上衣、裤子或裙子都要穿整齐。在自己的客房接待朋友,无论男士女士,穿睡衣都是可以的,尤其是对待住在同一饭店的来访者或"不速之客",穿睡衣待客都不为失礼。睡衣只能在房间里穿,不可以穿睡衣在走廊里走动,更不可以穿睡衣到饭店大厅等处。如果来不及更衣送客或嫌更衣麻烦可以在睡衣外面罩一件长外衣。

拖鞋仅仅在客房及走廊里穿,不可穿着拖鞋到处走动,当然,浴帽仅仅在浴室里淋浴时才有用,其他时间若戴个浴帽,哪怕是只在客房里,也是个"出洋相"的举动。

3.礼貌用语及尊重他人。在饭店的走廊里或电梯间里,早上与其他人见面,都要点头示意并且问候一声"早上好",声音不要太大,只要对方听见即可。

平时在房间、走廊及大厅、餐厅等处,都不要大声喧哗,尤其在公共场合,更要注意,不可以大声嚷嚷,高声开怀大笑。夜晚,在房间里说话、听音乐、看电视及洗浴时均要注意不要响声过大,以免影响他人休息。如果这方面不注意,只顾自己,不考虑别人,是"缺乏教养"的表现。

4.电话的应用。电话除作通讯联络以外,如果客人需要早起床,可以用电话通知总机,告诉他们房间号、姓名及具体时间,到时候总机会通过电话叫你起床。

在个别饭店里,有时会遇到"骚扰"电话,尤其在深夜,遇到不认识的人打来的电话时,不要与对方交谈,很快挂上电话就可以了,如果"骚扰电话"过于频繁,则应根据情况采取措施,并及时通知饭店等等。

礼仪 9　对参加涉外谈判人员的要求

参加涉外谈判的人员,不仅仅向对方展示个人形象、企业形象,而且在某种程度上影响到国家的形象,所以参加涉外谈判的人员,不但要求政治素质高、业务能力强,而且有良好的个人修养,言行举止符合国际交往礼仪。

对参加涉外谈判人员的要求是多方面的、严格的,概括起来主要有以下 5 个方面:

1.在强烈的爱国心和作为中国人的自豪感。只有这样的人,才能时刻牢记国家的利益、人民的重托,千方百计地为自己国家、人民的利益出谋划策,而不被外商给自己的蝇头小利所收买,做出害国害民的勾当;只有这样的人,才能在任何场合下不卑不亢,据理力争,而不是对某些国家的人低三下四,而对另外国家的人又趾高气扬;只有这样的人,才能刚柔并济,在对方蛮不讲理时,拍案而起,或在对方有求于我时,仍能谦恭平等相待。

2.有肯于学习和善于学习的良好学风。在进行涉外谈判之前,尽管做了种种准备,但仍会有不少突发性问题发生,这就需要谈判人员能利用各种机会,采用各种手段,向一切可以学习的人士学习,然后互相切磋,以取得圆满的结果。

3.有良好的外文功底。在谈判组中,除专职翻译外还应有人有良好的外文功底。一方面在谈判中可以直接听懂对方的发言,及早做回答的准备,另一方面可以判断专职译员翻译的程度。同量,对于用双方文字起草的签字文本能起到校对的作用。

4.熟悉我国及国际有关法律知识。任何谈判除了需要遵守国际上的规定外,还要考虑各方所在国的法律规定和习惯,依法办事。一个谈判工作组的人员不可能面面俱到,那么不妨请熟悉国际商贸法律的律师参加谈判前的准备工作,向谈判组人员介绍有关法律知识,甚至请律师亲自参加谈判。

5.有良好的仪容和礼仪修养。衣着得体、端庄大方,态度真诚、彬彬有礼,语言流畅、用词确切的谈判人员,首先在气质上就给对方以"必须重视"的第一印象,这是良好谈判的开始。

礼仪 10 涉外谈判要注意的特殊问题

1.了解对方国家的风俗习惯,不要做出该国禁忌的动作,说出禁忌的语言,甚至赠送一些禁忌的鲜花等。

2.在交往的一切场合都要注意仪态,尤其在酒会或宴会上,要尊重对方的习俗,不可勉强劝酒,更不要因饮酒过量而失态。

3.在非谈判场合,不要谈论谈判中的事情,如果有必要涉及到谈判的话题,只能原则性地简单说明几句,绝对不可以在谈判桌外让步,使对方在吃、喝、玩、乐中达到了在谈判桌上达不到的目的。

4.在文艺活动场所,尤其在舞会、卡拉 OK 演唱会等场合,要自然大方,不要唯唯诺诺,即使自己舞技或唱歌技巧不高,也要稍作简短说明后,应对方邀请共舞或歌唱,这样一方面不失礼,同时又活跃了气氛,利于缩短双方的距离。

5.遵守外事纪律,严守国家机密。在谈判过程中和平时接触中,要时

刻牢记哪些该说，哪些不该说，不要因向对方显示自己"地位重要"、"消息灵通"而过多谈论国内政治、经济、文化甚至军事方面的事情，以防"说者无心，听者有意"，对方从这些随意的透露中获取有关情报。

礼仪 11 签字仪式的礼仪

双方谈判达成协议之后，就某些重大问题一般举行签字仪式。参加签字仪式的人员，主要是双方参加会谈的全体人员，但有时为了体现对所签订协议的重视，往往邀请更高层次的领导人参加签字仪式。签字人的选定，一般是根据协议的性质和重要性，由谈判双方自己确定，但应相互通报，以求得双方签字人的身份大体相当。参加签字仪式的人数，一般是双方相等。在举行签字之前，双方商定助签人员，并安排双方助签人员洽谈有关细节。

签字仪式的准备工作包括：文本准备，包括文本的定稿，翻译、校对、印刷、装订等。会场准备，包括会场布置、准备签字用文具、国旗等物品。

各国安排的签字仪式不尽相同。我国举行的签字仪式，一般在签厅内设置一张长方形桌子作为签字桌，桌面上覆盖深绿色台布，桌后放两把椅子为双方签字人员的座位，主左客右。桌上摆放着今后各自保存的文本，文本上方的桌上放置签字用的文具，签字桌中间摆有一旗架，上面悬挂双方的国旗。

1.签字桌

2.双方国旗

3.客方签字人

4.东道国签字人

5.客方助签人

6.东道国助签人

7.客方参加签字仪式人员

8.东道国参加签字仪式人员

双方人员进入签字厅，签字人员入座时，其他人员分主、客各一方按身份顺序排列于各自的签字人员之后。双方助签人员分别站立在各自签字人员的外侧，协助翻文本，指明签字处。在本国保存的文本上签字之后，

由助签人员互相交换文本,再在对方保存的文本上签字,然后由双方签字人交换文本,互相握手。有时签字后备有香槟,共同举杯庆贺。

在有些国家,签字仪式上设置两张签字桌,签字双方各坐一桌,双方的小国旗分别悬挂在各自签字桌的旗架上,参加签字的人员坐在签字桌的对面,也有些国家虽安排一张长桌为签字桌,但双方参加仪式的人员坐在签字桌前的两旁,双方国旗悬挂在签字桌的后面。

1.客方签字人席位

2.东道国签字人席位

3.客方国旗

4.东道国国旗

5.参加签字仪式人员的席位

1.客方签字人员席位

2.东道国签字人员席位

3.签字桌

4.参加签字仪式人员席位

5.参加签字仪式人员席位

6.客方国旗

7.东道国国旗

如有三四个国家缔结条约,其签字仪式大体如上所述,只是相应增添签字人员座位、签字用具和国旗等物。至于签订多边公约,通常仅设一个座位,一般由公约保存国代表签字,然后由各国代表依一定次序轮流在公约上签字。

第六单元　中外谈判谋略故事

故事1　罗恩斯坦精明过人

　　提起谈判，不少人会想到唇枪舌剑、你输我赢。然而，这并不全面，也不深刻，比如我们可以从一滴水知晓所有的水滴，然而却不能从一片树叶知晓整个泰山，虽然树叶也来自泰山。谈判的奥妙在于人们的需要！

　　唇枪舌剑、你死我活是为了需要；满面春风、携手共庆也是为了需要。故布疑阵、暗渡陈仓是为了需要；开诚布公，坦率直陈也是为了需要；委曲求全，言辞卑怯是为了需要；义无反顾、慷慨激昂也是为了需要……需要，还是需要。需要是旋转谈判的魔方；需要是谈判运作的答案；需要是人类谈判的目的；需要，同样也是一种谈判的谋略。

　　让我们先看一个故事：姐妹俩共享一只橘子，一人一半。妹妹吃肉扔了皮，姐姐正相反，她只是要橘皮做蛋糕。如果他们明白各自的需要，最佳的方案可能是妹妹吃整个橘肉，姐姐拿走全部橘皮，两利相衡择其大、争取满足最大需要。

　　再看一个真实的故事：达尼尔·斯瓦罗斯家族的玻璃制造在奥地利享有盛名。不幸的是，它在"二战"期间曾奉纳粹德国之命制造军需品；更不幸的是，战后它的公司将因此而被法国当局依法接收。一个叫罗恩斯坦的美国人知悉上情后，立即与达尼尔·斯瓦罗斯基家族交涉："我可以和法国交涉，不接收你的公司（法军不能接收美国人财产），不过条件是：交涉成功后，请将贵公司的代销权让给我，收取卖项的百分之十好处，直到我死为止，阁下以为如何？"

　　这个算盘打得太精了，斯瓦罗斯基家族大发雷霆，但结果呢？还是接受了罗恩斯坦的要求。罗恩斯坦未花分文便设立了赚大钱的代销公司，而斯瓦罗斯基家族两害相权择其轻，也是有利的。

　　谈判的本质便是通过不同的利益交换来满足自己的需要。或者，交换自己不需要的而得到自己需要的东西，"一个人的垃圾可能是另一个人的财富"；或者，拿自己不太需要或不迫切需要的来交换自己更需要的东

西。这也就是为什么流浪汉可能不得不用金元宝去换面包的道理。

我们每个人的需要各有不同,一个人不同时期也有不同的需求,这便使交换有了可能。像《悲惨世界》中的孩子,最大的需要是满足"我饿了"得意的暴发户最需要的是上层社会的面具;《红楼梦》中贾母和刘姥姥同游大观园,前者满足了至尊的需要,后者因此而多得了不少财物。当然也有一些需要是共同的。一个笑话说,某地一位非常富有的犹太人,遗嘱要求将金钱装满棺材,"我要拥抱着现金到极乐世界去!"在送葬的途中,富翁的一位好友得知有巨款陪葬,便立刻启开棺盖,双手伸进去抓出一大团现钞,开进一张自己的与现钞同额的支票,并且顺手拍拍老友的肩膀道:"喂,老兄,换一张同额的支票给你,想你在九泉之下该会感到同样满足吧!"瞧,也实现了满足各自需要的交换。

所以,谈判的谋略就在于弄清双方的不同需要,并以此为基础寻求最大的利益。其要点有四:

第一,规范地认识人们的本能化需要及其转换关系。

著名人格心理学家马斯洛指出,人的本能化需要可分为:生理的需要、安全感的需要、受尊重的需要、自我实现的需要、求知的需要和美感的需要等类型。各种不同的需要依次以层梯的形式分布,强度不同,位于底层的需要比高层的需要更为强烈。每个人都沿着需要层梯向上攀登,满足较低的需要是为了引发较高需要的条件(无谓衣食足而知荣辱),而较高层的需要则是人们追求的目标。故而各种不同的需要在时间上继起,在空间上并存,在现实上是可交换的。基督山伯爵的头衔是花钱向破落贵族买来的,交换的双方一个要名一个求利,恰好满足了各自的需要。需要的层次愈基本,要满足的欲望也愈强烈。虽然社会上不乏为较高层次需要而不惜牺牲低层需要的升华现象(如舍身取义),但是在通常情况下,谈判所满足对方的需要愈基本就愈能取得成功。这是符合需要层次理论的。

第二,冷静地分析人们满足需要的价值取向。

谈判学家尼尔伦伯格分析研究了六种可能的选择:

谈判者为对方的需要着想,如劝服想自杀者。

谈判者让对方为自己的基本需要着想,如让"儿皇帝"出卖国家民族的利益换取支持。

　　谈判者兼及对方和自己的需要，如曾患小儿麻痹症的罗斯福总统全力筹设小儿麻痹国家基金会，谈判者摒弃自己的基本需要，如绝食等。

　　谈判者不顾对方的基本需要，如不顾公众健康倡导吸烟。

　　谈判者不顾自己和对方的基本需要。如旷日持久的罢工既破坏了生产也停止了工人工资。

　　此外，诸如喜怒哀乐等情感因素也会影响谈判者的价值取向。而在每一种基本需要上，谈判者都可有不同的价值选择。

　　第三，细致地辨析现实的综合利益。

　　谈判者作为个人有个人的需要，作为组织团体的一员，又代表组织团体的利益。此外还有着国家和人类利益归属。这些利益彼此之间并非完全一致，谈判者的选择是令人感兴趣的。贿赂的方法就是以满足谈判者的个人的基本需要为交换而让他背叛团体的利益。

　　第四，慎重地选择彼此的影响形式。

　　能否有效地运用谈判来满足需要，取决于你所掌握的信息是否充分以及如何运用自己的力量来使用这些信息。譬如信息了解是知己知彼？还是知己不知彼？或不知己不知彼？你运用什么样的力量来充分地影响对方？譬如竞争的力量、权力的力量、冒险的力量、专业知识的力量等等。此外，还取决于你在什么时间、什么场所和范围内使用这些力量。

　　上述四个方面，每一方面每一环节都可以为是谋略之门，由之再构成的不同组合难以计数。总之，根据谈判双方的具体需要并遵循特定的价值取向来选择最为恰当的交涉形式，概括地说，这就是谈判谋略。

故事 2　从理想到现实　一家旅馆的移迁

　　本案例选自谈判学家霍华德·雷法著的《谈判的艺术与科学》。我们不知道它是真实的还是出于作者躺在"安乐椅"上的创造，但它却真实地勾勒了运用谈判来满足需要的理想情景。当然，道路是曲折的。

　　史蒂夫是爱姆垂旅店董事会成员。该旅店专门面向 18 岁至 25 岁的青年。这些青年人需要得到富有同情心的帮助和专业上的指导，以使他们能轻松地完成从学校走入社会的转变。旅店的许多旅客或者已是精神分裂者，或者已到精神分裂症的边缘，或者刚从吸毒的不幸经历中解脱出

来。但是旅店的地理位置实在不理想,它位于波士顿郊外,一个名叫萨默维尔的工业城中,可容纳约 20 名旅客。它的隔壁是一家交通中转站,有些人说这种环境不利于旅店的前途,另有一些人说有利于旅店的发展。虽然由于吵吵闹闹的环境,它绝不是一个理想的住所。不过旅店也并非一无是处。它的占地面积还是挺大的,有一个一英亩大的庭院。以前还有一片美丽的榆树林,尽管已经枯死了许多,毕竟还有活着的。

董事会曾委派一个小组委员会,调查了将爱姆垂旅店从萨默维尔到一个安静的、半居住性的社区的可能。合适的迁移地点是:布莱克莱恩市、梅德福市和奥尔斯顿市区。但从财务上看,迁移是不可行的,因而搬迁的想法就勉强被打消了。

几个月以后,一个名叫威尔逊的先生来找爱姆垂旅店的经理,彼得斯大人。彼得斯夫人和她的丈夫、孩子就住在旅店内。威尔逊表示他的公司(一家建筑开发承包公司)愿意买下爱姆垂旅店。这个情况太突然了。爱姆垂旅店并未公开对外宣布过想要搬迁。彼得斯夫人当时回答道,她从来没想过要卖旅店;但是如果价钱合适的话,董事会也许会考虑。威尔逊留给彼得斯夫人一张名片,并告诉她,如果有成交的可能性,他以后愿意继续谈这笔交易。

董事会委派史蒂夫去办理这项有希望的交易。董事会的其他成员是临床心理学专家、医药学专家、职业介绍人、牧师等,然而除了史蒂夫以外,谁也不对这种商业谈判感兴趣。而且既然他们都充分信赖史蒂夫,也就基本上委托史蒂夫全权代理旅店。当然,如果没有董事会的正式批准,任何具有法律约束的交易都不可能最后完成。

史蒂夫找他的朋友,一位谈判家帮忙,看看他应该怎样与威尔逊先生取得联系。他们决定先给威尔逊先生打个非正式电话。尔后,史蒂夫接受了参加一次鸡尾酒会的邀请,酒会在附近的一家酒店里举行。届时他将与威尔逊先生讨论成交的可能性。他决定在第一次会谈中,先不谈任何财务问题。

只是去试探一下威尔逊的看法,看看他心里是怎么想的。他坚持要自己付自己的账单,他的朋友认为此举是合宜的,并使他确信,他甚至不应向威尔逊暗示,董事会正在寻找别的地点准备搬迁。

根据首次会晤的结果和对威尔逊商业往来所做的一些深入的调查,

史蒂夫确认威尔逊是一位有信誉的合法商人。史蒂夫认为威尔逊的公司想买爱姆垂旅店，可能是想在这里建造公寓。威尔逊希望马上讨论价值问题，而史蒂夫则需要两个星期来做些谈判准备工作。所以他借口说，他需要得到董事会的批准，才能开始实质性地谈判。

在接下来的 12 天里，史蒂夫做了几件事。首先，他想要确定爱姆垂旅店的保留价格或能够轻易成交的价格——即卖方能够接受的最低价格。既然保留价格要取决于是否可以找到合适的搬迁地点，所以很难确定下来。史蒂夫得知，在所有以前曾确定的地点中，位于布鲁克莱恩的那个不能再用了，而位于梅德福和位于奥斯顿的两个地点还是可以用一个合适的价格得到的。史蒂夫分别和这两块房产的所有人谈过了，他得知：梅德福的那块房地产可以以十七万五千美元的价格买来，奥尔斯顿的那块可以以二十三万五千美元地价格买来。

史蒂夫断定，爱姆垂旅店搬迁到梅德福至少需要二十二万美元，而搬迁到奥尔斯顿则至少需要二十七万五千美元。这笔钱包括：搬迁费、小修费、保险费和一小笔风险贴险费。奥尔斯顿的那个地点（需二十七万五千美元）比梅德福的那个（二十二万美元）好得多，而后者又比现在爱姆垂的这个好。所以史蒂夫决定，他的保留价格是二十二万美元，低于这个价格，他就不干了，而且盼望能高一些——足够买下奥尔斯顿那块房地产。这个简单的调查研究花费了大约 6 个小时的时间，或者说 2 个晚上。

与此同时，史蒂夫的夫人玛丽，与几位房地产经纪人联系过，她想找些其他的地点。有那么几个地点，但是并没有发现任何特别合适的。

下一步该干什么呢？

史蒂夫下一步又做了调查，如果在市场上公开销售，爱姆垂旅店能有几个钱可卖。通过考察附近地区的销售价格，以及与要地的房地产经纪人和房地产专家的谈话，他了解到爱姆垂旅店可能大约仅值十二万五千美元。他觉得：如果没有威尔逊参加，它的售价在十一万至十四万五千美元之间的概率是 0.5，并且售价低于十一万美元和售价高于十四万五千美元的可能性是一样的。多么令人失望呀！这项调查又花费他 4 个小时的时间。

下一步该干什么？

威尔逊那方面有什么情况呢？很难判断他的保留价格。

即威尔逊愿意出的最高价格,这不是暂时的策略性行为,而是最终的决断行动。史蒂夫和他的朋友都没这方面的专业知识。他们请教了一些房地产专家(其中几位在哈佛工商管理学院),还询问了波士顿地区的两家承包商。他们指出,售价的高低很大程度上要取决于这些开发者的意图。能够允许他们在这块地基上建造多高的建筑物?以及,他们是否还要买别的地基? 史蒂夫发现,后一个问题的答案是肯定的。事情要比以前所做的复杂得多。在他们进行了十多个小时的调查之后,他们得出结论:再不能对威尔逊的保留价格含含糊糊,而应做出估计了。在还有两天就要进行谈判之前,史蒂夫断定,威尔逊的保留价格是在二十七万五千美元至四十七万五千美元之间。

做完了这些准备后, 史蒂夫和他的朋友一起讨论了他应采取的谈判策略。早已商定,会谈在某一酒店内举行,威尔逊的公司在那里包套房间。对这次会谈的地点,史蒂夫和他的朋友都没有想出好主意;爱姆垂旅店的餐厅太吵了,他在大学的办公室也不合适。

考虑到史蒂夫在会谈中需要一位助手帮助提些法律细节方面的建议,他决定邀请哈里·琼斯参加谈判。哈里·琼斯是波士顿的律师,以前曾是旅店董事会会员。琼斯接受了邀请,在谈判之前,史蒂夫又用两小时,向他简要介绍了情况。

卖方还认为,让彼得斯夫人参加谈判是一个好主意。她是最熟悉爱姆垂旅店的人,而且可能还有助于启发威尔逊的社会同情心。大家一致商定,只由史蒂夫一个人去谈价格问题。彼得斯夫人员则协助讨论有关城镇之间旅店的重要社会作用和证实爱姆垂旅店的搬迁并不能解决这方面的问题,除非周围的环境有可观的改善。她常说:"您知道孩子们出外旅行是多么的艰难吗?想一想爱姆垂旅店的旅店,这些年轻人将要受到多么可怕的影响? "彼得斯大人实际上并不希望搬迁,因而她很容易对搬迁计划提出反对意见。

史蒂夫应采取什么样的开局策略?谁应当首先报价呢?如果威尔逊坚持让史蒂夫首先报价,史蒂夫应该怎么办? 如果威尔逊开价 x 千美元,史蒂夫应该怎样还价?有没有任何明显的圈套应该避免?

史蒂夫和他的朋友都感到, 他们对威尔逊的保留价格做出的估价太精了, 以致很容易出错, 他们的首次报价很可能就比他的实际保留价格

低。但是如果他们一开始漫天要价,比如说九十万美元,远远地高于可能成交的价格,那么就会破坏谈判的气氛。

史蒂夫决定试着让威尔逊首先报价;如果不成功,或一开始就被迫首先报价,他就使用大概的价格七十万五千美元,但他准备使这个报价有较大的灵活性。史蒂夫曾想过一开始就报出四十万美元,并在一段时间里坚持不变。但是经商量后他们认为只有40%的概率,这个价格会低于威尔逊的保留价。如果威尔逊首先报价,史蒂夫将不让他有时间仔细考虑他的报价,而将迅速做出反应,立即给出一个还价,比如说七十五万美元,让对方在心理上觉得他的报价太低了。

史蒂夫的朋友告诉他,一旦两个报价都拿到了桌面上来,每方一个,那么自然可以预料到,最终的合同价格就在这两个报价之间。威尔逊的报价是二十万美元,史蒂夫的还价是四十万美元,则最终价格一般为三十万美元。当然,这个价格要在可能达成协议的范围之内,即在史蒂夫(卖方)和威尔逊(买方)的真正保留价格之间。作为先开价者,史蒂夫认为最后能卖到二十五万美元就很不错了,而且他当然记得自己的保留价格只是二十二万美元。

他们曾经商量了时间的作用。现在,如果威尔逊最近的报价是高于二十二万美元,史蒂夫是否应该离开谈判桌,暂停谈判呢? 他的朋友提醒史蒂夫,对这个问题没有客观的标准。他将面临一种典型的不确定情况下的决策问题。而且,在试探了威尔逊的态度之后,再对他的保留价格做出估计,会比以现有资料做出估计有用得多。暂停谈判的危险在于,休会时期内,威尔逊可能会继续寻求别的机会。当然这种危险在于他们是怎样停下来的。

当第一轮谈判结束后,史蒂夫认为他简直是一场灾难,而且往下想,他甚至不敢断定会有第二轮谈判。彼得期夫人干得漂亮,但是不起任何作用。看来威尔逊不会把他的报价提到旅店的保留价以上了,谈判一开始,双方说了几句幽默的笑话和几句客套话。接着威尔逊就说:"请告诉我,你们能够接受的最低条件是什么。好让我看看是否能再做点什么。"史蒂夫早已料到了这样的开场白,没有直接回答,他问道:"为什么不告诉我们,你愿意出的最高价格,好让我来看看是否能再削减点价格。"幸运的是,威尔逊被这个答案逗乐了,他最后报出了他的开盘价格十二万五千美元,而

且首先讲了在萨默维尔那个地区许多房地产买卖的实例作为支持他的证据。史蒂夫立即回答说，爱姆垂旅店完全可以卖得比这个价格高，再说人们一点不想搬迁。只有当他们能够搬到更安静的地方去，他们可能考虑搬迁。但是在环境安静的地方，房地产价格是很高的。史蒂夫最后提出，只有售价六十万美元，才可能抵消这次麻烦的搬迁。彼得斯夫人赞同这个价格。史蒂夫之所以选择这个价格，是因为他心里盘算着十五万美元和六十万美元的中间值，高于所盼望的三十五万美元。威尔逊反驳道，这个价格根本不可能被接受。双方让了一小点儿步，最后决定休会，双方都暗示，他们将再做一些调查。

你应该具备的

史蒂夫找他的朋友商量，应怎样重新评价和判断威尔逊的保留价格所用的分布函数。史蒂夫的明确印象是，六十万美元实际上比威尔逊的保留价格高得多。他的朋友提醒他，威尔还是这方面的老手，假如他的保留价格比六十万美元高，他就会引导史蒂夫向别的方面想问题。他们决定等一星期以后，史蒂夫告诉威尔逊，旅店董事会愿意把价格下降五万美元。

但是两天以后，史蒂夫接到了威尔逊的电话，他告诉史蒂夫，他的良心受到了责备，他做了一个梦，梦到了彼得斯夫人和她给这个世界带来的社会福利。他被感动了，尽管不是出于商业上的考虑，他还是应该将他的价格提到二十五万美元。史蒂夫忘乎所以了，脱口而出他的第一个错误："现在这个价格比较接近他了！"但是马上恢复了镇定，说道，他相信他能说服理事会把价格降到四十七万五千美元。他们商定两天后再次会见，并希望那是最后一轮谈判。

刚与威尔逊通完电话，史蒂夫就告诉他的朋友，他没留神，让威尔逊知道了二十五万美元的报价就足够了，但是史蒂夫觉得，他的四十七万五千美元也较接近威尔逊的保留价格。并且认为，这似乎就是威尔逊提出再进行最后一轮会谈的唯一原因。他们进一步商定了以后应采取的策略，并且进一步商定了以后应采取的谈判策略，和修正了一些概率估计。

在以后的两天中，双方各作了一些让步。威尔逊逐渐地将报价提高到二十九万美元，最后停在确定的报价三十万美元上。史蒂夫则从四十七万五千美元降到四十二万五千美元，又降到四十万美元，然后当威尔逊强硬地停在三十万美元时，他又"费力地"降到了三十五万美元。史蒂夫最后停止了谈判。并告诉威尔逊，他将必须与董事会的主要成员取得联系，看

看是否可以突破三十五万美元这个界限。

现在三十万美元不仅突破了史蒂夫的二十二万美元,而且使爱姆垂旅店有可能买下奥尔斯顿的房地产。在这一点上,他成了一块"有油水可榨的肥肉"。朋友问史蒂夫,他最后认为威尔逊将会把价格提高到三十万美元以上。他回答道,他认为可能需要采取一些促使面子的花招,这样威尔逊是可能提高报价的。他感到,问题是如果威尔逊还做着别的交易,一旦其中一项成交了,那么威尔逊会很快决定放弃爱姆垂旅店的交易。

随后,史蒂夫做了两件事。首先,为了准备购买奥尔斯顿的那块房地产,他请哈里·琼斯为签订一份合法的合同作全面细致的准备。琼斯第二天就汇报说,除了需要超出原预算再花费两万美元,对房子作一些必要的修理,以达到奥尔斯顿的防火标准外,一切都与原计划一样。三十万美元仍然能满足这个需要。其次,史蒂夫和彼得斯夫人商量,旅店可以将余下的二万五千美元或五千美元干点什么。彼得斯夫人说,任何一笔额外的钱都应拿出一半放入"财务援助基金"之中;这个基金是为了帮助那些不能完全负担起爱姆垂旅店的住宿费的旅客的。还要用这笔钱来买一些"必要的奢侈品",为此她列了一张清单。随着热情不断高涨,她的小单子也不断加长,但是只要做一点合理的压缩,一万至二万美元就足够了。随着彼得斯夫人的侃侃而谈,她变得醉心于这些鸡毛蒜皮的小事,而不是搬迁到奥顿,她十分希望能获得三十五万美元。

第二天,史蒂夫给威尔逊打了一个电话,向他解释说,旅店对是否接受三十万美元的报价有不同意见(这当然是实情)。"您的公司能不能再多出一点儿?如果咱们的买卖做成了,您的公司能否免费为爱姆垂旅店新买的房子做相当于三万或四万美元的维修工作?要是这样的话,我可以接受三十万美元的报价。"威尔逊回答说,他非常高兴地能明智地接受他的三十万美元的慷慨报价。史蒂夫没说什么。接着,威尔逊又解释道,他的公司有一项一贯的政策,就是不让自己卷入免费承包这种限制性的交易之中。他并不想让史蒂夫难堪,但是这个建议根本行不通。

"那么好吧,"史蒂夫回答道,"如果您的公司能为爱姆垂旅店提供一笔免税的赞助,比如说四万美元的赠款,这笔钱将放入旅店的'财务援助基金'中,专供帮助急需的旅客之用,这也确实是一种帮助。

"奥,这倒是个主意,140个格兰德是太多了,但我可以问问我们的律

师,是否捐赠 20 个格兰德。"

"25 个怎样?"

"好吧,就 25 个。"

结果,根据法律,威尔逊的公司要直接付给爱姆垂旅店三十二万五千美元。这样威尔逊既保全了面子又巧妙地突破了他自己的最终报价。而爱姆垂旅店则通过曲折道路充分满足了自己的需要。

故事 3 在鲜鱼遍布的河沿

在赞比亚却发生了宁愿鲜鱼死去也拒绝善行的怪事。事情是这样的:

某个外国公司在赞比亚境内开采铜矿,工人都是从附近的省招来的。这些工人和眷属都住在刚果河附近的临时工家里。公司向工人保证很快就会建成现代化的住宅,临时工家相当简陋,不仅摇摇欲坠而且没有自来水,只能用河水。工人及眷属必须到河里洗澡、提水。令管理人员担忧的是:已有好几个妇女小孩子在鲜鱼满布的河流里失踪了。很明显,解决的方法是立刻装抽水机,这样就没人去河里了。

当管理人员公布这个消息时,却令他很惊讶。工头告诉他:"嗨,我们不要抽水机。""理智些,"管理人员说:"已经丧失那么多人了,就暂时接受那些抽水机吧。我们还要消毒水质,杀掉寄生虫,你会对它感兴趣的。我们事事为你们着想,工头先生,你们为什么不要抽水机?"

工头拒绝讨论这个问题。管理人员只好私下调查,结果发现工头认为若安好抽水机后就不会盖房子了。因此,除非这些管理人员有压力,否则他们就不想集资盖房子了。工头和工人一致认为他们宁可冒人命的损失,保持现状以给管理人员以压力,迫使其盖房子。

管理人决定不顾工头的抗议,还是把抽水机建起来了,没想到两周后所有的抽水机都被砸得粉碎,人们仍跑到河里用水。后来管理人才发现,原来工头造谣说:"消毒剂含节育的成分,由于管理人不愿女工旷工,才出此下策。"

虽然管理人想再向工头晓以大义,但都没用,工头以不妥协的态度,迫使管理人加速盖房子,管理人觉得不可思议,工人为了能住上现代化的住宅,竟然会不顾一切,甚至不惜冒妇女和小孩丧生的危险。没办法,这就

156

是不同的利益观,这就是现实。

故事4　两位教授与一部大百科全书

确实,有许多的东西是不能像蛋糕那样可以简单分割的。虽然中国史书记载过乌江畔五位汉将尸分项羽、记载过民国孙殿英的士兵盗慈禧墓,裂分名画古画,但那些毕竟是武夫的野蛮,分尸后的项羽已不是全尸了,裂分后的名画会丧尽价值。故而,有传说中的以色列王国以小孩为计,借以考查争子的两妇人之真伪;也有宁波天一阁时祖德家训,"以书不可散",它的藏书至今声名遇遮。

还有许许多多,不胜枚举。

关于这些东西的争执常常会引起武力,但是,我们还是可以试图用谈判来求得公正解决,有一些策略也是经常用的:

比如,离婚谈判在孩子归谁监护之前便先就另一方的探视权达成协议。这样,会促使谈判双方尽力将探视权订得公正些。

又比如,一件不可分割的祖传宝贝可以采取轮流保管的方式。几个兄弟也可轮流赡养老人,几个进球数并列第一的足球运动员也可轮流保管进最多球奖的奖杯。

抽签和掷段子也是常用的方法,它的结果也许不尽公平,但是谈判双方都有 50%的可能性,机会是均等的。

再不然,也可以把矛盾交出来,请第三者仲裁,由他决定归属,第三者可以是某方面的权威、专家,甚至也有可能是利害关系人。

这里,我们还想到了谈判家卡利安·查特古博士。他准备的一个案件,分配一部大百科全书,颇受谈判界推崇。

大致情节是这样的:

布朗和迪克先生是一对好朋友,他们都是大学教授,而且都爱好收藏旧版的学术著作。一天,他们在散步时偶然得到一套 1914 年出版的《不列颠大百科全书》,那些别人搬家扔弃不要的旧玩艺,对他们可是宝贝儿。可是,书只有一套,归谁呢?

"布朗你拿去吧。"迪克迟疑地说:"是你发现的。"

（根据先见先得的原则分,其实迪克心里不愿意。）

"不，不，迪克，应该属于你，想一想在你的图书室里添上 1914 年版的大百科全书该多好啊！"

"不，布朗，你一定得拿回去。"

（礼貌谦让，有时倒也不失为一策。）

争论了几分钟也没有结果，布朗显得有点丧气："迪克，我们把书先放到你那边吧，然后我们再决定怎样分配。"

（暂时回避）

迪克倒挺冷静，想了想说："这样吧，反正书也不能分为两半，不管谁完整地得到它都是好事，我们为什么不试试用投硬币的办法决定归属呢？"

（常见的随机分配法）

"好吧，"布朗的回答有点勉强。他选择了其中的一面，迪克投币，结果倒是布朗赢了。

这回，迪克倒真的快快不乐了。

查特吉博士问:除了上述各法能不能采取些别的对策，使事情看起来更公平些?譬如朴素法、拍卖法、斯坦豪斯法等等。

我们假定，如果让布朗和迪克各自对这部大百科全书作出估价，布朗愿出的最高价是四十美元，迪克对它的估价是一百美元，如果这是真的，则迪克更看重这套书。

无论根据朴素法，拍卖法还是斯坦豪斯法，迪克出价最高者都将得到这套书。但是，根据朴素法，将以迪克的最高出价一百美元进行平分。迪克要付给布朗五十美元;根据拍卖法，将以布朗的四十美元（即次最高价）进行平分，布朗可从迪克那儿取得二十美元的补偿。

现在看看根据斯坦豪斯法的分配情况，由迪克和布朗的出价我们可得初始公平份额分别为五十美元和二十美元。物品属迪克后，以迪克的初始公平份额为标准。他超额量为五十美元;以布朗的初始公平份额为标准，布朗应得到二十美元（即超额量为负二十美元）;由此想到总平均超额量为：(50–20)÷2=15(美元)。同时给迪克和布朗的初始公平份额添上十五美元，得出调整后的公平份额。迪克为(50+15)=65 美元。布朗为20+15=35 美元。这样，我们可得出最终结果:迪克应分额为六十五美元，他的书值一百美元，故而迪克应拿出三十五美元给布朗。

也许有人会问:在斯坦豪斯法中,布朗如果虚报提高自己的估价,岂不是得利更多?这在一定范围内是可能的不超过对方的估价。但是。如果他虚夸太多。比如开到一百二十美元,那么结果是布朗得书,并付给迪克五十五美元。布朗会对此感到吃亏,因为这部书对他至多值四十美元,他损失十五美元。专家们还研究了其他各种可能的虚报手法,认为策略性虚报在有限范围内可使一方得到,但有风险,斯坦豪斯法在实际上起到了鼓励诚实的作用。

我们可以再思考思考随机法,运用随机法布朗偶然得到了这一部书,但迪克也没有再进行讲价还价。其实,运用随机法双方各有 50% 的可能性,如果双方对此书的估价不变。又如果迪克猜赢了这部书,自然再无容易可说,因为布朗是不愿出高于四十美元的价格的。但是,在布朗猜赢了这部书的情况下,迪克却可以讨价还价。(最好他们在随机确定财产所有权之先便报出各自的估价。甚至亦可事先商定达成协议的范围,以免于朋友之间讨价还价的窘迫感。)分析迪克和布朗的差价为:100-40=60 美元;设想他们可以平分各利三十美元。(谈判交易价格的中间点)这样,迪克仍可用七十美元从布朗手中买回那套大百科全书。随机法对于双方都有冒险性:布朗可能什么也得不到,迪克可能要支付更多二十美元,不过,有些人是喜欢冒险的。

在某种变通的情况下,分割挑选法也可用于分配这套大百科全书。

我们假定:布朗和迪克每个人拿出一百美元投入分配总基金之中则全部分配对象为:书加上二百美元。以投硬币的,方法决定分割者。分割者可根据自己的意愿把全部分配对象分为两份。另一方则是有权优先从中挑选一份。

假定布朗被选为分割者,那么,他会分出书加八十美元和一百二十美元这两份。这在他看来是公平的,因为他对书的估价仅为四十美元。如果对方选带书的那份,布朗可净赚二十美元。当然,布朗可能会猜到对方更喜欢的书,他也可能把带书那份的钱减少些而加另一份上。这在有限范围内可能成功,但有风险。

假定迪克被选分为分割者,又假定迪克完全以自己的心愿将全部分配对象分为书带 50 美元和 150 美元两份,那么,布朗一般会让他得到带书的那份。布朗可净赚 50 美元,而迪克也感到公平。如果迪克猜测布朗对

书的估价，也可能谋略性地把带书的那份钱增加些。但这同样是有风险的。

我们说过，如何在布朗和迪克之间公平分配大百科全书，只是一种虚拟的谈判案例，但由此引发的种种对策，对于完善我们的谈判公平理论无疑是富有启发性的。

故事 5 比三个商人还要精明的人

美国有位谈判专家想在家中建个游泳池,建筑设计的要求非常简单:长 30 英尺,宽 15 英尺,有温水过滤设备,并且在 6 月 1 日前做好。谈判家对游泳池的造价及建筑质量方面是个外行,但这难不倒他。在极短的时间内,他不仅使自己外行变成了内行,而且还找到了质量好价钱便宜的建造者。

谈判专家先在报纸上登了个想要建造游泳池的广告, 具体写明了建造要求,结果有 A、B、C 三位承包商来投标,他们都拿给他承包的标单,里面有各项工程的费用及总费用。谈判专家仔细地看了这三张标单,发现所提供的温水设备、过滤网、抽水设备、设计和付钱条件都不一样,总费用也有差距。

接下来的事情是约这三位承包商来他家里商谈，第一个约好早上 9 点钟,第二个约定 9 点 15 分,第三个则约在 9 点 30 分。第二天,三位承包商如约而来,他们都没有得到主人的马上接见,只得坐在客厅里彼此交谈着等候。

10 点钟的时间, 主人出来请第一个承包商 A 先生进到书房去商谈。A 先生在一进门就宣称他的游泳池一向是造得最好的, 好的游泳池的设计标准和建造要求,他都符合,顺便还告诉主人 B 先生通常使用陈旧的过滤网,而 C 先生曾经丢下许多未完的工程,并且他现在正处于破产的边缘。接着又换了 B 先生进去,从他那里又了解到其他人所提供的水管都是塑胶管,他所提供的才是真正的铜管。C 先生告诉主人的是,其他人所使用的过滤网都是品质低劣的,并且往往不能彻底做完,拿到钱之后就不管了,而他则是绝对做到保质保量。

谈判专家通过静静地倾听和旁敲侧击地提问,基本上弄清楚了游泳池的建筑设计要求及三位承包商的基本情况, 发现 C 先生的价格最低,

而 B 先生的建筑设计质量最好。最后他选中了 B 先生来建造游泳池，而只给 C 先生提供的价钱。经过一番讨价还价之后，谈判终于达成一致。

竞争者都想尽自己最大的努力来争取这项工程，然而鹬蚌相争，真正得利的还是渔翁！

故事6　形形色色的传播艺术

谈判本身便是人们之间一种特殊的传播活动。传有传的艺术，传是大有讲究的。

孔子批评过子贡一件事：那是鲁定公十五年正月，邪隐公前来朝见。子贡从旁观察两位国君的举动。邪隐公把玉高高地献上，他抬头仰视；鲁定公把玉低低地接受下来，他垂头俯视，事过之后，子贡说："以礼来看两位国君的举动，他们都有死亡的迹象。礼，是象征生死存亡、兴旺衰微的主体，没有人不重视。因此，左右、周旋、进退、俯仰，都要符合这个礼；朝会、祭祖、死丧、征战，也要按这个礼来观察。现在两位国君是在正月里举行盛大朝会，而其举动竟然都不合礼数，可见他们的心里已经昏乱迷糊了。朝会均不符合礼仪，他们怎能长久呢？高高地献玉，抬头俯视，这是骄傲的表现；低低地受玉，垂头俯视，这是懒惰的表现。骄傲，说明距离祸乱不远；懒惰，预兆将要发生疾病。鲁定公是主人，他恐怕要先死吧？"五月，鲁定公死。孔子说："子贡果然说中了这件不幸的事，这件事他太多话了。"孔子以礼而论，子贡是不该那么直言相传的。

子贡毕竟是个学生，相形之下，有些饱经风霜的老者理要细致些。据说，周武王攻入殷都后，听说殷有一个长者，就访问他，问他殷之所以灭亡的原因。这个长者对武王说："大王想知道，就请中午来吧！"不料到了约定的时间，此公竟没有来，武王很生气。周公说："我已经知道了，这是一个君子在避免非议他的故主。许诺了不兑现，说出了话而不守信用。这就是殷之所以灭亡的原因。他已经用这种方法告诉大王了。"

周公一言中，老者是以不传为传。

春秋时，陈候建造凌阳台，工程还没完毕，就有好几个因犯法被处死了。陈候又拘禁了三名监督工程的官吏，大臣们谁也不敢出来劝阻。

孔子这时正好来到陈国，陈候就召见孔子，和他一起登上凌阳台观

161

光。孔子上前来祝贺他说:"这座台真是太美了!大王真是太贤明了!自古以来,就是圣人修建高台,哪里有不杀一人而能完成这样的工程!"陈候沉默了很久,就派人把拘禁的官吏们释放了。

孔子绵里藏针,言此而意彼。

齐国的晏婴也长于此道,不过也许是君臣相知吧,胆子更大一些。一次,齐国有一个人得罪了齐景公,齐景公非常生气,把他捆在大殿前面,叫左右的人来把他慢慢肢解掉,敢于劝告人,立刻处死。晏子左手抓住那个人的头,右手磨着刀,抬头向景公说:"古代的明王圣主肢解人,一般是从哪儿开始割? " 齐景公一下子从座位上站起来说:"把他放掉吧,过错在我。"

晏子家住闹市,有一次齐景公顺口问了句:"你家住在市场附近,知道商品的价格吗!""踊贵,鞋子便宜。"踊就是受刑被砍掉双脚的人所用的假肢。当时齐景公好用酷刑,闻言不禁为之一惊。景公后来不再常常用刑,晏子这句话该是重要的原因。

据说,汉高祖刘邦刚打下天下时,也险些发生意外。当时汉高祖刘邦已给二十多名功臣封了爵号。其他的功臣日夜争要功名。高祖在南阳宫,远远看见许多将领常常在一起窃窃私语,便问留侯张良。张良回答说:"陛下您从平民百姓起家,依靠这些将领夺取天下,现在您当了皇帝,但所封的都是旧好,所杀的都是有仇怨的,因此他们聚在一起准备造反。"高祖忧虑地说:"怎么办? " 张良说:"您平时所憎恨的群臣也都知道的人,是谁呢?"高祖说:"雍齿都封了侯,我们不再担忧了。"

张良不愧为帝王之师,信息传递的设计既准确又迅速,极富有谋略性。

上面所说的,无论是明是暗大都可称之为直意而传,传的精妙之处还在于有许多根本是意外之传,弦外之音甚远却又不留丝毫痕迹。

譬如,西汉时的陈平。陈平原来为项羽做事,后来转投刘邦,逃跑途中渡河时,船主见他一人独自行走,怀疑他是逃亡的将领,腰中定有金银宝物,好几次打量他。陈平恐出意外之事,索性脱下衣服,裸着身体帮船主撑船。船主知道他没什么东西,也就作罢了。

譬如,唐朝的唐太宗,史书上说唐太宗的妹妹丹阳公主嫁给了薛万彻,一次唐太宗无意中对人说起过:"薛驸马士气! "言者无心,闻者有心,

丹阳公主感到羞愧，几个月不同薛万彻在一起。唐太宗听后大笑，摆下酒席请薛万彻和丹阳公主，又同薛万彻握槊游戏，并以所佩戴的刀作为赌注。唐太宗假装输掉，解下自己的佩刀给薛驸马挂上。散席之后，公主非常高兴，薛万彻还没上马，公主便招呼他同车回去，对他比过去敬重得多了。

又譬如三国时的刘备，刘备自收了马超，信任有加，命为平西将军，封都亭侯。马超见刘备宽厚待人，也就大大咧咧的不注意君臣礼节了，与刘备说话也常常直呼其名。关羽很生气，请求杀了马超，刘备不同意。张飞说："这样的话，我们应当给他做出礼节的标范。"第二天，刘备召集全体将领，关羽、张飞一同带着刀恭恭敬敬地站在刘备身旁。马超进帐一看，坐席上没有关羽、张飞，抬头见他俩站在那儿侍候，很受震动，此后就非常尊敬刘备了。此等妙传，真可谓不战而屈人之兵。

诸此等等，都可称得上是意外之传。玄妙别致而又了无风影，当然，这也绝不仅仅是王公大人、风流雅士之杰作。据史书记载，早在春秋时，有个叫鸱夷子皮的仆人对此已有超水平的发挥了。据说，鸱夷子皮跟着齐国大臣田常到燕国去，鸱夷子皮背着符信出入关防的凭证，在后跟随。到了望邑，子皮说："你难道没有听说过干水沟里的蛇的故事吗？"干水沟里的蛇准备迁移到新地方，有只小蛇对大蛇说：'你在前边走，我在后边跟随，人们认为我们是游动的蛇，必须会杀了你，不如我们互相纠缠，你背着我，人们必定以为我是神君。现在你的外表好看而我却丑陋，你要是作为我的主人，人们会以为您最多不过是一个一千辆兵车小国的君主。你要是作为我的使者，人们一定会认为您是一个有万辆兵车大国的国卿。您不如当我的舍人。'田常觉得有理，便背着符信跟在鸱夷子皮后面。到了客舍，客舍主人果然很恭敬地招待他们，献给他们酒肉。

用今天的话说，鸱夷子皮是借意外之传而取得了意外之利。传的奥妙的确是无穷的。

故事 7　方鸿渐的教授梦

话说《围城》，假洋博士方鸿渐情场失意，祸不单行，受聘三闾大学不受校长赏识，连说定的教授也成了个副的。看着鸿渐抓耳挠腮的窘态，中文系的汪主任倒给出了个主意。

"跳槽"。

"你在本校升不到教授,换个学校就做到教授,假如本校不允许你走,而旁的学校以教授相聘,那么本校只好升你做教授。旁的学校给你的正式聘书和非正式的聘信,你愈不接受,愈要放风声给本校当局知道,一来,你的待遇就会提高。你的事包在我身上,春假以后,我叫华阳哲学系的朋友写封信来,托我转交你去,我先把信给高校长看,在旁打几下边鼓,他一定提升你,而且全不用自己费心。"

用谈判的语言说,这叫"引起竞争",是谈判者可资运用,行之有效的基本策略。

引起竞争,要在引起。华阳哲学系是否真要方鸿渐是其次,关键是要让高校长感到有人与他争方鸿渐。一如《红与黑》中被贵族小姐始乱后弃的小生于连,爱不爱别的女人和别的女人爱不爱他,都无所谓。他之所以不断给别的女人写情书并有意泄漏给贵族小姐,目的就是要激起她的嫉妒,刺激她的高傲,换言之,引起她与别的女人之竞争。

谈判亦是如此。

故事8 知州买马

以轻松自若的神情参加谈判,就等于把问题的包袱扔给了对方,这往往有助于你达到既定的目的。政治谈判、军事谈判是如此,商业谈判也是如此。

我国的明朝有一种杂役叫俵马,即官府将官马分派给民户饲养,过段时间再由民户向官府交纳验收。由于各州县都不能自己繁殖小马,要靠马贩子从外地贩过来,马贩子往往奇货可居,开价很高。开州地处各县之中,买马就更困难了。开州知州陈弄岩了解这种情况后,心生一计,佯作不愿,要等马贩子到齐之后才出来看马。他又提前一天,把负责解送马匹的差吏叫到公堂。了解行情,然后又悄悄对他们说:"我心里现在很急于买马,但明天看马时,要装作不着急,这件事我让你们心里有数。"差吏们原先怕完不成任务遭冤挨打,听了均叩头感谢。第二天,马贩子都跟着管马的差吏把马带来了,有的马很是雄健,陈知州却表示一概不要,并对他们说:"马的高矮就怕比较,我宁可要矮一寸的马。我已发文通知太仆寺(朝廷负

责马政的官署),说这是自己繁殖的马驹。"众差人却说,再过三日到临滁的集市上去选购,一定能买到这种马。陈知州答应了,对谁也没有责备。马贩子们很失望,争着把马贱价出卖,结果,这年开州要的马两天就买齐了,且价钱没有超过二十金一匹。而在周围的州县,为了争取早日完成任务,好得到官府的保荐,争相买高价马,马价竟有的涨到四五十金一匹。

陈知州买马,心急面不急,所以能争取主动,这也给我们以很多的启发。我们对在谈判中该如何争取从容不迫、轻松自若,有三点建议:

1.最好不要为自己的事亲自谈判,人们总关切自己的利益,会觉得问题重大而易丧失客观、从容的立场。

2.多换些角度看问题。有个笑话说:两个人看到半瓶啤酒,一个说:"唉,半瓶空了。"另一个说:"啊!还有半瓶。"前面是个悲观者,后者就要乐观得多。隋朝的"大雅君子"牛弘有个弟弟叫牛弼,好酒贪杯,一次醉后竟射死了牛弘驾车的一头牛。牛弘回家听了妻子的告状,只说了一句话:"正好可做牛肉脯。"此等心态确实显得轻松豁达。

3.干脆把问题想透了,把心上的石头放下来。用卡耐基的话说便是:"大不了……""难道谈不成就不活了吗?"总之,最好以豁达的态度进入谈判。这样,你便会觉得精力充沛,不会紧张,充满自信地把握自己的命运。

故事 9　权力有限代理人只进不出

尼尔伦伯格在《谈判的艺术》一书中说了这么一件事:他的一位委托人安排了一次会谈,对方及其律师都到场了,尼尔伦伯格作为代理人也到场了,可是委托人自己却失约了。等了好一会儿,也没见他的人影,这三位到场的人就先开始谈判了。随着谈判的进行,尼尔伦伯格发现自己正顺顺当当地迫使对方做出一个又一个的让步或承诺,而每当对方要求他做出相应的承诺时,他却以委托人未到,他的权力有限作为理由,委婉地拒绝了。结果,他以一个代理人的身份,为他的委托人争得了对方的许多让步,而他却不用向对方做出相应的让步。

从某种意义上来讲,受了限制的权力才会成为真正的力量,一个受了限制的谈判者要比大权独揽的谈判者处于更有利的状态。例如,他可以

优雅地向对方说"不",因为未经授权,这往往使对方大伤脑筋,迫使对方只能根据他们所拥有的权限来考虑问题。如果对方急于取得成效,虽然明知会有某种损失,也不得不妥协拍板,否则就得冒谈判失败的风险。

有些人对于加在他们身上的种种限制往往十分抱怨。其实他们应该为此而感到高兴才对,因为这能使他们的工作更容易进行。如果一个谈判者敢于问自己:"我需要什么样的限制?才更有讲价还价的本钱?"他便往往能使工作出乎意料地成功。精心选出的权力限制,能成为你谈判制胜的重要因素。

如果对方采用权力有限策略来对付你,你该怎么办?当然最好不要跟这种人打交道。只要了解,就要盯住有实权的人。如果你必须跟权力有限的谈判人员打交道,那么最好在谈判开始的时候就搞清楚这么一个问题,那就是对方到底有多大的权力?如果他的权力确实有限,那么你就应该施加种种影响,争取在他的权力范围内达成协议。

故事 10 "阁下,你已经宽恕我了吗?"

1942 年 5 月,美英两国同意 1942 年内开辟欧洲第二战场,以减轻前苏联战场上的压力,但不久丘吉尔看到前苏联战局逐步取得有利的进展后,又后悔了。同年 7 月,丘吉尔和罗斯福举行会谈,在丘吉尔的鼓励下,他们决定 1942 年不在欧洲登陆,而进入北非。丘吉尔意识到,向斯大林通报这一决定将是一项很艰难的任务,于是决定亲自赴莫斯科会谈。

8 月 12 日晚,丘吉尔与斯大林举行首次会谈。会谈最初两个小时的气氛阴森而沉闷。会谈一开始丘吉尔就把最棘手的第二战场问题提出来,向斯大林解释英美不能按预期开辟第二战场的困难原因。

斯大林阴沉着脸,并未被丘吉尔的观点所折服,他单刀直入地质问道:"据我了解,你们是不用大量的兵力来开辟第二战场,甚至也不愿意用 6 个师登陆了。"

"确实如此。"丘吉尔说,"我们能够用 6 个师登陆,但这样的登陆有害无益,因为它会大大地破坏明年计划实行的巨大战役。战争是战争,不是开玩笑。如果带来对任何人没有好处的灾难,那就太愚蠢了。"

"很对不起!我的战争观与阁下的不同。"斯大林声色俱厉地说,"不准

备冒险，就不能获得胜利。为什么你们这样害怕德国军呢？我真不明白。我的经验认为，军队必须在作战中流血。"

"那么，元帅阁下曾问过自己，为什么希特勒在 1940 年不打到英国去？当时希特勒正当力量全盛之时，而我们却只有两万经过训练的军队，200 门大炮和 50 辆坦克。"丘吉尔反唇相讥地说，"他没有来，这说明希特勒也怕进行这样的战役。横跨英吉利海峡并非一件容易的事。"

"不，不能这样类比。希特勒在英国登陆，将会受到英国人民的抵抗；而英军在法国登陆，定会受到法国人民的拥护。人心的向背，也是决定战争胜负的一个重要因素啊！"

谈话至此。会议厅内出现了令人窒息的沉默。斯大林最后说："假如你们今年不能在法国登陆，我也无权强求，但我必须说，苏联政府不同意英国首相的论点。"

为了打破僵局，丘吉尔随后谈到对德国的轰炸问题。斯大林强调打击法西斯德国的斗志的重要性。经过这段谈话之后，紧张的气氛有所缓和。

现在，丘吉尔认为，该是提出"火炬"作战计划的时候了。于是他说："我要回过头来谈谈 1942 年的第二战场问题，我是专为这个问题而来的。我并不认为法国是进行这样一次战役的唯一地点。还有别的地点，因此我们和美国人决定了另外的计划。美国总统授权我来把这项计划秘密地告诉斯大林元帅。"

然后丘吉尔简单扼要地说明"火炬"计划，说明他们年底占领北非，威胁希特勒欧洲的腹部的意图。

斯大林极感兴趣地听着丘吉尔的介绍，然后提出了他所领悟的开展"火炬"战役的四点理由，丘吉尔深表赞成。

虽然前苏联领导人仍对英美推迟在法国北部登陆的计划不说，但这时的气氛已好了许多。丘吉尔为了扩大会议成果，又说："我们还打算把英美的联合空军调到俄国军队的南翼，以便保卫里海和高加索山脉，并在这个战场从事一般的战斗。"斯大林答称，他们对这种援助表示十分感激。

会谈至此，对于丘吉尔来说，已是云开迷雾了，但还不是万事大吉。

第二天晚上丘吉尔与斯大林举行第二轮会谈。斯大林首先递给丘吉尔一份备忘录，谴责英国拒绝在 1942 年开辟欧洲第二战场的背约行为，

指责美国代表对丘吉尔的支持。

丘吉尔表示要用书面答复。按着双方又争论了两个小时。斯大林责备对方违背关于"痛击"计划的诺言;又说他们没有把答应给前苏联的军需品送去,只是在满足自己需要之后,才送去少许剩余物资。斯大林虽然用词严厉,但毫无怒容,甚至也不激动。他反复说明自己意见,认为英军完全没有必要害怕德军。

斯大林讲到这里,丘吉尔再也忍受不下去了,他激动地说:"我千里迢迢到这里来,为的是建立良好的合作关系。我们曾经竭力帮助俄国,而且将要继续帮助下去。我们曾经完全孤立无援地对德国和意大利作战了一年。现在三大国既已成同盟,只要不发生分裂对立的情况,就一定能够取得胜利。"

为了缓和一下会谈的紧张气氛,斯大林开了一句玩笑,说他很爱听丘吉尔先生发言的声调。此后会谈便继续在那不紧张的气氛中进行。

次日上午,丘吉尔对斯大林的备忘录作了书面答复,反复强调实施"火炬"计划的可能性和重要性。

当天晚上,丘吉尔一行出席了克里姆林宫的正式宴会。宴会的气氛友好、热烈。斯大林很愉快地与丘吉尔进行着交谈,双方无拘无束,潇洒自然,再也不像会谈时那样严肃紧张了。丘吉尔见斯大林露出友好的笑容;随即说:"阁下,你已经宽恕我了吗?"斯大林说:"这一切都已经过去了,过去的事应该属于上帝。"

丘吉尔凭其高超的谈判技巧,抓住适当的时机,做出一些让步,终于取得了斯大林的谅解。

故事 11　摩萨台的眼泪

感情冲动、态度强硬是一种谈判策略,同样,感情软弱也能成为一种谈判策略。1951 年上台的伊朗前首相穆罕默德·摩萨台在这种策略的运用上达到了炉火纯青的地步。

摩萨台是在阿里·技兹马拉被具有宗教狂热的民族阵线分子刺杀后上台的,当时他已年过 70,却是一个做派逼真的演员,他常常在伊朗议会里说哭就哭,说昏倒就昏倒。许多伊朗人认为,这表明他情真意切,令人

尊敬。

　　摩萨台很瘦小,身体看上去很衰弱,但他却能倚老卖老,占尽便宜。有一位伊朗医生讲了他同摩萨台初次见面的轶事。这位医生是伊朗议会的一名议员,是反对党的成员。一天,医生参加了议会的会议,当时摩萨台正在非常卖力地鼓吹一项议案,希望议会能够通过。他慷慨激昂地演说完以后,便慢慢地昏了过去,嘴里还喃喃地说着他准备为可爱的伊朗牺牲自己的生命。哺哺中,他的身子便倒在了地上。医生说,医生的责任感使他忘掉了政见上的歧异。他见此情景就迅速地跳过几条长凳,跪在首相的身旁,松开了他的衣领,摸住了他的手腕,他以为这个弱老头的脉搏一定是微弱而不稳的,不料他摸到的竟是健康有力的脉搏。医生说他当时太感动了,就投了赞成票。摩萨台把他表面的衰弱变成了有力的武器。

　　摩萨台的另一次成功的表演是在美国的纽约。当时他是去参加联合国大会的。那时正值伊朗与英国发生石油冲突,美国人的调解无效。摩萨台来到纽约,英国人就在联合国控告了他。他确信,联合国是英国人手中的木偶,它会按照英国人的意志即将命令他归还英伊石油公司。因此,他不想和有关方面的有关人士就英伊石油公司的问题发生冲突。

　　有一次,美国驻联合国大使欧内斯特·格罗斯想见见摩萨台首相,同他谈谈英伊石油公司的问题。下午4点,格罗斯大使在别人的陪同下来到沃尔多夫·托尔斯饭店摩萨台的房间。格罗斯走进房间,径直朝摩萨台的卧床走去,他抓住摩萨台的手说:"摩萨台博士,我是欧内斯特·格罗斯大使。我是你们的朋友。我想帮你找到一个解决这个问题的办法。我愿尽一切力量帮你为伊朗民众争得公平合理的。"摩萨台双眼谨慎地注视着格罗斯,问道:"大使?你是驻哪里的大使?"格罗斯说:"我是驻联合国的大使呀。"谁知摩萨台一听他是驻联合国的大使,便尖叫一声,好像被人用尖刀刺了一下似的,在床上抽疯般地来回翻滚,并且号啕大哭,眼中滚出了大滴大滴的泪珠。格罗斯大使被这一突如其来的痛苦闹得惊惶失措。这时陪同格罗斯前来的人对他说:"大使先生,我想今天不宜再谈下去了。"格罗斯说:"我的上帝,我看也是不宜。"于是格罗斯又三次拉住摩萨台的手说:"摩萨台博士,你感到好些的时候,我们再来。"

　　摩萨台这个看上去感情脆弱、年老体衰的首相善于把软弱变成一种力量,用以激起别人的同情,消除或者削弱彼此的对立情绪,从而争取到

主动,进而达到他的目的。男人的眼泪,有时候比女人的眼泪更有力量。

故事 12 古老的假设

　　这是一个古老的假设:欧内斯特接受了一项任务,要在一百名妇女之中挑选出那个最漂亮的。自然了,如果两位妇女同时出现在他面前时,他能毫不含糊地指出哪一位比较漂亮,但是现在的要求是,这一百名妇女按照一个随机编好的次序依次出现在欧内斯特眼前。如果他看过一位妇女,而并没有指出她就是那位最漂亮的,那么他就不能再回过头来挑选她了。假定他放过了第一位妇女。显然,她被指为最漂亮女人的概率是 0.01。可是欧内斯特无法回答他找到了那位最漂亮的女人（因为只有一个人,无法比较）。要是他指出谁是第二漂亮的女人,他不会得到任何奖赏。第二名妇女现在又走到了他面前,他把她与第一位相比较。如果她不如第一位漂亮,显然他不会挑选她;可是,即使第二位确实比第一位漂亮,他还是可能愿意放过她,而把她作为一个标准去衡量下一位。如果欧内斯特现在已放过了 x 位妇女,那么,在有 x 名中最漂亮的那位就将作为判断第(x+1)位的标准。在做出选择之前,他应该放过多少位妇女呢?他有什么样的概率可以挑到那位最漂亮的女人呢?

　　后来,还是数学家们做出了回答。答案是:欧内斯特应该让 38% 的候选者通过,并且应该挑选下一个比前 38 位均更漂亮的妇女作为他的选择。如果他采用这个方案,那么他选中那位最漂亮的女人的概率为 38%。考虑到条件的苛刻性,这已是一个相当好的结果了。

　　这个假设又可有"挑选最好的秘书"或"挑选最大的麦穗",等等的变形。现在的问题是,它与我们的谈判也有关系。

　　譬如说,有人急于想出卖一件东西,如一幢房子。假定他暗自定下了保留价格,低于 3 万元不卖。又假定他的时间很紧,出于筹集资金或债务等等的考虑,必须在一个月内出手。好,现在消息放出去了。第一天就有买主上门,他出的价格是 1.5 万元,后来又提到了 2 万元,三天后,第二位买主来把价格提高到 3.5 万元,他还应该等下去吗? 而且,第二位买主暗示他同时也在找别的房子,如果这几天没有回音,就意味着已另有选择了。他可能决定还是冒些险。第三位买主是难以接受的 2.8 万元,又过了几

天,第四位买主出现了,开价是 4 万元……现在,已是十几天过去了,他能定下来吗?

显然,这个问题面临了许多不确定的因素。首先,卖主不知道会出现几位买主;其次,他不知出价最高买主的概率分布;第三,他也不知道造访过的买主是否还会回头与他讨价还价。

这是一个典型的选择问题。

又譬如,在双方谈判中,如何掌握时间的节奏,在什么时候达成协议最为有利,这也属于选择问题。虽然它没有一个固定的答案,但是许多谈判实践证明,一个有经验的谈判者能够敏锐地察觉出达成协议的(哪怕很小的)范围。而且,达成协议的范围越小,为此消耗的时间一般也越长。以此推论,谈判中的耐心和等待,表面看起来不急于解决问题,愿意为此花费时间的往往能取得更大的成功。在很多的情况下,谈判策略的实质就在于拖延、磨时间。这也是为什么许多谈判常常是要接近截止期时双方才达成协议的重要原因。犹太人是举世公认的谈判高手,他们在这方面干得特别出色。相反,如果是一个缺乏经验的谈判新手,他很可能在秒计滴答声中感到很不自在,他会怕"浪费"时间,他甚至会担心后面的"美女"来不及挑选就退出了……总之,由于太急躁,他们往往没能挑选出"那个最漂亮的……"

第七单元　经典谈判范例

"两个中国之命运"重庆谈判

　　1945 年 8 月,中国抗日的烽火尚未完全熄灭,内战的硝烟已经开始在中国的上空弥漫。刚刚经历过胜利喜悦的人们一下子又堕入了云雾迷茫之中,情不自禁地向苍天发问:中国又要陷入战乱吗?

　　在时局剧变的历史关头,中共中央发表了《对目前时局的宣言》,提出了和平、民主、团结三大口号,领导全国人民争取和平民主的斗争,挫败了国民党反动派的内战阴谋。

　　蒋介石慑于国内强大的和平压力,且发动内战的军事部署尚未完成,于是施展和谈阴谋,三次电邀毛泽东赴重庆"共商建国大计"。其实,醉翁之意不在酒。蒋介石 "邀请"是假,"挑战"是真。他明知毛泽东不愿"从命",却故作姿态,以便在众目睽睽之下把"不要和谈"、"不肯合作"的大帽子扣在共产党和毛泽东的头上。

　　然而,出乎蒋介石的意料,毛泽东接受了蒋介石的挑战,他不顾个人安危,以"弥天大勇"亲赴重庆。他要看一看蒋介石究竟有无诚意,开的是什么盘子?

"毛泽东先生来了"

　　1945 年 8 月 28 日下午,成都重庆的九龙坡机场热闹非凡。

　　蒋介石的侍从室主任周至柔、国民参政会秘书长邵力子以及其他军政人员,各民主党派人士,八路军驻重庆办事处的工作人员以及新闻记者共几百个人早早地来到了机场,人人脸上露出一种兴奋的神情。他们全然不顾当空的烈日和难忍的暑气,频频地翘首仰望碧空,等着来自延安的专机。

　　3 时 30 分过后,晴空中终于响起了马达的轰鸣,一架草绿色的三引

擎军用客机进入了人们的眼帘。不一会儿,飞机徐徐降落,机舱门打开了。第一个出现的客人正是中国共产党中央委员会主席毛泽东!机场上立即响起了热烈的掌声。毛泽东微笑着,取下头上戴着的考克礼帽,朝机场上欢迎的人群使劲地挥手。人们看到,毛泽东身穿一身宽大的蓝灰布中山装,身材魁伟,神采奕奕。

紧随着毛泽东走下飞机的,是中共代表团的另外两名成员:周恩来和王若飞。他们两人自抗战以来,先后作为中共代表常驻重庆,所以重庆的各界人士对他们都很熟悉。

与周恩来、王若飞同时走出舱门的还有两个重要人物。那就是美国驻华大使赫尔利和国民政府军事委员会政治部长张治中。他们俩是受蒋介石委派,于前一天专程飞往延安迎接毛泽东来渝的。

毛泽东等人一踏上山城大地,欢迎的人群就朝他们涌去。那些抢新闻的中外记者们更是不放过这一宝贵机会,手上的照相机"吁擦"、"吁擦"地响个不停。

有的记者一边拍照,一边对赫尔利喊道:"站近一点,大使先生!"

赫尔利被这些记者逗乐了,干脆紧紧挽住毛泽东的胳膊,又顺势将周恩来的胳膊挽住,对记者们说:"既然你们老用镜头对着我们,那你们就拍个痛快吧!"

摄影记者欣喜若狂,可把其他的欢迎者急坏了。各党派的代表如黄炎培、章伯钧、左舜生等人被挡在人墙外面,根本无法接近毛泽东。身材矮小、年迈体弱的民主人士沈钧儒夹在人群中难以动弹,口里不停地喊着:"我是沈钧儒,请让一下!"

正在一旁和八路军办事处、《新华日报》的同志们握手的周恩来看到这个情景,非常敏捷地将腋下夹着的一个大纸包高高地举在空中,大声对记者们说:"新闻界的朋友们,我从延安给你们带来了礼物,请到这边来拿吧!"

这一招真有效,一下子把记者吸引过来了。周恩来看到毛泽东已和国民党政府的代表、民主人士握手、交谈,便笑着打开纸包,向记者一一分发"礼物"。原来是从延安带来的毛泽东的书面讲话稿。

毛泽东简短的书面讲话说:

本人此次来渝,系应国民政府主席蒋介石先生之邀请,商讨团结建国

174

大计。现在抗日战争已经胜利结束,中国即将进入和平建设时期,当前时机极为重要。目前最迫切的是保证国内和平,实施民主政治,巩固国内团结。国内政治上军事上所存在的各项迫切问题,应在和平、民主、团结的基础上加以合理解决,以期实现全国之统一,建立独立、自由与富强的新中国。希望中国一切抗日政党及爱国志士团结起来,为实现上述任务而共同奋斗。本人对于蒋介石先生之邀请,表示谢意。

一九四五年八月二十八日

一些记者看完这份油印的书面讲话,飞身跳上汽车,赶进城里抢发新闻去了。

机场外面停着好几辆高级轿车。蒋介石的私人代表周至柔陪同毛泽东、周恩来、王若飞等人来到轿车前,指着一辆崭新的篷车说:"这是蒋主席特别拨给毛先生使用的。"

毛泽东礼貌地答了一句"很感谢",但没有上这部车,而是走向另一辆标有"美大使馆"字样的篷车。跟在后面的赫尔利很快明白了是怎么回事,为毛泽东拉开了后座车门。

赫尔利大使一直把毛、周、王三位送到桂园张治中公馆。桂园成了毛泽东飞抵重庆后的第一个落脚点,后来也是毛泽东在市内的办公地点。

在桂园张公馆用过午餐和稍事停留后,毛泽东在周恩来、王若飞的陪同下,驱车来到红岩村13号第18集团军办事处。在那里停留了两三小时,便又应邀前往蒋介石的别墅——山洞林园赴宴,并同蒋介石会面。

当天晚上8点多钟,毛泽东一行到达了山洞林园。蒋介石赶紧迎上前去,满面笑容地和毛泽东握手。

"润之,你好!我们有十几年没有见面吧?"蒋介石首先开口。

"蒋先生好!我们是有好长时间没有见面,今天是久别重逢,实在令人高兴。"毛泽东精神也很好。

"欢迎你到重庆来。希望你多住些日子,我们好好地谈一谈。"

"感谢蒋先生的好意,还请蒋先生多多赐教!"

在宴会上,气氛十分热烈。据当时的《新华日报》报道说:"席间蒋主席和毛泽东同志曾相继致词,并几次举杯互祝健康,气氛甚为愉快。"

毛泽东飞抵重庆，并与蒋介石握手、欢宴这一消息，通过无线电波和各种报纸立即传遍了整个山城，传遍了全中国，也传到了世界的许多地方。

重庆《大公报》8月29日以"毛泽东先生来了"为题发表评论说："毛泽东先生来了！中国人听了高兴，世界人听了高兴，毫无疑问的，大家都认为这是中国一件大喜事。……毛泽东能够惠然肯来，其本身就是一件大喜事。我们高兴，我们庆慰，我们以胜利中国言论界一分子的资格，敬表一些高兴与庆慰之忱。"

成都市《华西晚报》29日在评论中说："毛泽东飞抵重庆，对于中国人民，这是一个比之日本突然无条件投降更使人欣喜的消息。"

西安《秦风日报、工商日报联合版》发表社论说："中国共产党领袖毛泽东先生及周恩来等已于昨日与赫尔利大使及张治中部长同机飞抵重庆。这好像在阴暗的天空中忽然放出来一道光明，不禁使人手舞足蹈，为国家的前途祝福！自日本投降以后，这真是最令人兴奋的消息。"

胡其瑞等民众在致《新华日报》编者的信中，热情洋溢地赞颂毛泽东到重庆谈判，认为："毛先生之来，是关系全国命运的大事。"使我们过去所听到的对中国共产党一切诬词和误解，完全粉碎了。毛先生来渝，证明了中共为和平、团结与民主而奋斗的诚意和决心，这的确是反映和代表了我们老百姓的要求，希望即将开始的谈判完全成功。

亿万中国人不约而同地把目光转向了重庆！

"两个中国之命运"

重庆谈判，是中国当时最强大的政治力量之间的谈判，是关系到中国前途和命运的大较量。其实，这一较量早在抗日战争后期就已经开始了。

抗日战争后期，人们在关注战争的同时，也在关注着中国的未来。赶走日本人以后，中国怎么办？国共关系怎么样？战后中国命运的问题客观地摆在国共两党面前，争夺战后中国的领导权成为国共双方斗争的中心问题。后来，毛泽东曾十分明快地表达了这一时期国共两党的基本政策："蒋介石对于人民是寸权必夺，寸利必得。我们呢？我们的方针是针锋相对，寸土必争。"

第七单元　经典谈判范例

1943 年 3 月,蒋介石发表了《中国之命运》一书,全面表述了他的政治观点和对内对外政策。在这本书中,蒋介石叫嚷:"中国今后的命运乃就要决之于国内政治之是否统一,与国力之能否集中的一点之上。"蒋介石大力渲染国民党在中国历史中的作用,竭力推行其"一党专政"的独裁统治。他说,"如果今日的中国,没有了中国国民党,那就没有了中国",简单地说,中国的命运,完全寄托于中国国民党。他鼓吹只有国民党能"改造"与"整理"中国千百代祖宗留下来的遗产,来"开创"与"充实"亿万子孙立命的基业。

在鼓吹国民党的同时,他对共产党的政治主张采取了肆意贬斥的态度,他说:"所谓自由主义与共产主义之争,则不外英美思想与苏俄思想的抄袭和附会。这样抄袭附会而成的学说和政论,不仅不利于中国的国计民生,违反了中国固有的文化精神,而且根本忘记了他是一个中国人,失去了要为中国而学亦要为中国而用的立场。"他还攻击这种思想,以外国的立场为立场,"为侵略主义作爪牙",是"民族精神最大的隐患",非"彻底改革"不可。

在书中,蒋介石明确把消灭共产党作为今后的基本国策,他说,"中国从前的命运在外交","今后的命运则全在内政",而"内政"的核心就在阻碍政治统治的"割据势力"。他咬牙切齿地说:"如果这种武力割据和封建军阀的反革命势力存留一日,国家政治就一日不能上轨道,军政时期,亦就一日不能终结。"他还暗示,用和平的方式已不能产生效果了,但中国命运却"不出于这二年之中"。字里行间,杀机四伏。

《中国之命运》将蒋介石的封建法西斯主义的政治观比较完整鲜明地展现在人们面前。蒋介石要在中国建立的是一个继承封建专制传统,限制人民民主自由,国民党一党专政的独裁统治,要建立一个黑暗的中国。同时,它还表达了蒋介石集团坚决反共的立场,预示着抗日战争胜利后将要到来的国共之间的严重斗争。

《中国之命运》一出版,国民党便大肆吹捧为什么"思想的明灯","今后努力的指针"。孙中山"三民主义以后一本最重要的著作"等等。他们还把它列为全国各界的必读书,供中学教师、大学教师讲授和大学教授研究之用。

针对《中国之命运》一书对于共产党的种种诬蔑与攻击,《解放日报》

社论说:"污蔑共产党为新式封建与变相军阀的无耻妄人,其所持唯一理由为'组织武力,割据地方',但是问题却在组织什么样的武力,割据什么人的地方。共产党组织的是抗日的武力,割据的是日寇占领的地方。"

1943年8月24日,《解放日报》公布了两份统计材料:一是《国共两党抗战成功的比较》;二是《共产党抗击的全部伪军概况》,以确凿的事实说明:"共产党抗击了全部侵华敌军共36个师团60万人的57%(35万人),国民党仅抗击43%(25万人)。共产党又抗击了全部伪军62万人的90%以上(56万人),国民党仅仅牵制伪军不足10%。"

中国共产党人用无可辩驳的事实深刻揭露了国民党从抗战以来,逐步由积极抗战到消极抗战、积极反共的倒退过程,有力地论证了中国共产党及其领导的抗日军民始终坚持抗战、坚持团结进步的正确路线,深刻证明了只有中国共产党才是"中华民族忠实的卫士"、是抗日战争的中坚力量,同样,也只有中国共产党才代表着中国的光明前途。

1944年下半年,国民党在豫湘桂战役中大溃败,失地丧师,国统区政治经济出现全面危机。毛泽东认为,共产党向国民党及国内外提出改组政府主张的时机已经成熟。

8月17日,毛泽东指示正在重庆的董必武,同参政会中的中间党派就建立各党派联合政府问题进行磋商。9月4日,中共中央指示林祖涵、董必武、王若飞向国民政府参政会提出联合政府的主张,其方案为:要求国民党政府立即召集各党各派各军各地方政府各民众团体代表开国事会议,改组中央政府,废除一党统治,然后由新政府召开国民大会,实施宪法,贯彻抗战国策,实行反攻。

建立联合政府的政治主张,表现了中国共产党领导中国新民主主义革命运动的一个重大发展。如果说,在此之前,共产党领导民主运动的重点是建立抗日根据地局部的地方民主政权,那么,在此之后,共产党领导民主运动的重点则转向要求建立全国性的民主政权。这个转变反映出抗战胜利前夕,国内政治形势的发展和阶级力量的变化,同时,也标志着国共两党关于战后中国命运的斗争已到了短兵相接的严重关头。

毛泽东的"联合政府"主张,让蒋介石十分恼怒。1945年3月,蒋介石在重庆宪政实施协进会发表讲演说:"吾人只能还政于全国民众代表的国民大会,不能还政于各党各派的党派会议或其他联合政府。"

4月23日，毛泽东在中共七大所致的开幕词，赫然以"两个中国之命运"为题。他说："中国之命运有两种；一种是有人已经写了书的；我们这个大会是代表另一种中国之命运，我们也要写一本书出来。"这本书就是《论联合政府》。毛泽东明确宣布："我们应当用全力去争取光明的前途和光明的命运，反对另外一种黑暗的前途和黑暗的命运。我们的任务就是这一个！"

在《论联合政府》中，毛泽东分析对比了中共解放区和国民党统治区两方面的情形：当时，中国区产生了19个大的解放区，近一亿人口，"在所有这些解放区内，实行了抗日民族统一战线的全部必要的政策，建立了或正在建立民选的共产党人和各抗日党派及无党派的代表人物合作政府，亦即地方性的联合政府"。在这种地方性的联合政府领导下，解放区军民抗击着"侵华日军的百分之六十四和伪军的百分之九十五"；他们普遍实施民兵和自卫军制度，人力物力源源不断；他们自己动手发展农业和工业生产，全体人民有饭吃、有衣穿、有事做；他们的官吏艰苦奋斗，以身作则，禁绝贪污。事实证明，中国解放区已成为抗击日本侵略军的主要力量。

与此相对照，"国民党内的主要统治集团，坚持独裁统治，实行了消极的抗日政策和反人民的国内政策"。这样，就使得他的军队缩小了一半以上，并且大部分几乎丧失了战斗力；使得它自己和广大人民之间发生了深刻的裂痕，造成了深刻的政治与经济危机。国统区的人民生活痛苦，达到极点；国统区的官吏贪污成风，廉耻扫地。

解放区和国统区，即是两个中国命运的缩影，两个中国命运的对照。在这个分析对比的基础上，毛泽东提出了废除国民党一党专政，建立民主的联合政府的政治主张。

建立联合政府的主张，表现了共产党力量的增长。联合政府强调联合，符合全国最广大人民的利益与愿望，这就有利于迅速争取一切可能团结的力量，在政治上孤立和揭露蒋介石。

显然，抗日战争结束前夕国共两党关于独裁与民主的斗争，即是后来重庆谈判中的政治集点。尽管，在重庆谈判中，国共两党的分歧集中于军队和解放区问题。其实质，仍然是国民党坚持一党专政的独裁统治和共产党要求建立新的民主政府的重要斗争。赫尔利希望共产党"先插进一只脚来"。

1944 年 9 月，赫尔利作为美国总统罗斯福的私人代表来到重庆。他的任务是将中国军队统一起来，留在战争中，共同进行对日作战。蒋介石向赫尔利表示，他可以推迟内战，但条件是中共必须交出独立的武装。10月，中共代表林伯渠、董必武在重庆会见赫尔利，要求赫尔利帮助中国建立一个真正的政治联盟作为中国的联合政府，同时成立由中共参加的"联合最高指挥部"，统一指挥全国军队。美援应该在国共之间公平分配。

11 月 7 日，赫尔利飞往延安，想就国共合作统一问题与毛泽东磋商。其间，他并未真正了解中国这两大党各自究竟需要的是什么，而是一厢情愿地想以美国人的方式把国共双方都圈入一个总原则之中，并使他们并入一个赞成法制和秩序的委员会里。在重庆时，他一再向蒋介石强调了统一中国一切军队的必要性和好处。现在，他又尝试先让中共进入他所划定的圈子。

11 月 8 日，赫尔利在与毛泽东的第一次正式会议上就拿出了一份由他拟定的长条款文件。毛泽东看了这份文件后立即问，这五条代表了什么思想。赫尔利答道，这些观点是他自己的思想，"不过是我们大家制订出来的"。言下之意似乎蒋介石也同意了。经过两天两晚的热烈讨论，赫尔利的方案得到了修正，最终形成了《中共与中国政府的基本协定》，其主要内容如下：

中国政府、中国国民党与中国共产党应共同工作，统一中国一切军事力量，以便迅速击败日本与重建中国。现在的国民政府应改组为包含所有抗日党派和无党无派政治人物的代表的联合国民政府，并颁布及实行用以改革军事政治经济文化的新民主政策，同时军事委员会应改组为由所有抗日军队代表所组成的联合军事委员会。

联合国民政府应拥护孙中山先生在中国建立民有民治民享之政府的原则，联合国民政府应实行用以促进进步与民主的政策，并确立正义、思想自由、出版自由、言论自由、集会结社自由、向政府请求平反冤枉的权利、人身自由与居住自由，联合国民政府亦应实行用以有效实现下列两面权力：即免除威胁的自由和免除贫困的自由之各项政策。

所有抗日军队应遵守与执行联合国民政府及其联合军事委员会的命令，并应为这个政府及其军事委员会所承认，由联合国得来的物资应被公平分配。

中国联合国民政府承认中国国民党、中国共产党及所有抗日党派的合法地位。

这一文件似乎把各党派联合起来的安排加以具体化了，通过这种安排，将引申出某种民主的多党制来。赫尔利认为，这些条款的大部分内容与美国传统精神相符合，只要双方接受这些原则就可以共同合作了。他在写给总统的报告中说："我们以最紧张热烈、最友好的方式，争辩，一致，不一致，否定，承认，对我的五点方案来回讨论，直到最后加以修正……"

11月10日，赫尔利即将离开延安的时候，他向毛泽东提议在五点建议上一起签字，他说："主席，你我在这些条款上签字吧，我认为这是适宜的。"它表明我们经过考虑认可了这些条的合理性。于是，毛泽东和赫尔利分别在这些条款上签了名，并给蒋介石留出了签名的空白地方。

当赫尔利登上去重庆的飞机时，他心里想，现在的任务就是如何说服蒋介石接受这些条款。周恩来随赫尔利一起去重庆，准备与蒋介石就细节问题作进一步商谈。

赫尔利从延安带回的方案，受到了蒋介石及其国民政府的强烈反对。宋子文的评论是："共产党把你给骗了。国民政府决不会同意共产党的要求。"赫尔利原以为，协议中使用"民主"的词句做出一些这类承诺是无关紧要的，一向喜欢独裁的蒋介石却不这样看，对于权力问题，他寸步不让。因此，他向赫尔利表示，"建议案最终会导致共产党控制政府"。赫尔利希望说服蒋介石接受这些条款，告诉蒋介石，联合政府使国民政府巩固起来，共产党曾保证接受蒋委员长的领导等等，而蒋介石则直截了当地告诉他，接受了这种联合就意味着国民党的全面失败。

11月21日，赫尔利交给周恩来一份蒋介石的三点反建议：

国民政府允许中共军队加以改编，承认中共为合法政党；中共应将其一切军队移交国民政府军委会统辖，国民政府指派中共将领以委员资格参加军委会；国民政府之目标为实现三民主义之国家。

当赫尔利接到蒋介石的三点反建议后，正好被美国政府任命为驻华大使，他感觉到有必要进一步站在中国政府的立场上解决问题。于是，他又鼓起精神试图说服共产党接受蒋介石的方案了。

周恩来看到这三点反建议，大失所望，他立即向赫尔利提出了关键性问题："蒋介石对联合政府的态度如何？"赫尔利回答："啊，这件事已经过

去了。"他告诉周恩来,蒋介石已允许共产党参加政府,但不愿写在建议上。周恩来感到了赫尔利态度的转变,认为蒋介石没有丝毫解决问题的诚意。

12月2日,周恩来将毛泽东来电中的意见转告赫尔利。毛泽东说:政府三项与延安五条距离太远,我们认为联合政府与联合军事委员会是解决目前时局问题的关键。这既不能获得蒋介石的同意,因此无法挽救危局。周恩来应回延安参加会议,不必再留重庆。

12月4日,赫尔利再度约会周恩来,提出:"联合政府目前尚不可能。参加政府,参加军事委员会,蒋委员长则已答应。我希望你们参加进来,然后一步一步改组。你以为如何?"

周恩来答道:"联合政府本为毛主席在延安向赫尔利将军所提出的,赫尔利将军亦认为合理。至于参加政府及军事委员会之举,即令做到,也不过是做客,毫无实权,无济于事。"

赫尔利说:总统希望你们参加,"先插进一只脚来"。

周恩来表示,他对这样做客,已经疲倦了。

赫尔利要求美军驻延安观察组组长包瑞德上校与周恩来一同回延安,尽一切可能说服毛泽东接受蒋介石的条款。不久,赫尔利就收到了包瑞德关于同毛泽东会谈的报告,报告摘录了毛泽东谈话的要点:

由委员长向我们提出的三点建议的首要之点是,共产党的军队必须服从全国军事委员会的改编。这就意味着把我们的军队完全置于委员长的控制之下,其结果将是,他们可以随心所欲地裁减我们的武装力量,那时,我们将任凭其摆布。

与这种相当于完全投降的交换条件相应的是,总共才给我们一个全国军事委员会的席位,而这个名额是没有任何实际作用的。当年的重要将领冯玉祥、李济深两位将军也是全国军事委员会的成员,但是他们对军事委员会的决定毫无影响。事实上,整个全国军事委员会已经很长时间没有开会了。

赫尔利将军说,如果我们接受全国军事委员会的这个席位,那么我们将得到所有的军事报告,从而我们将知道政府的行动,并且我们将处在影响政府决策的地位上。我难于接受赫尔利将军的意见。我们明确地告诉他,虽然有一位共产党人参与全国军事委员会,但是他对该会也不会比局

外人有更多的发言权,我们是清楚我们所说的那种情况的。

赫尔利将军还说,接受了全国军事委员会的代表席位,将使我们的"一只脚跨进大门",并以此作为能够扩大我们地位重要性的起点,从而逐渐使我们的影响增加到这样一个程度, 即最后我们将控制政府。我们相信,这是一个带根本性错误的概念,但是我们已不能使赫尔利将军确信这是一个根本的错误。我们所能说的一切乃是:如果双手被反绑着,即使一只脚跨进了大门也是没有任何意义的。

魏德迈将军说,如果我们同委员长达成协议,他就能给我们武器,并派出美军军官训练我们,和我们一起工作。我们衷心地欢迎这种帮助,但是不能指望我们付出这样的代价,即我们在接受这种帮助时,要由委员长批准。

我们不像蒋介石,我们并非必须要别的国家的支持, 我们能够挺立着,像自由的人们一样自由地行走。如果美国放弃我们,我们将万分的遗憾,但是这不会损害我们对你们的友好情谊。任何时候,无论是现在还是将来,我们都将怀着感谢的心情,接受你们的帮助,我将不附带任何条件,在美国将军指挥下尽心履行自己的义务,这就是我们对你们的友好情谊。如果你们在中国海岸登陆,我们将在那里同你们会合,并且将听从你们的指挥。

在"五点建议"中,我们已经做了我们将要做的全部让步,在同意委员长作为领导上做了让步, 在同意我们的军队接受全国军事委员会的统一指挥上做了让步,在美援物资方面我们也做了让步(除去我们应该得到的公平的一份外,我们毫无所求)。我们将不再做出任何进一步的让步了。

我们完全理解,赫尔利将军不能保证委员长接受"五点建议"。我们知道他仅仅能说,这些条款是公平的,他将尽力使委员长接受这些条款。但是,在蒋介石拒绝这些公平的条款之后,我们不希望赫尔利将军反过来强迫我们同意需要我们去牺牲自己的反建议。

毛泽东对蒋介石和赫尔利的答复,深刻揭露了蒋介石坚持独裁,反对民主改革,企图吞并抗战果实,和平"消灭"共产党及其抗日军队的真实面目。他的答复也巧妙地讽刺了赫尔利的不公正立场,表示了中国共产党坚持独立自主,以人民利益为重,不为蒋介石威胁利诱所动的坚定立场。

与此同时，毛泽东也不想就此关上谈判的大门。1944 年 1 月 12 日，毛泽东、周恩来在致王若飞的电报中，嘱他转告包瑞德："牺牲联合政府，牺牲民主原则，去几个人到重庆做官，这种廉价出卖人民的勾当，我们决不能干。这种原则立场，我们党历来如此。希望美国朋友不要硬拉我们如此做。我们所拒绝者仅仅这一点，其他一切都是好商量的。"

1945 年 1 月 7 日，赫尔利致函毛泽东和周恩来，提议在延安召开有他参加的国共两党会议。毛泽东回信说，这种会议不会有结果，应该在重庆召开有国民党、共产党和民主同盟三方参加的国事会议的预备会议，如果蒋介石同意，那么周恩来可去重庆蹉商。于是，1 月 24 日，周恩来又一次飞抵重庆。

2 月 2 日，周恩来起草了一个关于党派会议的协议草案交给国民党代表王世杰。国共双方又在是否改组政府问题上争论不下。13 日，周恩来会见蒋介石，蒋竟以十分傲慢的态度宣称："党派会议，等于分赃会议；联合政府，无异推翻政府。"这种态度使周恩来十分惊异，怒不可遏，遂决定中止谈判返回延安。

3 月 1 日，蒋介石在重庆宪政实施协进会上发表演说，强调在国民大会召开前，政府不能将政权交与各党各派组成的联合政府。第一，"政府不能违反建国大纲，结束训练"；第二，"国民政府如将一切政权或责任交级各党各派"，其结果必使"抗战崩溃，革命失败"。蒋介石以国民大会召开前，没有一个"可以代表全国人民，使政府可以征询民意之负责团体"为由，拒绝成立联合政府。在这个演说中，蒋介石还将国家不能顺利实施宪政的责任，栽到共产党头上，说国家和军队的统一是推行宪政的先决条件，而共产党及其军队"不受中央命令"，阻碍了国家的统一。因此，"共产党不应有军队，这是很明显的道理"。

蒋介石的话等于宣布了国共谈判的破裂。

5 月 5 日，国民党在重庆召开第六次全国代表大会。大会拒绝成立联合政府，坚持走独裁和准备内战的道路。会议决定于 1945 年 11 月 12 日召集"国民大会"，并由"国民大会"通过宪法，实施宪法，"还政于民"。蒋介石在会上咬牙切齿地说："今天的中心工作，在于消灭共产党！"

4 月 23 日至 6 月 11 日，共产党在延安召开第七次全国代表大会。毛泽东作了《论联合政府》的报告，向全国人民发出了结束国民党一党的专

政，成立联合政府的呼吁，指出国民党的一党专政是抗战失败的"负责者"，又是"内战的祸胎"。他号召人民起来以"愚公移山"的精神，挖山不止，去争取中国的光明前途。

蒋介石连发三封邀请电

1945 年 7 月 26 日，中国、美国、英国三国政府发表《波茨坦公告》，要求"日本政府立即宣布所有日本武装部队无条件投降"，并指出："除此一途，日本即将迅速完全毁灭。"

8 月 6 日，美国第一颗原子弹投向广岛。8 日，前苏联政府对日宣战，同时宣布参加《波茨坦公告》。9 日，100 余万苏军从北、东、西三个方向进攻侵占中国东北的日本关东军。同日，美国第二颗原子弹投向长崎。

日本侵华军总司令冈村宁次噤若寒蝉，他在南京官邸同时收听四部电台的广播，这四部电台的频率分别代表四方权力机构华盛顿、莫斯科、重庆和东京。冈村宁次非常清楚，他虽然还拥有 100 多万号称"常胜军"的日本精锐部队，但是日本大本营和军部谁也没有扭转乾坤的伟力。日本正面临灭顶之灾！

此时的日本天皇已被原子弹的威力吓得惶惶不可终日。是战是降？天皇面临着无奈的决策。在内阁会议上，阁员之间为"战"和"降"的问题吵得一塌糊涂，但在残酷的事实面前，大臣们还是取得了共识：战是没有希望的，投降是唯一出路，问题的关键是以何种方式投降，是有条件投降，还是无条件投降？

在中国抗战出现空前有利的形势下，毛泽东主席于 8 月 9 日发表《对日寇的最后一战》的声明，提出：

对日战争已处在最后阶段，最后地战胜日本侵略者及其一切走狗的时间已经到来了。在这种情况下，中国人民的一切抗日力量应举行全国规模的反攻，密切而有效地配合苏联及其他同盟国作战。八路军、新四军及其他人民军队，应在一切可能条件下，对于一切不愿投降的侵略者及其走狗实行广泛的进攻，歼灭这些敌人的力量，夺取其武器和资财，猛烈地扩大解放区，缩小沦陷区。

8 月 10 日，日本政府向同盟国发出乞降照会。消息传来，中国人民奔走相告，沉浸在万分喜悦之中。同一天，朱德以延安总部名义发布第一号命令：解放区任何抗日武装均依据《波茨坦宣言》规定，向其附近各城镇交

通要道之敌军及其指挥机关送出通牒,限其于一定时间,向我作战部队交出全部武装。

此时,蒋介石却在峨眉山时刻关注着延安方面的行动。当他听到军统头子戴签汇报朱德已下令共军发起反攻,迫日伪军投降的情报时,猛地站起:

"中共没有受降权利!"

他说:"国民党是中国唯一合法政府,这是国际国内一致公认的。日伪军只能向国民政府和中央军投降。"

戴签继续汇报:"委座,华北聂荣臻部打着配合苏军大反攻的名义,向热辽方向调动,企图争夺东北;山东罗荣桓部正在围攻鲁南申从周部;吕正操部正向归绥集结……"

"共产党争霸天下之心昭然若揭,我们必须以最快的速度调动大军,争夺战略要地。"蒋介石说。

8月11日,蒋介石一连发布了三道命令,发出了内战的信号,犹如一盆冷水洒向欢欣鼓舞的人们。

一道是给朱德总司令的命令,令第十八集团军所属部队"应就原地驻防待命",不得向敌伪"擅自行动"。

一道是给国民党军队的命令,要他们"加紧作战","积极推进","勿稍松懈"。

还有一道给日本驻华最高指挥官冈村宁次,要他"维持现状","除按指定之军事长官的命令之外,不得向任何人投降缴械"。

蒋介石这三道命令的真实意图,就是不准共产党领导的抗日人民军队攻打日寇,接受投降,收复国土;只许国民党的军队收缴日伪武装,抢占地盘,并要伪军配合行动。

对于蒋介石这种背信弃义的"小人"行为,中共中央立即给予了有力反击。8月13日,毛泽东即以朱德的名义起草了致蒋介石的电报,愤怒地说:现在日本尚未实行投降,还在同中国,同苏、英、美军队作战,你却不要我们再打仗了;但却命令你的嫡系"加紧作战,积极推进,勿稍松懈",必须命令日本侵略者投降,将敌伪武装缴械。我们认为这个命令你是下错了,而且错得很厉害,使我们不得不向你表示:坚决地拒绝这个命令。因为你给我们的这个命令,不但不公道,而且违背中华民族的民族利益,仅仅有利于日本侵略者和背叛祖国的汉奸们。

就在同一天,毛泽东又为新华社写了社论《蒋介石在挑动内战》,揭露蒋介石的"命令"就指出:中国解放区的抗日军队,在国民政府毫无接济又不承认的条件下,独立解放了广大的国土和一万万以上的人民,抗击着侵华敌军的56%和伪军的95%。实在地说,在中国境内,只有解放区抗日军队才有接受敌伪投降的权利。至于坐待胜利的蒋介石,他实在没有丝毫权利接受敌伪投降。

在谴责蒋介石的同时,毛泽东向他的军队下达了"包围大城市及交通要道,设法劝令敌伪投降"的命令,并要求全党做好对付国民党发动内战的准备。

善耍手段的蒋介石看到情形于他不利,出于种种原因,他竟在毛泽东严厉指责他的第二天,向毛泽东发出了和平谈判的邀请。电报说:

侯寇投降,世界永久和平局面,可期实现,举凡国际国内各种重要问题,正待解决,特请先生克日惠临陪都,共同商讨,事关国家大计,幸勿吝驾,临电不胜迫切悬盼之至。

蒋介石的这份电报从表面看来,实在是情词恳切,似乎与毛泽东毫无隔阂,然回头看他三天前的命令,却让一般人感觉上难以协调。这也正是蒋介石政治手腕的圆滑之处,他将一个"高抛球"扔给了毛泽东,看你如何接。

当电报传到延安的窑洞里,气氛很快热闹起来。周恩来、朱德、刘少奇等领导人一致认为蒋介石不可能有和谈的诚意,这不过是他的阴谋。但是,如何对付蒋介石的"和平"攻势?毛主席采取以攻为守的战略。他在领导人的议论声中,提起毛笔,两份电文一挥而就。他拿起墨迹未干的电文,对大家说:"蒋委员长一封电报,让我们这么多人费心劳神,我们也给他去两封,让他也操点心。你们看看,还有什么修改补充意见没有?"

第一封电报以第十八集团军总司令朱德的名义于8月16日上午发出,拒绝让第十八集团军原地驻防的命令,要求蒋介石收回命令,承认错误,并向蒋介石提出六项要求,让蒋介石早日回答。

第二封电报是对蒋介石"邀请"电的回答,于8月16日下午发出:

未寒电悉。朱德总司令本日午有一电给你,陈述敝方意见,待你表示意见后,我将考虑和你会见的问题。

毛泽东的回电表明,他并未因蒋的邀请而放弃自己的立场。他要求蒋介石对他不准八路军受降的电报加以解释。然后再谈会面的事。

8月20日,蒋介石在《中央日报》上发表了他的第二封邀请信:

朱总司令电称一节,似于现在受降程序未尽明了。查此次受降办法,系由盟军总部所规定,分行各地区,均予依照办理,中国战区亦然,自未便以朱总司令之一电,破坏我对盟军共同之信守。朱总司令对于执行命令,往往未能贯彻,然事关对内妨碍犹小,今于盟军所已规定者亦倡导议,则对我国家与军人之人格将置于何地。

大战方告终结,内争不容再有。深望足下体念国家之艰危,悯怀人民之疾苦,共同戮力,从事建设。如何以建国之功收抗战之果,甚有赖于先生之惠然一行,共定大计,则受益拜惠,测仅个人而已哉!特再驰电奉邀,务恳惠诺为感。

蒋介石这份电报反守为攻,把不让受降的事归之于盟军,反诬朱德不执行命令,丢了"国家与军人之人格",并以公开电的形式发表,想置毛泽东于被动之地。蒋介石的基本战略,国民党内的人心里都很明白。《中央日报》社发表蒋介石电报的当晚就讨论起来。总编辑陈训畲说:"双方距离这样远,共产党态度这样坚决,怎么会来谈判嘛!"总主笔陶希圣说:"现在动大手术也不是时候,国内有厌战情绪,国际形势也不允许中国打内战,一打起来我们更被动,利用谈判拖一拖也好。共产党拒绝谈判,我们更有文章好做。"陶希圣真不愧为蒋介石的得力谋臣,蒋介石的心思在这里表达得十分清楚。

22日,毛泽东复电:

从中央社新闻电中,得读先生复电,兹为团结大计,特派周恩来同志前来进谒,希予接洽,为恳。

毛泽东的第二份电报是有谋求和平解决国共问题诚意的。8月23日,毛泽东在政治局扩大会议上指出:蒋介石最终是想消灭共产党,所谓和谈完全是骗人的,但由于他消灭我们的条件还不成熟,所以暂时取和平姿态。他说,苏美需要和平,人民需要和平,我们需要和平,国民党摊子还未摆好,兵力分散,内部矛盾,还不能下决心打内战,我们要揭穿其阴谋。会议决定,由周恩来先去重庆,毛泽东暂缓前往。周恩来说:"中央决定我先去,是一个侦察战,最重要的是看看蒋介石开的什么盘子。"

蒋介石决定"假戏真做"做到底,23日追来第三份电报:

未养电诵悉,承派周恩来先生来渝洽商,至为欣慰。惟目前各种重要问题,均待与先生面商,时机迫切,仍盼先生能与恩来先生惠然楷临,则重要问题,方得迅速解决,国家前途实利赖之,兹已准备飞机迎呀,特再驰电速驾!

24日,毛泽东慨然回电:

梗电诵悉。甚感盛意。鄙人至愿与先生会见,共商和平建国大计,俊飞机到,恩来同志立即赴渝进褐,弟亦准备随即赴渝。晤教有期,特此奉复。

26日,毛泽东向中共党内发出了《关于同国民党进行和平谈判的通知》说:"现在苏、美、英三国均不赞成中国内战,我党又提出和平、民主、团结三大口号,并派毛泽东、周恩来、王若飞三名同志赴渝和蒋介石商量团结建国大计,中国反动派的内战阴谋,可能被挫败下去。"

蒋介石为中共方案"深受刺激"。

8月28日,毛泽东、周恩来一行在赫尔利、张治中陪同下飞抵重庆。毛泽东与蒋介石由来往电报的"策略战",开始了面对面的舌战。

赴渝前,毛泽东就与中央商定,在不损害人民利益条件下,在重庆谈判中向蒋介石做出一定让步:第一步让出广东到河南;第二步让出江南;第三步让出江北。但从陇海路迄外蒙我军一定要占优势。

蒋介石对于毛泽东敢赴重庆之举估计不足,因而对正式谈判的准备也不足。得知毛泽东同意赴渝谈判以后,蒋介石匆忙召集各院院长,讨论谈判对策。最后决定,政治与军事应整个解决。但对政治之要求,予以极度之宽容,而对于军事,则严格统一,不稍迁就。

8月29日,谈判开始后,他与国民党谈判代表确立了三项原则:第一,不得于现政府法统之外来谈改组政府问题;第二,不得分期或局部解决,必须现时整个解决一切问题;第三,为结于政令、军令之统一,一切问题,必须以此为中心。

蒋介石的谈判方案,一副强权霸道的面孔,一切以维护其独裁统治为中心,急于要将一切权力拿到自己手中,显然缺乏和谈诚意。这就种下了这次谈判最终不能达到和平结果的基因,同时也充分暴露他自己要独裁、反民主的真实面目,因而也是他经过谈判最终失去民心的根本原因。

正式谈判一开始,毛、蒋二人都毫不犹豫地露出了锋芒。蒋介石首先

宣称,这次谈判政府不提具体方案,希望听取中共方面一切意见。

毛泽东说:"中共希望通过这次谈判,使内战真正结束,永久和平能够实现。"

蒋介石接着毛泽东的话说:"中国没有内战。"

毛泽东立即严正指出,要说中国没有内战,这是欺骗。遂列举十年内战及抗战以来大量事实,批评了国民党的反共内战政策。

谈判开始从一般性商谈着手,各自先谈己方主张。毛泽东与蒋介石直接会商原则问题,中共谈判代表周恩来、王若飞则与国民党谈判代表张群、张治中、王世杰、邵力子商谈具体问题。

9月2日,毛泽东向国民党代表王世杰提出八项原则意见:在国共谈判有结果时,应召开有各党各派和无党无派人士代表参加的政治会议;

在国民大会问题上,如国民党坚持旧代表有效,中共将不能与国民党成立协议;

应给人民以一般民主国家人民在平时所享有之自由,现行法令当依此原则予以废止或修正;

应予各党派以合法地位;

应释放一切政治犯,并列入共同声明中;

应承认解放区及一切收复区内的民选政权;

中共军队须改编为48个师,并在北平成立行营和政治委员会,由中共将令主持,负责指挥鲁、冀、察、热、绥等地方之军队;

中共应参加分区受降。

当晚,蒋介石与毛泽东会谈,就毛泽东所提出的关键性问题发表意见:

第一,中共军队最多保留12个师,这是中央所允许之最高限度;

第二,承认解放区,绝对行不通,只要中共对于军令政令之统一能真诚做到,各县行政人员经中央考核后,可酌予留任,省级行政人员亦可延请中共人士参加;

第三,拟将原国防最高委员会改组为政府会议,由各党派人士参加。中央政府之组织人事,拟暂不动,中共方面如现在即欲参加,可予以考虑;

第四,原当选之国民大会代表,仍然有效。中共如欲增加代表,可酌量增加名额。

9月3日，中共代表根据毛泽东8项意见的精神，向国民党提交11项谈判提案：

确定和平建国方针，以和平、民主、团结为统一的基础，实行三民主义（以民国十三年第一次代表大会之宣言为标准）；

拥护蒋主席之领导地位；

承认各党各派合法平等地位并长期合作和平建国；

承认解放区政权及抗日部队；

严惩汉奸，解散伪军；

重划受降地区，参加受降工作；

停止一切武装冲突，命令各部队暂留原地待命；

结束党治过程中，迅速采取各项必要措施，实行政治民主化，军队国家化，党派平等合作；

政治民主化之必要办法：

A.政治会议即党派协商会议，以各党派代表及若干无党派人士组织之，由国民政府召集，其讨论事项如下：

a.和平建国大计；

b.民主实施纲领；

c.各党派参加政府问题；

d.重选国民大会；

e.复员善后问题。

B.确定省县自治，实行普选，其程序应由下而上。

C.解放区解决办法：

a.山西、山东、河北、热河、察哈尔五省主席及委员由中共推荐；

b.绥远、河南、安徽、江苏、湖北、广东六省由中共推荐副主席；

c.北平、天津、青岛、上海四直辖市由中共推荐副市长；

d.参加东北行政组织。

D.实施善后紧急救济。

军队国家化之必要办法：

A.公平合理整编全国军队，分期实施，中共部队改编为16个军48个师；

B.重划军区，实施征补制度。中共军队集中淮河流域（苏北皖北）及陇

海路以北地区(即中共现驻地区);

    C.保障整编后各级官佐;

    D.参加军事委员会及其所属各部工作;

    E.设北平行营及北平政治委员分,由中共推荐人员分任;

    F.安置编余官佐;

    G.解放区民兵由地方编作自卫队;

    H.实行公平合理之补给制度;

    I.确定政治教育计划。

党派平等合法之必要办法:

    A.释放政治犯;

    B.保障各项自由,取消一切不合理的禁令;

    C.取消特务机关(中统、军统等)。

第二天,谈判开始以后,国民党代表首先提出,中央提案中两项使政府为难,要中共重新加以考虑。

中共代表王若飞说:"昨天周恩来同志所提之,你们即可就此考虑,何者可以同意,何者尚需商量? 便可提出讨论。"

国民党代表张群说:"现在时机难得,我们必须拿出诚意,以达成此商谈之目的,然兄等此次所提条件,距离实在太远,由此可知我等商量之基础尚需加强,彼此了解之精神尚需增进。我以为现函须确定者当是谈判之态度的精神。"

国民党代表邵力子接着说:"看了各位的方案,觉得成见过重,根本矛盾尚未清除。方案中两条,态度甚好,不胜赞佩,然亦有数点根本无从讨论,故我以为彼此间的了解与互谅,尚待增进。"

周恩来指出:"具体问题之解决,不免遭遇困难,自在吾人意料之中。为求问题之解决,我等已作了尽可能的让步:第一,认为联合政府现在不能做到,故此次不提出,而只要求各党派参加政府;第二,召开党派会议产生联合政府之方式,国民党既认为有推翻国府之顾虑,故我们此次根本不提党派会议;第三,国民大会代表中共主张普选,但雪艇(王世杰)先生谈话时认为不可,中共虽不能放弃主张亦不反对参加,现在亦不在北方另行召开会议。凡此让步为此次谈判之政治基础,可保证此次谈判之成功。国民党是第一大党,我们因有上述之让步,政治既可安定,各党派间亦可

和平合作。毛泽东同志有此决心,毅然来渝,即在求问题之解决,如果不希望解决问题,何能远来?"

随后,双方代表就中共提案中的两条进行了争辩。

邵力子说:"解放区为战时之状态,现在战事已结束,此事不应再提。"

周恩来说:"此乃名词问题,事实仍然存在。只要按事实解决问题,名称可以变更。"

张群说:"中共的政治地位,不必与解放区相提并论。只要按事实解决问题,名称可以变更。

张群说:"中共的政治地位,不必与解放区相提并论。中共不要以为有了解放区作政治基础,有其政治地位。中共要保持并增高其政治地位,不在坚持所谓解放区之承认,而须就整个国家的组织来研究。"

王若飞立即指出:"承认中共之政治地位,必须承认中共之解放区之事实及其军队与人民所树立之政权等,否则其问题难解决。"

张治中接着就中共有关军队问题的解决方案说:"中国在此次战后,已成为世界五强之一,我们必须朝现代化的方向前进,决不可再蹈军阀时代的覆辙,决不可恃其武装向中央要求地盘。且就中共立场而言,是否必争地盘、争军队始可保证其地位?余以为不然。中共此时如愿放弃地盘,交出其军队,则其在国家的地位与国民中之声誉,必更高于人日。"

邵力子说:"我想中共即今无一兵一卒,国民党亦不能消灭他,中共军队少一点,国民党也不敢进攻他;反之即使中共军队再多,亦决不能打倒国民党。"

周恩来当即反驳他们说:"兄等以封建军阀割据来比拟中共,我不能承认,我以为两党已拥有武装,且有 18 年之斗争历史,此乃革命事实发展之结果。今日我等商谈,即在设法避免双方武装斗争,而以民主之和平方式为政治之竞争,我们认定:打是内外情势所不容许,只能以政治解决。关于宗旨,我党已提出解决问题的方案,不知中央对于此事之解决所准备之具体方案如何?"

国民党代表提不出具体方案,谈判遂告结束。

蒋介石看了中共代表提出的 12 条方案后,感到"脑筋深受刺激",遂让其代表根据他与毛泽东谈话的四点意见,拟定了 12 条对中共建议的答

复：

1.实行和平建国方针和三民主义,均为共同必遵之目的,民主与统一,必须并重;

2.拥护蒋主席的领导地位;

3.承认各党派在法律面前平等;

4.解放区名词应成为过去,对收复区内原任抗战行政工作人员,政府可依其能力酌量使其继续为地方服务;

5.惩治汉奸必须依法律行之,解散伪军亦要用妥慎办法,以免影响当地安宁;

6.中共参加受降工作,在接受中央命令之后,自可考虑;

7.双方停止武装冲突,中央部队不能只靠空运,必要时中共军队不应阻其通过;

8.原则上赞成实行政治民主化、军队国家化、党派平等合作;

9.政治会议之组织及人员选任,可由双方商定,其讨论事项,不必预为规定;国民大会之旧代表应有效,其名额可合理增加和合法解决。在做到军令政令统一之下, 中共对于其抗战卓著勤奋劳且在政治上有能力之同志,可提请政府,经中央考核,酌予留任;

10.中共军队编为 12 个师在中央实已为可允许之最高限度;中共军队驻地,由中共提出方案,讨论决定,并依令编组后实施;中共不宜任北平行营主任职,不同意设置北平政治委员会;解放区民兵由地方编作自卫队问题,只能视地方情势,有必要与可能,酌量编制,不宜作一般规定;

11.释放政治犯问题,政府准备自动办理,中共可提出应放人员名单;给人民以一般民主国家之自由;特务机关只办情报,严禁逮捕、拘禁等行为。

12.双方的提案与答复案距离很大,不能达成协议,谈判遂先告一段落。

一支枪、一粒子弹都"不能交出去"

9 月 12 日、17 日,蒋介石又约毛泽东会谈,主题集中于解放区和军队问题。蒋介石故作诚恳地对毛泽东说:"只要国家真正统一,我自己回家

闲心静养,或在政府里干什么都行。"又说:"你老让我承认解放区,这岂不是让我承认国中之国?"

毛泽东答道:"解放区虽为战时之产物,而所实行者皆为平时之制度与建设。即以民主一点而论,解放区之民主乃以战时发其端,然吾人决不能说民主制度在战后即须取消,其他经济政治文化措施莫不如此,皆以民主政治之实施为依据。此是战时军事以外最可宝贵之产物,政府不可不维持之。国民党目前之执政地位,我们是承认的,但不彻底改革现存的一党专制政府,即使我答应你的要求,全国人民也不会赞同。"

在双方谈判代表的具体商谈中,周恩来提出:

"关于地方政府问题,采用我方建议之办法则山东省府委员、厅长可由中共人士担任,负责主持省政,此乃由上而下之办法。如此法不行,则可采用由下而上之办法,实行民选政府,呈请中央任命。我方所要求某几省由中共任主席,某几省由中共任副主席,并非一党包办,乃系与各方合作,中央固可派人参加,地方贤达亦可参与。不过由中共负主要责任而已。"

王若飞进一步指出:"我等要求划定省区,乃就既成事实协商解决之办法。"

张群反对说:"根据蒋主席之意见,各省地方用人,应由中央政府依照法令规章办理,即令人事上特殊情况,须予照顾,亦不能以此作为谈判条件,以此来限制政府。"

周恩来表示:"中共方面之建议案为国民大会召开以前之过渡办法,在国民大会之后,宪政实施,即可实行全国普选。"

王若飞补充说:"中央依据政令统一之原则,处理各项问题,尽可不必否认地方之现存事实。今我方提案,规定解放区各省中由中共推荐人员请中央加委,并未有违政令统一之旨。我们所提之办法,乃目前过渡时期之必要办法。吾人以为民主统一之理想,未可一蹴而就,须经过此必要之步骤与过程方能达到。"

在军队问题上,国民党代表邵力子提出:

"你们的军队问题,可否与善后复员问题合并研讨办法。现在即依中央之规定编为 12 个师,其他编余人员,可以从事农垦与建设工作。如此则中央之整军工作,必可加速进行。"

周恩来当即表示:"我方 120 万军队,若要一旦裁减为 12 个师,实不

可能,故必须分期实施。我等盼望本月份内,双方谈判能将问题解决;解决之后,执行时期至少必须三个月。此三个月之过渡时间,我等如能将军队裁去一半,亦可使国内人心大安矣。果真此点能做到,则明年即可还都,召开国民大会,施行宪政,编整国军,岂不甚好。"

张群说:"日本投降之后,蒋主席邀毛先生来渝,其意在共商大计,解决国是。两周以来,我们会谈尽量听取兄等之意见,研究何者双方可以同意,何者不能同意。但兄等所提军队问题与中央规定相距如此之远,实无法再谈。又如解放区问题,余非不了解兄等意见,然中央之主张已不能再有变更,故此两者均未获得协议。蒋主席对于各种核心重要问题,均已有明白表示,对于军队之缩编,收复区行政人员之任用,均已从宽。要贯彻政令之统一,即不能完全承认兄等所谓既成事实,盖就中央政府立场而言,凡国境以内不容有两套相反之法令制度同时并行。"

周恩来指出:"我解放区一切行政设施并未脱离三民主义之范围。就制度而言,我们并未要求改变中央之制度,而依照中央之规定;就政策而言,我方所推行者,都是中央过去所颁布者,其实施情形,可以派员分别考核呈报。故解放区之法规制度与中央并无不同之处,在此原则之下,由中共方面推荐人员,请中央加委,并不违背蒋先生之主张。"

张群说:"兄等主张凡中共建立之区域与政权皆须保留,人事不得变更,省府主席亦须由中共推荐。换言之,即中共一切制度人事与组织皆不变动,又须中央承认,而未与中央法令有不合之处,此我所不解者。就制度而言,在实行县制之县固可以实行选举,然省级人员皆须由中央选择委放,但兄等现在之主张,显然欲于中央制度之外,另外规定,以拘束中央之用人,此中央所不能同意者也。"

周恩来强调:"我党对于国民党已作了重大让步,如承认蒋先生之领导地位,承认国民政府之统治权,国民大会代表如不重选,国民党固为第一大党,即令重选,国民党亦能得多数,故国民党前途已获保障,决无动摇。以军队而论,现在国民党有 263 个师,而中共只要求 48 个师,尚不及!"故军权政权,中共皆承认国民党为中国第一大党。吾人深知,目前共产党固不能打倒国民党,然国民党亦不能抹杀共产党,我们此次所提之 12 项建议,仅为一过渡办法,较之 8 月 25 日我党发表的六大原则已相差甚远,审因为有毛泽东同志在此,我等随时可以请示让步办法,所以会谈

容易进行。

张群说:"兄等方案提出之前,政府考虑只给几个师,今即允为12个师,已实为顾及中共之困难。而今兄等提出仍要48个师,与政府相距实在太远。关于军队驻地与解放区问题,请兄等重加考虑,并盼转告毛先生可否提出修正案。"

蒋介石在解放区和军队问题上坚决不让步,双方不能达成协议。

为了打破谈判僵局,毛泽东决定做出重要让步。9月19日,中共就军队缩编和解放区问题提出新的方案:

第一,关于军队数目。赫尔利大使拟议中共军队之比例为五分之一,我方愿考虑让至七分之一,即中央有263个师,我方应编为43个师。以后中央军缩编,中央亦按此比例裁减。如中央军队缩编为120个师,中共应为20个师。

第二,关于解放区。我们拟将海南岛、山东、浙江、苏南、皖南、湖北、湖南、河南境内八个解放区之军队撤退,集中于山东、河北、察哈尔、热河、与山西之大部分,以及陕甘宁边区七个地区。解放区亦随军队驻地之规定而合一。

对此,国民党还是不同意,说:"中共之观点,以为必有军队、地盘,控制军政机关始有保证。而中央认为军令、政令必须统一于中央原则之下,始可解决问题。如依中共之办法,则非为谋军令、政令之统一,而完全为分裂。"

中共代表立即反驳说:"现在我方官兵都极愤慨,汉奸军队都已获得中央之委任,而中共抗日部队反而不能得到中央之承认。须知中共军队,即令不获中央之承认,不获中央之接济,亦能生存发展。"

由于双方的分歧较大,谈判不能取得进展,双方的火药味越来越浓。共产党坚持在国民党一党专制下,不能将军队和解放区交给一党政府,国民党须循民主程序逐步解决问题。蒋介石却一定要政治军事一齐解决,立逼共产党就范。所以,双方水火不容,不能解决问题。

于是,蒋介石拉开"和善"面孔,对周恩来威胁说:"盼告诉润之,要和,就照这个条件和。不然,就请他回延安带兵来打好了。"

第二天,毛泽东就毫不含糊地对蒋介石说:"现在打,我实在打不过你。但我可以用对付日本人的办法来对付你,你占点线,我占面,以乡村包

围城市,你看如何?"

赫尔利也帮着蒋介石唬人,他对毛泽东说:"共产党必须交出解放区,要么承认,要么破裂。"

毛泽东沉着答他:"不承认,也不破裂,问题复杂,还要讨论。"

后来,毛泽东回到延安在延安干部会上作《关于重庆谈判》的报告时指出:"人民的武装,一支枪,一粒子弹,都要保存,不能交出去。"

"双十协定"显然不是蒋介石想要的"东西"。

气急败坏的蒋介石,眼见谈判不可能达到目的,竟想在战场上捞一把,迫使毛泽东投降。

9月20日,他给各战区司令长官下了一道密令,说:"目前与奸党谈判,乃系窥测其要求与目的,以拖延时间,缓和国际视线,惮国军抓紧时机,迅速收复沦陷区中心城市。待国军控制所有战略据点、交通线,将寇军完全受降后,再以有利之优越军事形势与奸党作具体谈判。彼如不能在军令政令统一原则下屈服,即以土匪清剿之。"

这道命令真是把蒋介石假和谈、真内战的面目暴露得清清楚楚。蒋介石还密令各战区把他内战时期制订的《剿匪手本》下发各部队。

毛泽东在去重庆谈判前早已料定蒋介石有此一招,他曾在谈判通知中告诉解放区军民:"有来犯者,只要好打,我党必定站在自卫立场上坚决彻底干净全部消灭之(不要轻易打,打则必胜),绝对不要被反动派的气势汹汹所吓倒。"

9月,阎锡山进攻上海地区,刘伯承、邓小平指挥晋冀鲁豫部队,于9、10月间打了上海战役,首战告捷,歼灭了阎锡山3.5万人。继上海战役以后,国民党军队又侵入磁县、邯郸地区,解放区军民再资助奋起自卫,经一周激战,国民党新八军军长高树勋率1万余人起义,其余两个军,在溃退中被我围歼。

对此,毛泽东满意地说:"事情就是这样,他来进攻,我们把他消灭了,他就舒服了。消灭一点,舒服一点;消灭得多,舒服得多;彻底消灭,彻底舒服。中国的问题是复杂的,我们的脑子也要复杂一点。人家打来了,我们就打,打是为了争取和平。不给敢于进攻解放区的反动派很大的打击,和平是不会来的。"

蒋介石终于发现,一味高压威胁,对毛泽东毫不起作用,毛泽东不怕

他。同时,这次谈判举世瞩目,如果破裂或没有结果,他无法向国内外交代。于是,不得不在谈判停顿几天以后,主动向共产党提出重开谈判。

9月27日以后的谈判比以前顺利多了。双方决定求同存异。这就首先宣告了蒋介石要求一揽子解决方案的破产。

10月10日,会议终于达成协议,国共双方签署了《政府与中共代表会谈纪要》,即"双十协定",共12条:

第一,关于和平建国的基本方针:一致认为中国抗日战争,业已胜利结束,和平建国的阶段,即将开始,必须共同努力,以和平、民主、团结、统一为基础,并在蒋主席领导之下,长期合作。避免内战,彻底实行三民主义。

第二,关于政府民主化:一致认为应迅速结束训政,实施宪政,召开政府协商会议,邀集各党派代表及社会贤达,协商国事。

第三,关于国民大会问题:中共提出应重新选举;国民党认为,只增加新代表就可以了。双方未能达成协议,留待政协召开后解决。

第四,关于人民自由问题:一致认为政府应保证人民享受一切民主,国家人民在平时应享受身体、信仰、言论、出版、集会、结社之自由。

第五,关于党派合法问题:承认一切党派的合法地位。

第六,关于特务机关问题;严禁司法和警察以外机关拘捕和处罚人民。

第七,关于释放政治犯问题:原则上政治犯一律释放。

第八,关于地方自治问题:双方同意各地应积极推行地方自治,实行由下而上的普选。

第九,关于军队国家化问题:中共方面提出:政府应公平合理地整编全国军队。中共愿将其所领导的抗日军队由将有数目缩编至24个师的数目,并表示可迅速将其所领导而散布在广东、浙江、苏南、皖南、皖中、湖南、湖北、河南八个地区的抗日军队着手复员,并从上述地区逐步撤退应整编的部队至陇海路以北及苏北皖北的解放区集中;政府方面表示;全国整编计划正在进行,此次提出商谈之各项问题,果能全盘解决,则中共所领导的抗日军队缩编为20个师的数目可以考虑。关于驻地问题,可由中共方面提出方案,讨论决定。

第十,关于解放区地方政府问题:中共方面表示:政府应承认解放区

各级民选政府的合法地位;政府方面表示:解放区名词在日本无条件投降以后,应成为过去,全国政令必须统一。

第十一,关于奸伪问题:中共方面提出严惩汉奸,解散伪军;政府方面表示:此原则上自无问题,惟惩治汉奸要依法律行之。

第十二,关于受降问题:中共方面提出,重划受降地区,参加受降工作;政府方面表示:中共接受中央军政统一命令后,再考虑参加受降。

签订这样一个协定,显然不是蒋介石想要的东西。他的心里很不是滋味。10月11日晨,毛泽东要回延安了,蒋介石又邀毛泽东话别。谈话的中心仍是军队和解放区问题。蒋介石再次表示,对于解放区问题,"政府决不能再有迁就"。最后,蒋介石拿出一副推心置腹的表情,对毛泽东说:谈判结束了,有一番肺腑之言,不吐不快。这就是,共产党最好不搞军队,如果你们专在政治上竞争,那你们可以被接受。蒋介石还煞有介事地说,国共两党不可缺一,党都有缺点,都有专长,只要我们二人能合作,事情就好办,十年内总要搞个名堂,否则对不起人民。

毛泽东听罢答道:"对解放区的努力应当承认和帮助。我赞成军队化,军队只为国防服务,党则全力办政治。"

蒋介石在毛泽东临走之际失望地说:"这次没谈好。"

毛泽东则回答:"很有收获,主要是方针,确定了和平建国的路线,我们完全拥护。"

毛泽东还告诉蒋介石,他返回延安以后,周恩来、王若飞将留在重庆,与国民党方面继续商谈,努力解放《双十协定》未能解决的问题。

11日上午9时左右,毛泽东同蒋介石最后一次握手、道别后,即乘车离开山洞林园,赴九龙坡机场,登机飞返延安。蒋介石再一次派张治中与王若飞一起护送毛泽东回延安。

到此,为时43天的重庆最高级谈判落下了帷幕。

"纸上的东西并不等于现实的东西"

"双十协定"的签订意味着共产党的胜利。毛泽东让蒋介石接受了共产党"和平、民主、团结"的基本方针,迫使他承认了共产党和各民主党派的合法地位,取得了政治上的主动权。军队和解放区问题虽然没有解决,

但表现了中国共产党解决问题的诚意和立场。共产党的让步争取了各方面的赞赏和支持,同时也不损害党和人民的利益,因为让出的八个地区正是一旦发生内战,"不可能保持"的地区。

重庆谈判,为毛泽东和蒋介石这两个博杀在中国政治舞台上 28 年的对手,提供了一次面对面斗争的"战场",也为这两个与中国历史命运密切相关的人物,提供了一次相互了解、认识的机会。自然,他们都给对方留下了深刻印象。

对于毛泽东的坚毅和顽强,蒋介石曾对陈布雷说:"毛泽东此人不可轻视。他嗜烟如命,手执一缕,绵绵不断。但他知道我不吸烟后,在同我谈话期间,竟绝不抽一支。对他的决心和精神,不可小视啊!"

对于蒋介石,毛泽东在延安欢迎会上说:"以前的蒋还是一个抽象的人,这次谈判,长时间的接触,对蒋的为人、性格、思考问题的方法,心里有了个底。"显然,就对人的观察能力来说,毛泽东和蒋介石都能作由表及里的分析与认识。

对于谈判的结果,毛泽东说:"蒋介石的主观愿望是要坚持独裁和消灭共产党,但是要实现他的愿望,客观上有许多困难。这样,使他不能不讲现实主义。人家讲现实主义,我们也讲现实主义。"谈判的结果,国民党承认了和平团结的方针。这样很好。国民党再发动内战,他们就在全国和全世界面前输了理,我们就更有理由采取自卫战争,粉碎他们的进攻。

蒋介石就在送走毛泽东的那个晚上,辗转难眠,在日记里写下了"甚叹共党之不可与同群也",表达了他对毛泽东的敌意和对立,同时也表达了他终究要撕毁协议、消灭共产党的决心。

"表示愿意接受蒋的领导,实行三民主义。这是使国民党内大多数人认为非常满意的。第二,政治协商会议终将召开,就可协商国讨论和平建国方案。第三,军队数字始终是最棘手的问题,便也有了结果了,中共愿意由 48 个减到 20 个师。这是很大的让步。第四,解放区问题,在历次商谈中始终没有得到过协议。这次虽然没有解决,但双方都表示了愿意继续商谈的诚意。实在地说起来,凡是具有一定远见的人,对于这个协议应该感到满足;特别是亲身参加商谈的我们,真是几经周折,舌敝唇焦,好容易才得到这样的结果,自然更感到愉快。"

毛泽东离开重庆后,重庆大报纸纷纷发表评论文章,分析重庆谈判以

后的政治局势。延安《解放日报》也于 1945 年 10 月 13 日发表社论,对于重庆谈判的意义及影响作了充分的肯定,社论说:

"8 月底起,在重庆举行的国民政府代表与中国共产党代表之间的会谈,乃是具有伟大国际意义的事件。它不仅是战后中国和平、民主、团结、统一的关键,而且也影响着远东和全世界的持久和平。这说明了为什么全国人民和全世界如此焦急地期待着会谈的结果。昨天发表的《政府和中共会谈纪要》,给了公众以一个不负人民期望的回答。这次会谈乃是如何用协商的办法,解决为中国和平、民主、进步发展所提出的迫切问题,解决国内政治生活中最复杂和最困难问题的范例。会谈的成果是全国人民要求和平民主进步的巩固意志的表现,是中国政治家的智慧与远见的表现。"

社论还指出:"此次会谈,获得了重要的成果,表示了中国的前途是光明的。在中国人民及抗日党派面前还有很多困难,走向光明的道路上还有荆棘,还有曲折,还有障碍,但是我们坚信,这些困难是能够克服的。中国共产党人将为此而坚持奋斗,不达目的决不休止,这就是我们今后的任务。"

在重庆谈判期间,毛泽东和周恩来、董必武、王若飞等人做了大量的统一战线的工作,加强了人民民主统一战线。

毛泽东在会见重庆各界民主人士及国民党上层人物时,反复阐明中国共产党解决国内问题的一贯主张,表明共产党对于和平谈判的诚意与态度。毛泽东指出:"我们共产党人希望会谈将有良好的结果,使中国能由抗战转到和平建设的时期。"

他反复强调:"中国今天只有一条路,就是和,和为贵,其他的一切困难都是可以克服的。"

毛泽东向各界民主人士说明了中国共产党关于建立"联合政府"的政治主张,指出只有建立民主统一的联合政府,才能给全国人民带来真正的民主与幸福。他还对民主党派提出的召开各党派及无党派人士的政治会议的建议表示赞赏和支持。

毛泽东等人在重庆谈判期间与民主爱国人士的广泛接触,争取了群众,扩大了人民民主统一战线,形成了一股反对蒋介石内战独裁,要求和平民主的强大舆论力量,推动着重庆谈判向有利于人民的方向发展,使国民党更加孤立,不得人心。正如毛泽东所说:"我这次在重庆,就深深地感

到广大的人民热烈地支持我们,他们不满意国民党政府,把希望寄托在我们方面。"

以毛泽东为代表的中国共产党人在努力争取和平的同时,对于蒋介石为代表的国民党反动势力的内战阴谋保持着清醒的认识。毛泽东 10 月 17 日在延安干部会上所作的《关于重庆谈判》的报告中指出:

"已经达成的协议,还只是纸上的东西。纸上的东西并不等于现实的东西……国民党一方面同我们谈判,另一方面又在积极进攻解放区。包围陕甘宁边区的军队不算,直接进攻解放区的国民党军队已经有八十万人。现在一切有解放区的地方,都在打仗,或者在准备打仗。《双十协定》上第一条就是:和平建国,写在纸上的话和事实岂不矛盾? 是的,是矛盾的。所以说,要把纸上的东西变成实际,还要靠我们的努力。为什么国民党要动员那么多的军队向我们进攻呢?最好是很快消灭;纵然不能很快消灭,也要使我们的形势更不利,它的形势更有利一些。"

事实的发展,正如毛泽东所预计的那样,蒋介石在重庆谈判以后不久,就撕毁了谈判协议,积极准备内战,并在谈判协议签订后的第 10 个月里,向共产党领导的解放区军民发起全面进攻,点燃了中国内战的烽火。

然而,尽管蒋介石在重庆谈判以后拒绝了中国共产党建立民主联合政府的主张,断了抗日战争胜利后和平改造中国政治的可能性,但是,他却不能阻止国民党统治的政治危机进一步深化,不能改变国共两党力量对比所发生的深刻变化,不能改变全国人民的人心所向,因而他也无法避免其迅速失败的历史命运。重庆谈判为中国共产党在中国革命历史的转折关头做了重要的舆论准备和思想准备,争取了民心,扩展了力量,为中国革命的最后胜利创造了条件。(本文节选自《二十世纪十大谈判》一书)